国家社会科学基金重大招标项目
“我国中长期经济增长与结构变动及其趋势研究”（09&ZD020）成果

北京大学
中国经济研究中心研究系列

政府行为与中国经济结构转型研究

Government Behavior and Transformation of China's Economic Structure

姚　洋　杨汝岱 著

北京大学出版社
PEKING UNIVERSITY PRESS

图书在版编目(CIP)数据

政府行为与中国经济结构转型研究/姚洋,杨汝岱著. —北京:北京大学出版社,2014.4
(北京大学中国经济研究中心研究系列)
ISBN 978-7-301-24073-1

Ⅰ. ①政… Ⅱ. ①姚…②杨… Ⅲ. ①政府行为-影响-中国经济-经济结构-转型经济-研究 Ⅳ. ①F121

中国版本图书馆 CIP 数据核字(2014)第 063564 号

书　　　名:政府行为与中国经济结构转型研究
著作责任者:姚　洋　杨汝岱　著
责 任 编 辑:马　霄
标 准 书 号:ISBN 978-7-301-24073-1/F·3923
出 版 发 行:北京大学出版社
地　　　址:北京市海淀区成府路 205 号　100871
网　　　址:http://www.pup.cn
电 子 信 箱:em@pup.cn　　QQ:552063295
新 浪 微 博:@北京大学出版社　@北京大学出版社经管图书
电　　　话:邮购部 62752015　发行部 62750672　编辑部 62752926　出版部 62754962
印　刷　者:北京大学印刷厂
经　销　者:新华书店
730 毫米×1020 毫米　16 开本　19.25 印张　249 千字
2014 年 4 月第 1 版　2014 年 4 月第 1 次印刷
定　　　价:48.00 元

总　序

自2004年首次亮相以来，“北京大学中国经济研究中心研究系列”已经出版了中国经济研究中心学者的二十余部研究著作。今年恰逢中国经济研究中心（国家发展研究院）成立二十周年，“北京大学中国经济研究中心研究系列”出版新的一辑研究著作，可喜可贺。

中国经济研究中心以及在其基础上于2008年成立的国家发展研究院致力于应用现代经济学的方法研究中国当下的经济问题，目标是既为经济学的发展添砖加瓦，又为国家的经济政策出谋划策。作为中国第一个全部由海归学者组成的研究机构，中国经济研究中心从20世纪90年代中期就开始系统引进现代经济学的研究生培养体系，并在国内倡导经济学研究的本土化、规范化和国际化。本土化指的是研究中国本土的问题；规范化指的是应用现代经济学的研究方法；国际化指的是采用国际通行的评价体系，参与国际对话。这种研究取向既不同于过去单一地依赖政治经济学来研究中国问题的做法，也不同于一些国外学者仅仅把中国作为一个研究样本的做法，而是全方位地应用现代经济学（包括现代政治经济学）的方法，力图从中国的实践中总结出新的经济学理论，并最终推动中国经济和社会的进步。

随着中国经济的发展壮大，国内的经济学教学和研究取得了长足的进步。面向未来，中国经济学研究仍需要解决好以下两个关系问题：一是学术研究和现实关照之间的关系。目前的一个倾向是，一部分学者完全放弃对现实的关照，专注于做纯学术研究。这其中当然有专业分工的原因，但是，这种割裂对中国经济学的发展可能是极为不利的。多数做纯学术研究的学者都只在国外发表他们的论文,然而,国外杂志未必对中国经济感兴趣,久而久之,中国学者在国外发表的论文就自然会脱离中国实际,甚至出现“投人所好”的现象。时下,在国外杂志上发表论文往往被认为是达到更高学术标准的标志,因此这种现象还有不断加强的趋势。但是,经济学毕竟是一门关注现实的社会科学,长期脱离生于斯、长于斯的土壤,中国学者是不太可能创造出世人关注的学术贡献的。中国正处在一个前所未有的伟大转型时期,这为经济学研究提供了无与伦比的素材,观察和研究当下的中国更可能产生有影响的学术成果。二是政策研究和学术研究之间的关系。与一部分学者放弃对现实的关照相反,另一部分学者则放弃学术研究,专注于政策研究。同样,这其中也有专业分工的原因,但是,如果没有学术研究做支撑,单纯的政策研究就可能变成无本之木。比如,在关于中美经济失衡的讨论中,美国的学者和政策研究者可以拿出“雄辩的”理论与证据,说明中美经济失衡完全是中国的过错,而中国的学者和政策研究者在多数时间里只有应答的份儿。究其原因,完全是因为中国的研究准备不足造成的。学者忙于在国外杂志上发表论文,政策研究者忙于解决政府迫在眉睫的政策问题,中间缺少了做中国中长期学术研究的人。

“北京大学中国经济研究中心研究系列”倡导用现代经济学的方法研究中国的现实问题,并由此推动经济学理论的发展,为中国的经济繁荣和社会进步做出贡献。这个宗旨和国家发展研究院的办院方针是一致的。国家发展研究院作为一个综合性的研究机构,从事经济学、管理学以及其他社会科学的教学和研究,并努力把学术研究和政策研究结合起来,成为在中国和世界上有影响的智库。“北京大学中国经济研究中心研究系列”是中国经济研究中心和国家发展研究院学者学术研究成果的集中展示平台,这些研究不仅具有一定的学术高度,而且具有强烈的现实关怀和政策含义，为中国经济学研究树立了一个榜样。在过去的十几年里，“北京大学中国经济研究中心研究系列”得到了学术界的认可，希望今后继续得到学界和社会各界的支持。

北京大学国家发展研究院院长、

中国经济研究中心主任

2014 年 3 月于北京大学朗润园

目 录

下篇　地方政府与中国经济结构问题

绪 论

第一节 研究背景

本书是由北京大学国家发展研究院院长姚洋教授担任首席专家的国家社会科学基金重大招标项目“我国中长期经济增长与结构变动及其趋势研究”(09&ZD020)的部分研究成果。我们首先对这项课题研究的基本情况做一简单介绍。

改革开放以来,中国经济实现了长期的持续高速增长,同时,中国宏观经济增长的稳定性也在不断提升,经济波动的幅度越来越小。这一切都作为“中国奇迹”而成为学界和决策者关注并讨论的焦点。但是,经济发展取得了令人瞩目的良好成绩的同时,我国现有的经济结构和发展模式也日益引起人们的担忧。

经济增长核算的基本理论认为,资本、劳动和技术是经济增长最重要的源泉,即 $Y = Af(K,L)$,A 表示技术,K 表示资本,L 表示劳动。如果将最终产品 Y 面临的市场区分为国内市场和国外市场,则出口就成为拉动经济增长的一个源泉。改革开放以来,以丰富的劳动力资源为基础,依托高投资和出口导向型发展模式,我国经济发展取得了很大的成绩,增长速度远远超过其他发展中大国,如图 0-1 所示。根据 PWT(Penn World Table) 的数据,我国 2011 年按照购买力平价计算的人均 GDP 为 7827 美元,已经进入中高收入国家行列。参考世界各国经济发展的历程，以拉美为典型代表的一大批国家长期处于中等收入水平，陷入“中等收入陷阱”。如何避免陷入“中等收入陷阱”，实现经济持续快速增长，就成为我国现阶段学术研究人员和政策制定者共同关注的一个非常重要的问题。

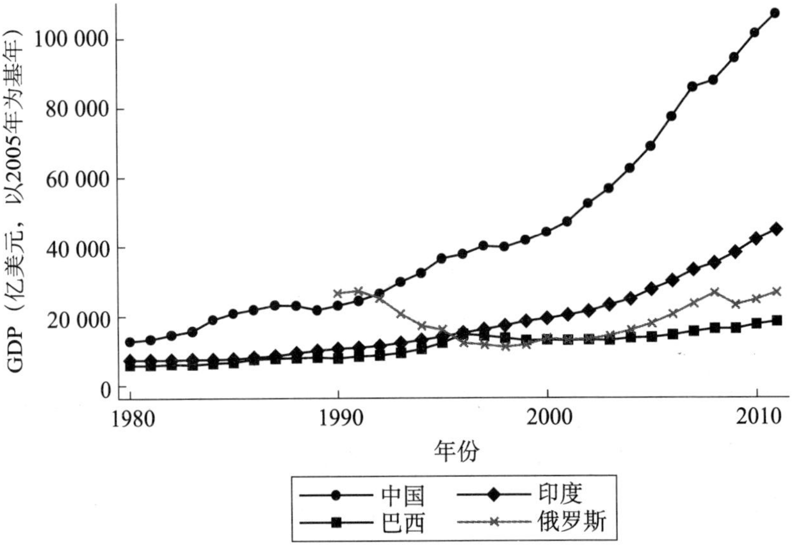

图 0－1　金砖四国各国 GDP 总量（1980—2011）

资料来源：Penn World Table 8.0，http://www.rug.nl/research/ggdc/data/penn-world-table。

现有的发展模式能否使中国实现经济的持续快速发展呢？图 0－2 是金砖国家投资与经济增长的关系。其中，图 0－2(a) 是资本形成占比，图 0－2(b) 是

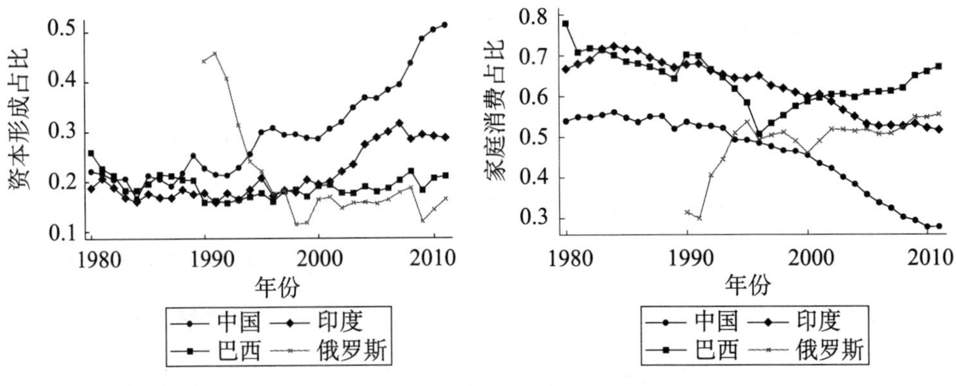

图 0－2　高投资与中国经济高增长（1980—2011）

资料来源：Penn World Table 8.0。http://www.rug.nl/research/ggdc/data/penn-world-table。

相应的家庭消费占比。显然,相对于俄罗斯、巴西和印度,中国的资本形成比例非常高,且上升速度非常快,这对于中国过去30年的高速增长至关重要。但是,我国资本形成比例已经基本达到极限,这使得居民消费占比非常低,2011年仅为29%,远远低于发达国家和同类发展中国家。图0-3显示了出口导向与中国经济增长的关系,我国出口额占世界总出口额的比例已经由1992年的3.42%上升到2012年的11.91%,2013年的贸易总额已经超过美国,我国因此成为世界第一大贸易国。如果考虑到过去30年的富裕的劳动力资源,毋庸置疑,资本、劳动力和出口共同成就了中国的经济增长奇迹。但是,随着老龄化社会的逐渐到来,人口红利将逐渐消失,而资本形成和出口即使维持现有的水平都已经非常困难,遑论还要进一步快速增长。由此可见,过去30年以人口红利为基础的高投资、高出口拉动型的发展模式面临着非常大的挑战。

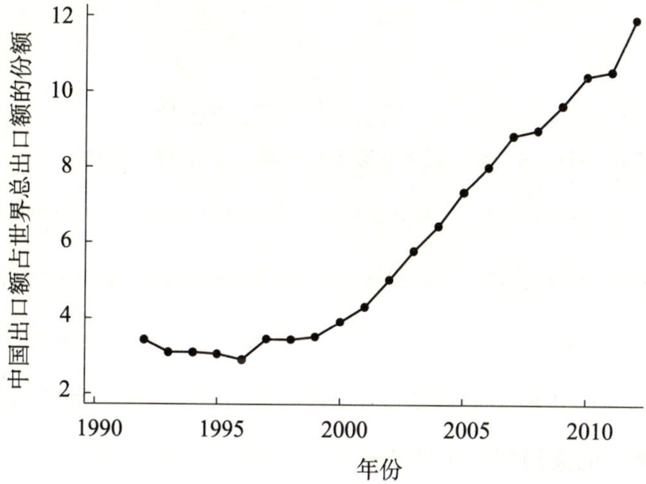

图0-3　出口导向与中国经济高增长(1980—2011)

注:世界总出口额由各国出口额加总得到。由于Comtrade数据存在一定时滞,极少数国家迄今没有报告2012年的出口数据,2012年世界总出口额为17.2万亿美元,低于2011年统计的世界总出口额18万亿美元,存在一定程度的低估。这会使得中国2012年出口占世界总出口的比例略有高估。

资料来源:联合国Comtrade数据库,http://unstats.un.org/unsd/comtrade/。

资本形成和出口已经很难维持中国经济今后20年的快速增长,按照现代经济增长理论的框架,我们唯一能够依托的就是技术进步。图 0－4 列出了金砖国家的全要素生产率(TFP)水平。从图中可以看到,我国的整体 TFP 水平还非常低,对于过去 30 年经济增长的贡献也非常小。正是因为如此,TFP 水平的提升还有非常大的空间,这将成为也应该成为中国经济持续增长的重要源泉。

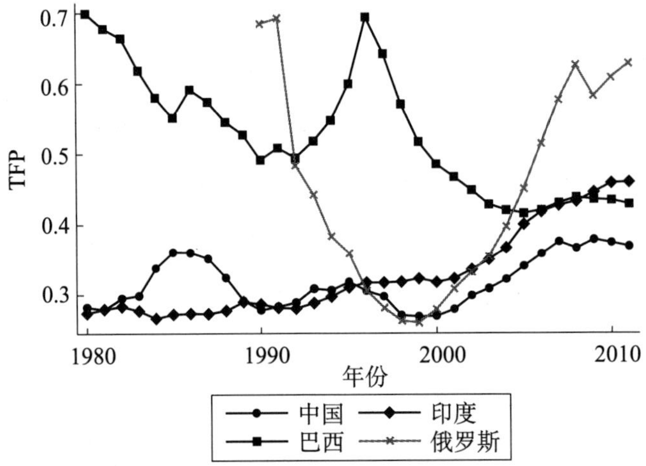

图 0－4　金砖国家全要素生产率水平(1980—2011)

资料来源:Penn World Table 8.0。http://www.rug.nl/research/ggdc/data/penn-world-table。

根据以上的分析,我们认为,我国现阶段已经步入中等收入国家行列,现有的依靠人口红利释放、高投资增长、高出口增长的发展模式很难使我们跳出“中等收入陷阱”,我们必须主动调整经济结构,促进产业升级,形成以技术进步和效率提升为依托的集约型内生增长模式。

正是在这一背景下,由姚洋教授担任首席专家的国家社会科学基金重大招标项目“我国中长期经济增长与结构变动及其趋势研究”(09&ZD020)获准立项,并于 2010 年展开研究,历时近四年,已经全面完成各项研究任务。课题的主要内容是研究政府行为对我国经济结构的影响,以及政府转型对我国经济结构转型的作用。课题组核心团队在国际一流期刊发表论文 3 篇,在其他 SSCI 源刊发表论文17篇,在《中国社会科学》(2篇)、《经济研究》(19篇)、《管理世界》(8篇)、《经济学(季刊)》(9篇)、《世界经济》(9篇)等五大国内经济学顶级期刊发表论文47篇。研究期内,本课题以首席专家牵头的阶段性研究成果共获得4项省部级成果奖励。此外,课题在团队建设、人才培养、社会影响等方面均取得了很大的成绩。四年来,核心研究团队成员均成长为国内一流的青年经济学者,并逐步迈向国际化,其中两人入选国家首批"青年拔尖人才支持计划",三人入选教育部"新世纪优秀人才支持计划"。四年来,有六位博士生的博士论文选题与本课题研究密切相关,同样取得了很好的研究成绩,博士生毕业后分别在国务院发展研究中心、北京师范大学、浙江大学、上海财经大学等单位获得教职。此外,本课题研究在社会影响、智库成果转化等方面也取得了很好的效果。以丰富而扎实的阶段性研究成果为基础,本课题提出"实行有限赶超发展战略,实现经济结构转型"的思路,希望能为我国经济结构调整与可持续发展提供扎实的理论基础和具有参考意义的对策建议。

第二节　本书主要研究内容

本书分为上、下两篇。上篇包括五章内容,从理论和经验两方面分析中国政府的行为;下篇也包括五章内容,讨论政府行为与中国经济结构之间的关系。

第一章从社会平等的角度给出了一个对中国经济增长的政治经济学解释。这一部分的理论模型表明,平等的社会结构使得政府选择成为一个中性政府,即在社会群体之间没有特定长期偏好的政府,这样的政府更可能把资源分配给生产力比较高的社会群体,从而促进经济增长。这得益于中国革命所带来的平等的社会结构,以及改革开放初期党的工作重点向经济建设的转移。中国政府在过去30多年是一个中性政府,采纳了有利于经济长期发展的政策。但同时,政府把有限的资源分配给生产力较高的群体或地区，必然会扩大收入差距。

第二章利用1994—2008年我国18个省241个城市的市委书记和市长与城市的匹配数据，分析了地方官员对地方经济增长贡献。地方官员在城市间的调动使得官员个人对经济增长贡献的比较从一个城市之内扩展到了不同城市之间。经验证据表明，地方官员的个人效应具有整体显著性，即不同的地方官员对经济增长的作用存在显著差异，且内生性样本构成、内生性调动以及城市层面的扰动并不影响这一结论。个人效应对官员晋升的影响分析结果表明，尽管官员的年龄是一个重要的因素，但个人效应也十分重要，且其重要性随着官员年龄的增长而加强；个人效应对市长的晋升具有显著作用，对市委书记的晋升没有显著作用，而官员在职期间城市的经济增长速度对晋升没有显著作用。

第三章研究官员调动与干部选拔问题。地方官员的频繁调动是中国政治治理的一大特征，其主要目的是选拔干部。在一个动态政治选拔博弈模型中，执政党通过调动官员可以更好地识别官员们相对能力的高低，但也会带来官员行为短期化的扭曲。官员能力差别越大，官员行为短期化对长期性公共投资的不利影响越小；高级别官员的职位收益越小，最优的官员调动频率就越高。随后利用我国2001—2008年地市级官员调动的数据，验证了上述理论命题。研究还发现，官员行为的短期化的确与官员的调动相关，这可以视为政治选拔所产生的社会成本。

第四章研究财政分权和地方官员问责的机制设计问题。在缺乏对地方官员有效问责的情况下，财政分权设计会面临着为地方官员提供施政平台和为地方官员提供卸责机会的两难问题。通过分析一个由政党、官员、民众参与的动态博弈，说明一个国家主要的执政党如果是强力政党，则能够为党内政治家提供较好的政治生涯前景以及政治竞争资源，提高政治精英参与政治竞争的激励，从而有助于解决上述两难问题。在模型分析后，文章采用了跨国数据进行实证分析，研究结果支持了强党对于财政分权和官员行为激励的理论推论。

第五章构建了一个基于职业生涯考虑的模型，分析了在晋升锦标赛的体制下拥有不完全私人信息的地方官员在地方财政支出方向上的选择。研究发现，在官员自身的私人信息不完全的情况下，使能力较高的官员倾向于选择容易揭示其能力的“经济性支出”，而能力较低的官员则倾向于选择不容易揭示其能力的“社会性支出”。通过对1994—2005年地市级分项财政支出数据的实证分析，发现在个人能力较高的官员任期内，地方财政在基本建设方面的支出比重显著上升，而教育和公检法方面的支出显著下降。这一实证结论与理论模型的结论一致，并且不能被干中学效应和异质性晋升激励所解释。这些发现有助于进一步深入理解财政分权体制和官员晋升锦标赛制度下的中国经济运行模式，为今后的改革提供依据。

根据现有的观察，在可以预见的未来，中国政府仍将是一个非常强大的政府，如何约束政府行为、理清市场和政府的关系，就成为学术界需要深入研究的一个重要课题。在本书上篇对政府架构进行讨论的基础上，下篇主要从政府行为和政府职能转变的角度谈中国经济结构转型问题。

第六章从地方政府竞争的角度对中国以低消费、高储蓄为特点的经济结构失衡提出了一个理论解释。在政治锦标赛的框架下，地方政府成为生产型政府，在财政支出方面表现为更偏好于投资生产性的公共品，挤压其他非生产性但和民生福利紧密相关的支出项目。生产型政府一方面会加大自身部门的储蓄（投资）倾向，另一方面通过生产性公共品对企业部门形成补贴，从而会进一步加大企业部门可支配收入以及企业部门的再投资倾向，最终导致低消费和高储蓄的经济结构。当国内储蓄率增长过快而国内投资因为金融抑制和投资回报率下降等原因无法跟上时，国内就会形成净储蓄，即经常账户盈余。

第七章基于中国1978—2008年省级面板数据，对政府基础设施投资与居民消费之间的关系进行了实证研究，发现政府基础设施投资比例越高，居民消费率越低。基础设施投资占政府支出的比重上升 1 个百分点，在短期内将导致居民消费率下降约 0.3 个百分点，在长期内将导致居民消费率下降约 0.5 个百分点。文章进一步研究了政府基础设施投资影响居民消费率的机制，发现基础设施投资主要有利于资本密集型行业，使得国民收入结构由居民向企业倾斜，进而导致居民消费率下降。研究识别了基础设施投资影响居民消费率的两个具体机制：首先，基础设施投资提高了资本密集型第二产业占 GDP 的比重，进而导致劳动份额下降，居民消费率下降；其次，基础设施投资还将引导工业企业选择更加资本密集型的技术，导致工业内部资本份额上升，劳动份额下降，居民消费率下降。

第八章研究以开发区和企业补贴为代理变量的政府产业政策和市场竞争对企业退出行为的影响，并进一步考察产业跨区域动态效率演变。理论与经验证据表明，生产率水平是决定企业能否在市场竞争中取胜的重要因素，退出企业与非退出企业生产率水平存在显著差异。实证研究发现，政府设立经济开发区等政策性区域和对企业的直接补贴等产业政策有明显的保护作用，使得低效率企业能够在市场中生存；而在集聚程度高的地方和有明显优势产业的地方，企业间竞争程度会更大，市场机制能发挥更大的作用，只有生产率更高的企业才能生存下来。这种政府与市场对于企业的微观作用同样反馈到产业的跨区域动态效率演变。政府保护和市场竞争会对产业的空间布局和动态效率演变产生重要影响，但其在产业升级与竞争力提升方面的效果和作用机制都还有待进一步的探讨。

第九章在详细整理中国工业企业数据库并全面讨论全要素生产率计算方法的基础上，从城市地理的角度研究中国出口企业的“生产率之谜”。经验事实发现，中国出口企业的生产率显著低于非出口企业；城市加权 TFP 与城市出口密集度和出口规模并没有正相关关系，表现出宏观城市层面的“生产率之谜”；中国出口企业的区域集聚现象非常明显，大部分出口集中于少数城市和省份。这些现象与发达国家存在明显差异，也与现代贸易理论推断和经验结论不相符。这一部分的实证研究发现，城市地理区位可以完美解释“生产率之谜”，一旦控制企业的城市区位，“生产率之谜”将不复存在，该结论对于不同的计量方法和变量测度方式均稳健。进一步的机制研究表明：第一，在行业出口市场微利的前提下，低市场化程度和垄断寻租空间的存在使得部分生产率水平较高的企业局限于服务本地市场；第二，出口的区域集聚溢出效应等使得低生产率企业同样可以走向国际市场；第三，市场化程度和出口集聚溢出效应对于不同规模报酬行业和不同所有制类型企业的影响存在显著差异。文章从城市地理的角度解释中国企业出口的“生产率之谜”，与现有经验研究成果互为补充，并对现有理论体系有一定的冲击，这既有助于从更深的层面理解中国的出口模式，也具有非常重要的文献贡献。

第十章利用中国31个省份1979—2007年的面板数据，分析了乡镇撤并改革对农村经济增长和局部公共品供给的影响。研究发现：第一，每百万农村人口乡镇数目下降1个百分点，每万农村人口有效灌溉面积和每万农村人口乡村卫生人数分别下降0.06和0.09个百分点；第二，每百万农村人口乡镇和村委会个数下降1个百分点，乡镇级农业税征收人员总数分别下降0.77和0.72个百分点，非农从业人员比例分别增加0.15和0.36个百分点；第三，每百万农村人口乡镇数目下降1个百分点，农民人均实际纯收入增长0.29百分点。研究结果表明，乡镇撤并弱化了基层行政力量，减少了农村局部公共品供给，对农村生活和发展产生了一定的负面影响。但同时，乡镇撤并也减轻了农民负担和基层的行政干预，改善了农村经济结构。因此，从整体上看，乡镇撤并对农村经济发展有一定的促进作用。

第三节　小结

本书从政府组织架构和政府职能转变的角度研究中国经济结构失衡与转型问题。中性政府和贤能体制是过去35年中国经济发展取得良好效果的重要保障。本书上篇研究如何在强党政治背景下，打破利益集团格局，重塑和完善平等社会结构，实现中国经济今后20年的快速发展。下篇以现有政府架构为基础，从地方政府竞争、地方保护、政府投资、产业政策等方面讨论政府与市场边界、政府职能转变与经济结构调整问题。本书立足政府组织模式，研究政府行为与经济结构转型问题，充实了新政治经济学文献体系，也对中国经济结构转型问题有了更深层次的理解。

根据本书的研究，今后20年我们的目标是，政府中立且规模适度，地方政府适度竞争与全国一体化市场并存，培育和壮大若干新兴支柱性产业，市场在资源配置中起决定性作用。如何才能实现这一目标呢？我们主要可以从四个方面思考。

第一，强党政治背景下，完善以贤能体制为核心的官员选拔和考核制度，以重塑平等社会结构和中性政府体制为基础，促进政府职能转变，服务社会经济发展。政府如何定位是影响今后20年能否持续快速发展的关键。对此，我们的整体目标仍然是完善和健全中性政府组织架构。现有强党政治背景下，要实现这一目标，一方面要加强党和政府内部自律，另一方面也要逐渐引进外部监督。

第二，加大对内对外开放力度，以开放促改革，使市场在资源配置中起决定性作用。过去35年的改革开放使得我们拥有了一个相对完善的产品竞争市场，但要素市场的市场化程度却难言乐观，今后的改革将围绕要素使用效率来进行。随着经济发展水平的不断提高，我们将越来越需要依靠配置效率改善带来的效率提高。开放,包括对外开放和内部市场一体化,能够减少资源流动壁垒,扩大要素流动范围,在更大的空间和时间维度上谋求要素利用效率的最大化。这一目标一旦实现,将带来经济的新一轮强劲增长,而且,这种增长是内生的、高质量的。

第三,划清政府与市场的边界,扩大政策实验范围,强化政策效果评估,以比较优势为基础制定合理的产业政策,促进产业升级。当前的改革设计过于依赖顶层设计。中国经济结构复杂、体量庞大,我们应该更好地发挥各类经济主体的创造性。政策出台之前,多做试点工作,而且要重视政策的效果评估,提高政策的适应性。另外需要提出的是,和一些发展中小国可以完全依靠比较优势不同,中国必须有自己的优势产业和主导产业,根据现有政府参与经济的实际情况,我们可以制定全局性的产业政策,但政策出台前后要有整套的配套机制,有试点、跟踪、评估、改进等过程,且必须以比较优势为基础、适度超前,真正能够对产业升级起作用。

第四,积极探索纵向一体化改革思路,打破地区和行业壁垒,打通资源流动通道,提高资源配置效率,促进经济内生增长。过去35年,我国改革开放过程与向地方分权收权的过程相伴随。地方政府之间的经济发展竞争和锦标赛式官员升迁体制赋予地方足够的发展动机,促进了经济发展,但过度竞争与地方保护却也造成了效率损失。从经济特区到沿海开放城市,从上海浦东到天津滨海,过去的改革中,我们更多的是采用截面的碎片化模式,这种思路也就成为地方保护和过度竞争的体制根源。如果要在更大范围内提高资源配置效率,我们今后需要从行业改革的角度更多地推进纵向一体化改革模式,将更多的利益约束从地方政府的管辖权限内剔除,并交给市场。适度的地方竞争与全国一体化的市场将在市场主导资源配置的基础上,最大限度地保持地方政府的发展动机,有利于长期经济发展。

如何突破现有的发展模式，采用合适的政策保持中国今后 20 年的持续快速增长，实现结构升级、赶超发达国家的目标，这是一个亟待深入研究的问题。希望本书的研究能有抛砖引玉之效，引领更多更扎实的研究，对这一领域做更为深入的探讨。

最后，我们特别需要感谢为本书的写作和出版付出大量辛勤劳动的各位朋友。本书的很多章节均是作者和课题组成员的合作研究成果，各位合作者为相关内容的写作做了大量非常扎实的工作，我们致以深深的谢意。本书写作的合作者共有六位，他们是北京大学马克思主义学院贺大兴博士、中央财经大学经济学院副院长陈斌开博士、上海财经大学张牧扬博士、国务院发展研究中心贾珅博士、广西壮族自治区区委政策研究室柳庆刚博士、复旦大学经济学院戴严科博士生。在此对各位合作者的辛勤劳动表示感谢。此外，本书的出版得到了北京大学出版社刘京和马霄两位编辑的大力支持和帮助，特致谢意。

上篇　贤能体制下的中国政府行为研究

第一章　社会平等、中性政府与中国经济增长

本章从社会平等的角度给出了一个对中国经济增长的政治经济学解释。我们的理论模型表明，平等的社会结构使得政府自主选择成为一个中性政府，即在社会群体之间没有特定长期偏好的政府，这样的政府更可能把资源分配给生产力比较高的社会群体，从而促进经济增长。得益于中国革命所带来的平等的社会结构，以及改革开放初期党的工作重点向经济建设的转移，中国政府在过去30多年是一个中性政府，采取了有利于经济长期发展的政策。但同时，政府把有限的资源分配给生产力较高的群体或地区，必然会扩大收入差距。

第一节　引言

过去的60多年，是中国由衰落走向复兴的时期；特别是在过去30多年里，我国的年均经济增长率达到9.7%（国家统计局，2010），是第二次世界大战后年均经济增长率连续30年保持在7%以上的13个经济体之一（The Growth Commission，2008），被称为经济增长奇迹也不为过。在纯经济学层面上，中国的经济成就来源于不间断的市场化改革以及采纳的符合标准经济学理论的经济增长药方（Perkins，2004）。但是，为什么中国能够采纳标准的经济增长药方呢？本章试图从政治经济学的视角，对这个问题进行回答。本章的核心思想是，中国经济的成功依赖于改革初期较为平等的社会结构，以及在此基础上产生的中性

政府(姚洋,2009,2010;贺大兴、姚洋,2009)。

中性政府(disinterested government),指的是不长期偏向某个(些)社会群体的政府。中性政府不是对社会群体毫无兴趣,也不是在制定政策的时候不掺杂自己的利益诉求,相反,中性政府是自利的,也可能对社会群体采取掠夺性行为,只不过它的经济政策和群体的非生产性特性无关。换言之,它采取中性的态度,是其策略选择的结果。正是由于它的中性选择,政府在制定政策的时候才可以不受社会利益集团的限制,放开手脚把资源分配给那些最具生产力的群体,从而促进经济增长。

中性政府和几个已有的概念具有相通之处。一个是奥尔森的泛利性组织(奥尔森,2007)。所谓泛利性组织,就是其利益和全社会的利益重合度比较高的组织。奥尔森认为,和其他组织相比,这样的组织更可能做出对全社会有利的事情。如果把政府视为一个组织,中性政府就是一个泛利性组织。但是,中性政府之所以具有泛利性,不是它天生如此,而是缘于它的策略性选择。另一个概念是发展主义政府(World Bank,1993)。这是从东亚的赶超经验里总结出来的概念,特指那些主动以经济增长为目标的政府。但是,和泛利性组织一样,发展主义政府要求政府天然地具有发展的冲动。相反,中性政府是一种策略性选择,但正因为此,这种选择才可能更持久,而不是像发展主义政府那样,取决于官员的素质和追求。还有一个概念是阿里吉的“斯密意义上的资本主义”。在《亚当·斯密在北京》(阿里吉,2009)一书里,阿里吉区分了两种资本主义:一种是马克思意义上的资本主义,即国家是资产阶级管理公共事务的委员会;另一种是斯密意义上的资本主义,即国家属于全社会,而不是服务于特定的阶级。阿里吉认为,中国实现了斯密意义上的资本主义。中性政府的概念比“斯密意义上的资本主义”更具体,有助于对具体政策的分析。

中国政府在过去30多年里基本上是一个中性政府,其起点是1978年党的工作重心的转移。在此之前,党的工作被意识形态化,国家陷入无休止的内部争斗之中;党的十一届三中全会之后,以邓小平为核心的领导层采取了务实的态度,把经济建设作为党的第一要务。在过去的30多年里,党的社会基础不断扩大,并在十六大提出的“三个代表”中得到体现。本章以上述转变为起点,把中国放在世界范围内进行比较,回答下面这个问题:为什么中国政府采取了有利于增长的经济政策,而多数其他发展中国家却没有?本章的观点是,中国和其他发展中国家的最大差别在于,中国是发展中国家中少数发生过类似于法国大革命的社会革命的国家。20世纪完成的“伟大的中国革命”开启了中国由古代社会向现代社会转型的大门(费正清,2000),其中最重要的成就之一,是打破了旧有的等级社会结构,建立了一个平等的社会。这里的“平等”指的是社会平等,即不存在排他性的强势社会集团,不存在一个集团主宰其他集团的情形。在这样的社会里,政府无须顾虑强势集团的挑战,从而更可能成为中性政府。

社会平等不仅可以解释中国政府的中性性质,而且可以解释其他东亚经济体的成功。例如,政治学家Woo-Cumings就认为,韩国和中国台湾地区在日本殖民统治时期形成的平等的社会结构为它们第二次世界大战后的经济起飞奠定了基础。为了防止中国台湾地区和朝鲜的反抗,日本统治者有意压制这两个地区的商业和政治精英,两地的社会结构因此变得比其他发展中国家或地区更扁平。“这个变化具有强大的拉平效应,使得收入分配比其他发展中国家或地区更平均,并为建立有效的干预型国家或地区提供了肥沃的土壤,让它可以相对自由地放手建立它认为必要的发展同盟”(Woo-Cumings,1997)。虽然东亚经济取得了成功,但地区内部的差异巨大,中性政府可以较好地概括所有东亚经济体的成功因素。

然而,我们的解释似乎不得不面对一个悖论:既然社会平等是中性政府存在的基础,那如何解释过去30多年中国居民收入差距的拉大?首先,我们的理论预测了收入差距的拉大:中性政府倾向于把资源分配给生产力比较高的社会群体,从而加剧收入的不平等。其次,社会平等不等于经济平等。即使不存在排他性的强势集团,一个国家的收入分配也会因各种原因而变得不平等。最后,本章只探讨了政府的一个侧面,不能解释政府的所有行为。在对待收入不平等这个问题上,我们还需要考察政府的其他方面,特别是如何将民意集中形成政府决策的过程。

本章的主体包括两部分内容:理论部分构造了一个考察社会平等、中性政府以及经济效率之间关系的动态斯塔克伯格模型;经验研究部分给出中国政府是中性政府的证据。在理论部分,本章完善和发展了我们之前的理论模型(贺大兴、姚洋,2009)。在以前的文章中,我们仅仅在一个特例下给出了中性政府的定义,并证明了中性政府存在的社会条件,但是没有证明中性政府经济表现的最优性。本章在更一般的条件下给出了中性政府的严格定义,清晰地表达了社会平等透过中性政府改进经济表现的直觉和机制,更为重要的是,本章通过比较所有社会结构下模型的解析解,严格证明了中性政府的效率。

本章余下的内容安排如下:第二节回顾平等与经济增长关系的文献,讨论本章理论模型在文献中的地位,并评论一些关于中国经济增长的已有解释;第三节给出理论模型的基本设置;第四节详细分析和求解模型,给出模型的关键性结论,并对模型进行简短的说明;第五节就模型所提出的命题给出中国政府是中性政府的证据,特别讨论一些选择性的、有利于经济增长的但却扩大收入差距的政策;第六节总结全文。

第二节 文献综述

目前已有丰富的理论文献探讨不平等和政府政策及经济增长之间的关系。

其中,大多数文献研究的是民主国家中经济不平等如何透过投票(Alesina and Rodrik,1994;Benabou,2000;Hassler et al.,2003)或院外活动(Esteban and Ray,2006)来影响和扭曲政府政策。其中,Esteban and Ray(2006)的研究和本章的关联较大。在财富和经济能力不平等都影响院外活动的前提下,Esteban and Ray(2006)将院外活动视为个体发送给政府显示其能力的信号。显然,较多的财富会使个体更有能力进行院外活动。由于个体的能力分布和他们的财富分布不相关,即使政府追求社会产出的最大化,不平等也会扭曲政府的政策。在一定程度上,本章的模型提供了关于非民选政府的类似理论。在 Esteban and Ray(2006)的模型中,经济平等会降低院外活动作为能力的信号的强度;在本章的模型中,社会平等会降低群体权力扭曲政府政策的强度。在这两个模型中,平等都使得政府更加有效地分配资源。但是,两者的一个区别是,Esteban and Ray(2006)的模型是建立在能力是私人信息的前提下的,经济平等减少了政府获取个体能力信息的成本,而本章的模型假设信息是完全的,平等使得各个群体更有效地表达意愿,从而增进效率。另一个区别是,我们没有假设政府追求社会产出最大化,因此,中性政府下的社会产出永远只是次优的。显然,研究主题的差异——Esteban andRay(2006)研究民选政府,本章研究非民选政府——自然导致模型在其他方面的差异。

关于非民选政府的研究,最近也有所发展,其中大多数的文章着眼于研究为什么非民选政府,特别是那些失败的非民选政府能够长期存在的问题(Padro-I-Miquel,2007;Acemolgu,Ticchi and Vindigni,2007),但最近的两篇文献研究了为什么一些非民选政府能够比其他的非民选政府取得更好的经济增长表现。Besley and Kudamatsu(2007)提供了第二次世界大战后非民选国家经济表现的详细记录,并试图解释部分国家经济成功的原因。在他们的文章中,选举团(selectorate)决定领导人的人选。在一个简单的声誉模型中,他们发现当选举团的力量不依赖于在位领导者时，它更换领导人的威胁就变成可信的，领导人因此会选择有利于经济增长的政策。Gehlbach and Keefer(2008)发现，当执政党有较长的历史时，非民选政府的经济表现更为优异，他们将其视为政党制度化正面作用的证据。特别地，他们的模型将党内信息共享视为政党制度化的最重要特征。信息共享意味着党的成员了解领导人的行动，并通过行使否决权来约束领导人，这会降低领导人对党的成员的掠夺能力，从而促进投资和经济增长。

上述两篇文章都强调了在位群体对领导人的约束作用，本章与之不同之处在于，本章主要研究不同群体之间的竞争对政府政策的影响。另外，在理论上，执政者在本章的模型中并不是固定不变的；更重要的是，本章建立了社会平等和更优的经济表现之间的关联。

在解释中国经济成就的部分文献中，钱颖一和他的合作者(Qian and Weingast,1997;Qian and Roland,1998)、诺顿(Naughton,2004)、谢千里和张军(Jefferson and Zhang,2008)也提供了政治经济学的解释。钱颖一等人强调财政分权作为一个约束中央政府的承诺机制和约束地方政府的竞争机制的作用。但也有部分文献批评钱颖一等人过分强调了财政分权的作用。例如，在比较了中国和俄罗斯财政分权的表现后，Blanchard and Shleifer(2001)认为，单独的财政分权不足以产生一个保护市场和促进增长的政策，中国的成功较多地与政治集权有关。事实上，1994 年的财政改革在一定程度上出现了中央再集权的现象。

诺顿基于对中国共产党有能力保持一个有效的官僚系统的认知而提出了另外一个解释。和其他发展中国家相比，中国的官僚系统在很多方面是比较有效的，特别是它能够执行与经济发展有关的指令，这是因为经济增长能提高官员的政绩，进而增加官员的收入和升迁的概率(Li and Zhou,2005)。不可否认的是，有效的官僚系统有助于中国经济的成功。但是，我们怀疑它是否是中国经济增长的根本原因。一方面，科举制度从隋朝起就存在了，但中国至少在过去 500 年内没有发生较快的经济增长；另一方面，诺顿没有解释为什么官僚体系的领导需要经济发展。

谢千里和张军区分了政府合法性的两个源泉：一个是程序，另一个是表现。他们认为，中国政府采用了促进经济增长的政策，是因为它追求的是基于表现的合法性。本章的模型也可以推导出这个结论，因为政府必须保证合适的经济表现以安抚社会群体。事实上，威权政府都不注重程序上的合法性，而且大多数希望通过给人民带来福利改进而获得合法性。然而，只有少数国家实现了持续、快速的经济增长，这意味着，单独追求表现的合法性也不足以产生持续的经济增长。

在前面提到的文献中，Gehlbach and Keefer（2008）、Besley and Kudamatsu（2007）也提供了有关中国经济增长的解释，尽管他们的文章不是针对中国的。Gehlbach and Keefer（2008）对政党制度化的关注值得一提。与毛泽东时代相比，中国共产党在很多方面实现了制度化，如退休制度、平稳的领导更替、更加正规和理性的决策程序以及党内更多的权力共享等，这些变化有助于中国共产党采取更合适的经济政策。不过，这个理论还不足以解释为什么中国共产党采用了有利于整个社会而不是仅仅有利于其成员的政策。在 Besley and Kudamatsu（2007）的模型中，党的领导人采取促进经济增长的政策，是因为中国共产党的权力比较稳定。但是，将中国共产党的权力看作外生给定的，将失去解释的关键效力。在取得政权之后，中国共产党在早期拥有很高的支持率，但由于前 30 年所犯的错误，在改革初期，党的革命红利已经大为削弱。在过去的 30 多年里，党的合法性主要来自经济的持续增长以及由此而产生的民众的高支持率。

第三节　模型设置

本章的理论模型建立在一个无限期界下的离散动态经济系统之上。经济中包含一个政府和两个社会群体。两个社会群体分别记为 P 和 E,各自拥有测度为 1 和 α 的个体。群体的人口数量不随时间变化,同一群体内的个体也完全同质。在每一期期初,自然分配给群体 P 和 E 中的个体 k_p 和 k_e 的资产,这些资产不能积累,也不能直接用于个体的消费。政府可以对个体的资产征税,税收所得用于政府的消费和给群体提供政府服务。政府服务既无法积累,也无法直接转化为个体的消费。由于同一群体中的个体完全同质,政府的政策在同一群体内部完全一样,但针对不同群体的政策可以不同。假设政府在第 t 期的税率分别为 $\tau_{p,t}$ 、$\tau_{e,t}$,政府的服务分别为 $g_{p,t}$ 、$g_{e,t}$,这样,政府在第 t 期的政策可以记为 $G_t = (\tau_{p,t},\tau_{e,t};g_{p,t},g_{e,t})$ 。

个体利用税后的资产和政府提供的服务进行生产,生产所得用于自身的消费,生产函数为下列的 CES 形式:

$$y_{i,t} = [(1-\tau_{i,t})^{\gamma}k_i^{\gamma} + g_{i,t}^{\gamma}]^{\frac{1}{\gamma}}, \quad 其中 \quad 0 < \gamma < 1, i = p,e \qquad (1-1)$$

显然,如果政府不提供服务,则个体只用资产进行自给自足的生产。产出既不能用于积累,也不能用于投资,只能用于消费。我们假设个体和政府都是风险中性的。政府的即期效用函数为:

$$v(G_t) = \tau_{p,t}k_p + \alpha\tau_{e,t}k_e - g_{pt} - \alpha g_{et} \qquad (1-2)$$

由于政府不能直接进行生产,它的当期收入必须大于当期支出,才能保证当期的政府服务确实可行。政府和个体的时间贴现因子都为 β , $0 < \beta < 1$ 。

我们假设在每一期政府都来源于某一群体,并将该群体称为在位群体,将另外的一个群体称为在野群体。当然,两个群体的角色可能会随着时间而发生变化。同时,我们也假设在位群体对政府的政策具有否决权(Padro-I-Miquel,2007),在野群体则拥有革命的权利(Acemoglu and Robinson,2001)。在位群体可以利用否决权来否定政府不利于自己的政策,也可以用之诱发在野群体发动革命。这样,政府在制定政策时,既要受制于在位群体的约束,也要考虑在野群体可能的反抗。

在第0期，群体P和E拥有一定的政治力量，$v_P, v_E \in (0,1)$。当发生革命时，群体可以利用它们的政治力量来支持或反对政府。例如，在野群体可以利用其政治力量发动革命，在位群体则可利用其政治力量来镇压革命。革命成功与否，受到群体政治力量的影响。在这里，v_P 和 v_E 是我们用来表征社会平等的参数，后文中我们要精确地给出社会平等的定义。

在每一期，政府和群体参与一个斯塔克伯格博弈。政府首先宣布一个政策 G_t，然后，在位群体决定是接受(A)还是拒绝(NA)政府政策。由于在位群体具有否决权，当政策被否定时，政府便无法正常履行它的职能。在这种情况下，如果在野群体不发动革命，个体会在当期暂时回到自给自足的状态。观察到政府和在位群体的行动后，在野群体决定是否发动革命。如果发生了革命(R)，政府当期无法履行它的职能，同时，当期生产和消费也将停止，但个体以后各期的禀赋不会受到破坏。

假设在第 t 期，群体E为在位群体，群体P为在野群体。如果群体P不发动革命，则博弈自动进入下一期。如果群体P发动革命，则后续过程将如图1-1所示。革命可能以 v_P 的概率成功(S)，也可能以 $1-v_P$ 的概率失败(F)。如果革命成功，群体P将取代群体E成为在位群体。此时，群体E可能以 v_E 的概率继续拥有革命力量(H)，也可能以 $1-v_E$ 的概率永远失去革命力量(L)。如果群体E仍然拥有革命力量，它在下一期将成为在野群体。如果群体P革命失败，当期政府在下一期继续执政。群体P可能以 v_E 的概率永远失去革命力量，也可能以 $1-v_E$ 的概率继续拥有革命力量。在位群体决定社会群体在革命失败后的生存概率，反映了在位群体在政治上具有一定的优势。

进入第 $t+1$ 期后，该期的在野群体决定是否发动革命。如果不发动革命，则博弈自动进入第 $t+2$ 期；如果发动革命，革命结果与图1-1类似。很明显，

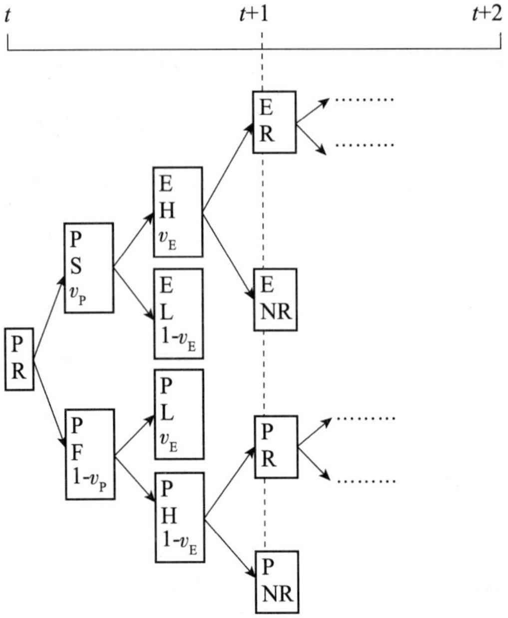

图 1-1　革命及其后果

注:R 表示革命,NR 表示不革命,S 表示革命成功,F 表示革命失败,H 表示拥有革命力量,L 表示失去革命力量。

如果某一群体在革命中失去政治力量,另外一个群体便会剥夺它所有的收入,同时,政府也不会给它提供任何服务。在这种情况下,新的政府会让在位群体得到它自给自足状态下的效用,而在位群体也不会拒绝这一政策。① 显然,这是一个马尔可夫均衡。此时,如果群体 E 是在位群体,它在新政府下所获得的效用是

$$V_E^*\left(\frac{k_P}{\alpha}+k_E\right)=\frac{1}{1-\beta}\left(\frac{k_P}{\alpha}+k_E\right)$$

如果群体 P 是在位群体,它在新政府下所获得的效用是

$$V_P^*(k_P+\alpha k_E)=\frac{1}{1-\beta}(k_P+\alpha k_E)$$

① 贺大兴、姚洋(2009)假设此时的政府是慈善政府,这和该文对于政府在其他情形下是自利政府的假设存在一定的矛盾。本章对该文此处假设的修改,保证了假设的一致性。

第四节　中性政府及其效率

一、革命及效用水平

本节首先讨论不同情形下政府和群体获得的效用。令 V_i^j、$j \in \{E,P\}$、$i \in \{p,e,G\}$ 表示当在位群体为 E 或 P 时，群体或政府的效用。下面的其他表述也沿用这个惯例。下面的分析均假设第 t 期时群体 E 为在位群体。群体 P 为在位群体的情形与之类似，不再详述。

当群体 E 为在位群体时，博弈参与者共有三种可能的行为模式。第一种情形是，群体 E 接受政府的政策，群体 P 不发动革命。此时，政府和群体的效用为

$$V_p^{A,NR|E} = \left[\left(1-\tau_p^E\right)^\gamma k_p^\gamma + \left(g_p^E\right)^\gamma\right]^{\frac{1}{\gamma}} + \beta V_p^E \tag{1-3}$$

$$V_e^{A,NR|E} = \left[\left(1-\tau_e^E\right)^\gamma k_e^\gamma + \left(g_e^E\right)^\gamma\right]^{\frac{1}{\gamma}} + \beta V_e^E \tag{1-4}$$

$$V_G^{A,NR|E} = \tau_p^E k_p + \alpha\tau_e^E k_e - g_p^E - \alpha g_e^E + \beta V_G^E \tag{1-5}$$

其中，上标$(A,NR|\mathrm{E})$表示当群体 E 为在位群体时，群体 E 接受政府的政策，群体 P 不发动革命。类似的表示方式将应用到其他的情形。

第二种情形是，群体 E 拒绝政府的政策，群体 P 不发动革命。此时，个体在当期暂时回到自给自足的状态，政府无法履行职责。此时，政府和群体的效用为

$$V_p^{NA,NR|E} = k_p + \beta V_p^E \tag{1-6}$$

$$V_e^{NA,NR|E} = k_e + \beta V_e^E \tag{1-7}$$

$$V_G^{NA,NR|E} = \beta V_G^E \tag{1-8}$$

第三种情形是，无论群体 E 接受还是拒绝政府的政策，群体 P 都发动革命。根据本章第三节的设定，群体 P 赢得革命且让群体 E 永远失去革命力量的概率为 $v_{\mathrm{P}}(1-v_{\mathrm{E}})$，此时群体 P 的效用为 $V_p^*(k_p+\alpha k_e)$；群体 P 赢得革命，但群体 E

依然拥有革命力量的概率为 $v_{\mathrm{P}}v_{\mathrm{E}}$，此时群体 P 的效用为 V_p^P；群体 P 革命失败且永远失去革命力量的概率是 $(1-v_{\mathrm{P}})v_{\mathrm{E}}$，此时它的效用为零；最后，群体 P 革命失败，但仍然保留革命力量的概率是 $(1-v_{\mathrm{P}})(1-v_{\mathrm{E}})$，此时它的效用为 V_p^E。因此，群体 P 发动革命所获得的效用为

$$V_p^{R|E}=\beta v_{\mathrm{P}}\left[\left(1-v_{\mathrm{E}}\right)V_p^*\left(k_p+\alpha k_e\right)+v_{\mathrm{E}}V_p^P\right]+\beta\left(1-v_{\mathrm{P}}\right)\left(1-v_{\mathrm{E}}\right)V_p^E \tag{1-9}$$

把上述推理应用到对群体 E 的分析，得到它在革命中所获得的效用

$$V_e^{R|E}=\beta\left(1-v_{\mathrm{P}}\right)\left[v_{\mathrm{E}}V_e^*\left(\frac{1}{\alpha}k_p+k_e\right)+\left(1-v_{\mathrm{E}}\right)V_e^E\right]+\beta v_{\mathrm{P}}v_{\mathrm{E}}V_E^P \tag{1-10}$$

政府只有在革命失败后才能获得正的效用

$$V_G^{R|E}=\beta\left(1-v_{\mathrm{P}}\right)\left(1-v_{\mathrm{E}}\right)V_G^E+\beta\left(1-v_{\mathrm{P}}\right)v_{\mathrm{E}}V_G^*\left(k_p+\alpha k_e\right) \tag{1-11}$$

当群体 P 为在位群体时，分析与之类似，在此不再赘述。

二、中性政府的存在性

从上面的分析可以看出，政府不希望自己的政策被拒绝，也不希望发生革命，因此，整个博弈可以简化为政府在使得群体不拒绝政策、不发动革命的约束下追求自己的贴现效用最大化的过程。群体的相互作用可以将政府面对的约束分为如下四种情形，不同的情形下群体有不同的保留效用：

$$V_p^{R|E}>V_p^{NA,NR|E} \quad 和 \quad V_e^{R|E}>V_e^{NA,NR|E} \tag{1-12}$$

$$V_p^{R|E}>V_p^{NA,NR|E} \quad 和 \quad V_e^{NA,NR|E}\geqslant V_e^{R|E} \tag{1-13}$$

$$V_p^{NA,NR|E}\geqslant V_p^{R|E} \quad 和 \quad V_e^{R|E}>V_e^{NA,NR|E} \tag{1-14}$$

$$V_p^{NA,NR|E}\geqslant V_p^{R|E} \quad 和 \quad V_e^{NA,NR|E}\geqslant V_e^{R|E} \tag{1-15}$$

在(1－12)式下，群体 P 和 E 分别获得 $V_p^{R|E}$ 和 $V_e^{R|E}$ 的保留效用。原因是，

如果群体 P 的效用低于 $V_p^{R|E}$，它会发动革命；如果群体 E 的效用低于 $V_e^{R|E}$，它会拒绝政府的政策，从而诱使群体 P 发动革命。政府为了确保不发生革命，会使得群体 P 和 E 的效用不低于革命效用。在(1－13)式下，群体 P 和 E 的保留效用分别为 $V_p^{R|E}$ 和 $V_e^{R|E}$；在(1－14)式和(1－15)式下，群体 P 和 E 的保留效用分别为 $V_p^{R|E}$ 和 $V_e^{NA,NR|E}$，其原因与(1－12)式的类似。

政府给群体的效用不会超过它们的保留效用，从而由(1－12)式和(1－13)式，经过简单的代数运算，可以得到

$$V_p^E = V_p^{R|E} > V_p^{NA,NR|E} > \frac{1}{1-\beta}k_p \quad 和 \quad V_e^E = V_e^{R|E} \tag{1-16}$$

由(1－14)式和(1－15)式，可以得到

$$V_p^E = V_p^{R|E} \leqslant V_P^{NA,NR|E} \leqslant \frac{1}{1-\beta}k_p \quad 和 \quad V_e^E = V_e^{NA,NR|E} = \frac{1}{1-\beta}k_e \tag{1-17}$$

这样，政府的决策可以用如下规划描述[①]：

$$V_G^E = \max_{\tau_p^E,\tau_e^E,g_p^E,g_e^E} : \left\{ \left(\tau_p^E k_p + \alpha\tau_e^E k_e\right) - \left(g_p^E + \alpha g_e^E\right) + \beta V_G^E \right\} \tag{1-18}$$
$$s.t.\ (1-16)\ 或(1-17);V_G^E \geqslant 0$$

当群体 P 为在位群体时，政府决策与(1－18)式类似。通过简要的分析，我们可以得到命题 1－1。

命题 1－1 自给自足优于革命；群体的革命效用之和要小于其自给自足的效用之和。

(证明可以向作者索取)

命题 1－1 背后的直觉如下：在野群体发动革命的激励部分来源于它有一定

① 类似的处理方式，参见 Padro-I-Miquel(2007)、Renzo(2007)和 Acemoglu and Robinson(2001)。

的获得整个社会财富的可能性。如果这种收益大于当前政策下其所获得的效用,它就有可能发动革命;反之,则不会。在本章的假设下,对于社会而言,革命或不断的革命只是社会在遭受一定损失的条件下,财富向某一群体集中的过程。不过,一旦某一群体彻底垄断了社会财富,它所获得的效用也不过是自给自足的效用,因为新政府不再受到革命的威胁,只需要在位群体接受政策即可,此时新政府会给在位群体提供自给自足的效用。而此时的自给自足的效用,不会大于原来两个群体自给自足的效用之和(因为效用函数的凹性,群体共享资源会比某一群体独占资源更有效率)。考虑到革命总会产生一定的损失,因此,革命后的社会收益贴现到当前的时期,就会小于两个群体自给自足的效用之和。这样,至少有一个群体革命的效用,要小于其自给自足的效用。

到这里,我们可以给出中性政府的严格定义。

定义 1-1 中性政府。假设在第 t 期,群体 j 为在位群体,如果政府的税收和服务只与群体的资产禀赋有关,而与群体的政治力量无关,则称该政府是中性政府。其数学表示为:

$$\tau_i^j = \tau^j(k_i)\ ,\ g_i^j = g^j(k_i)\ ,\ i \in \{p,e\}\ ,\ j \in \{P,E\}$$

与中性政府对应的政府是有偏的政府。如果政府的政策与群体的政治力量的大小有关,那么该政府就是一个有偏的政府。在中性政府下,个体的即期效用只与他的禀赋有关,将其记为 $\psi(k_i)$,它等于 $[(1-\tau^j(k_i))^\gamma k_i{}^\gamma + (g^j(k_i))^\gamma]^{\frac{1}{\gamma}}$。①很明显,在中性政府下,个体的即期效用函数在形式上完全一样。

可以证明,(1-18)式存在唯一的纯策略平稳马尔可夫完美均衡(pure stationary Markov perfect equilibrium);同时,可以得到中性政府存在的充分必要条件。

命题 1-2 中性政府的存在性。假设在第 0 期,群体 E 为在位群体,经济中存在唯一的纯策略平稳马尔可夫完美均衡,且中性政府存在,当且仅当如下社

① 事实上,我们将证明,在给定个体的禀赋值时,个体的间接效用函数是他的禀赋的线性函数。

会平等条件成立：

$$v_P = \frac{(1-\beta)/\beta + v_E}{v_E + \alpha(1-v_E)k_e/k_p} \tag{1-19}$$

此外，有

a. 政府采用（$\tau_i = 1 - 2^{-\frac{1}{\gamma}}, g_i = 2^{-\frac{1}{\gamma}}k_i$）的政策，获得（$1 - 2^{1-\frac{1}{\gamma}}$）（$k_p + \alpha k_e$）的即期效用；

b. 群体 E 接受政府的政策，群体 P 不发动革命，分别获得 k_e 和 k_p 的即期效用。

（证明可以向作者索取）

下面解释（1－19）式被称为社会平等条件的原因。很明显，在（1－19）式中，v_P 和 v_E 彼此互为增函数，这意味着，当某一群体的政治力量增大时，要维持社会相对平衡，另一群体也应该相应增加自己的政治力量。同时，当社会趋于平等时，群体的政治力量也和自身的人口规模正相关。这是符合现实的，一个群体所能号召的人口越多，它的影响力就越大。当两个群体的人口数量相等时，在野群体的政治力量需要比在位群体的政治力量略微大一些，才能保持平衡，这是因为，即使在政治力量相等的情况下，在位群体也有先动优势，所以保持平等的方法只能是在野群体多获得一些政治力量。

三、中性政府的效率

本章最重要的结论是，中性政府是一个有效政府。

命题 1－3　中性政府的效率。在所有自利的政府中，中性政府下的社会总产出最高。

证明：命题 1－3 直接来自命题 1－1 和 1－2。在上面的分析中，我们将群体的保留效用分为（1－16）式和（1－17）式两种情形。在（1－16）式下，群体的保留效用就是它们的革命效用，而命题 1－1 已证明，此时群体革命的效用之和小于社会自给自足的效用之和。在(1－17)式下,很明显,社会的效用之和要小于或等于社会自给自足的效用之和,而命题1－2则证明,只有在中性政府下,两者才能取等号。此时,社会总效用等于两个群体自给自足下的总产出,所以社会产出也达到最大。

证毕。

命题1－3背后的直觉是,当社会群体具有相对平等的政治力量时,政府在制定政策时,不得不同时考虑它们的诉求。政府的政策既不能长期偏向在位群体,否则会引发在野群体的革命,也不能长期偏向在野群体,否则政策会被在位群体否决。政府最终的政策会兼顾两个群体的利益,使得它们的能力都能得到发挥,从而有利于经济增长。最后,值得一提的是,在中性政府下,政府仍然会征税,同时也存在政府消费。

由命题1－2和命题1－3,很容易得到命题1－4。

命题1－4 最优社会结构,即当群体的政治力量满足(1－19)式时,社会总产出最大。

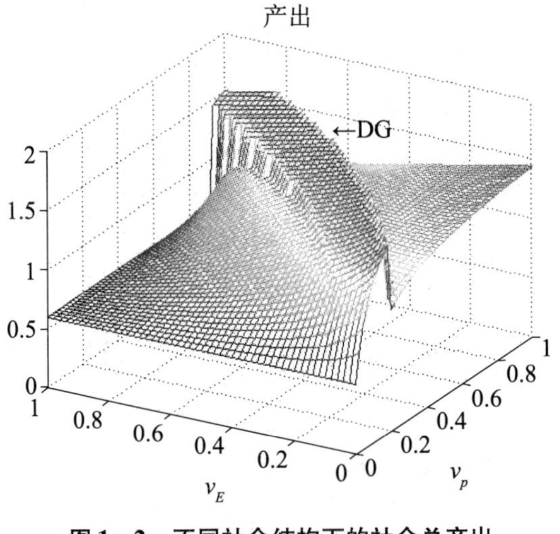

图1－2 不同社会结构下的社会总产出

注:$\beta = 0.9$, $k_p = 1$, $k_e = 0.6$, $\alpha = 1$ 。

在一定程度上，社会平等条件所定义的社会最优结构和中性政府是一个刀锋均衡。[1] 但是，在中性政府附近，存在一个社会产出缓慢增长的区域，在图1－2中，突起的高原就是这个区域。在高原的左侧斜坡上，在位群体的政治力量远大于在野群体的政治力量，而且，在位群体的革命效用远大于其自给自足的效用，而在野群体的革命效用远小于其自给自足的效用。此时，在位群体得到自给自足效用，而在野群体得到很低的革命效用，社会总产出较低。登上高原之后，在野群体仍然获得革命效用，在位群体也仍然获得自给自足的效用，但由于此时两个群体的政治力量比较接近，在野群体的革命效用获得较大的增加，因此，整个社会的总产出也较大。特别地，在高原的右侧边界上，社会处于平等的状态，此时的政府为中性政府，两个群体都获得自给自足的效用，社会总产出最大（图中 DG 的位置）。而一旦越过右侧边界，平等的社会结构再一次被打破，在野群体的政治力量强大，继续获得自给自足效用，而在位群体获得较低的革命效用，因此，社会总产出会有一个突然的下降。但随着在野群体的力量进一步增强，在野群体会逐渐掌握所有的社会财富，这也会使得社会总产出增加，但是，考虑到时间贴现，高原右侧斜坡上的社会产出还是低于中性政府下的社会产出。

第五节　改革时期的中性政府

本节结合上一节的理论命题，给出并讨论中国政府是中性政府的证据。在此之前，我们首先明确几个问题。一是分析单位问题。我国政府层级很多，经济分权体制独特，地方政府和中央政府的行为存在很大差异。在下面的分析中，我们所讲的政府，如果不加特别说明，一律是指中央政府，也就是说，我们的分析单

---

① 虽然本章只给出了社会平等条件下模型的解，但需要指出的是，如果参数不满足（1－19）式，中性政府不再存在，但模型仍然可以得到解析解。事实上，图1－2就是根据所有社会结构下的解析解绘制而成的。

位是全国,而不是局部地区。某个局部地区在政策上可能受到歧视,但从全国范围来看,受到歧视的原因可能是该地区的生产能力较为低下,因此,政府政策仍然符合中性性质。二是群体的定义问题。中国的社会群体分化不像其他国家那样清晰,但是,当考察具体的政府政策的时候,我们还是能够比较清楚地辨认出不同的利益群体。比如,当我们考察国有企业改制的时候,工人和企业经理就是两个利益诉求不同的群体;当我们考察汇率制度的时候,出口企业和普通消费者就是两个不同的群体。三是政府政策的所指问题。在我们的模型中,政府决定两个政策,一个是税率,一个是政府服务。在现实中,我们可以把这两个决策理解为政府政策对不同群体的损失和收益的实质性影响。

此外,我们还需要明确讨论一下我们的理论模型所暗含的几个对政府的假设。其一,我们假设政府是务实的,没有意识形态的约束,可以根据情形确定自己的政策;其二,我们假设社会群体具有对政府进行“革命”的能力,而政府需要对此做出回应;其三,我们假设政府可以区别对待不同的社会群体。关于第一个假设,我们注意到,过去 30 多年是党摆脱僵化的意识形态,走向务实主义的时期。关于第二个假设,“革命”在此可以理解为任何可以削弱政府执政合法性的行为,如示威游行、在报刊和网络上发表批评文章等。在我们的理论模型中,不成功的革命相当于对政府合法性没有任何威胁的行动,成功的革命则是有威胁的行动,而成功且剥夺了在位群体财产的革命是有严重威胁的行动。事实表明,中国政府非常关注民众的诉求,特别是当这样的诉求会演化为群体性事件的时候。如果把对社会群体的定义和政府政策联系起来,我们就很容易理解第三个假设。几乎所有的政府政策都同时制造得利者和失利者,政府在做出决策的时候,总是要在社会群体之间进行取舍。如果一个群体从中得益,则这个群体就可以被理解为我们理论模型中的在位群体;反之,它就是在野群体。

在我们的理论模型里,政府是一个全面的、精于计算的行为主体,这个假设在现实中肯定是不成立的。但是,在具体政策上,把政府视为一个精于计算的主体还是合适的,因为具体政策的得利者和失利者是比较明显的。实际上,我们的理论模型可以被视为对政府具体政策的描述,而不是对它的整体政策的描述。

在完成了以上准备工作之后,我们可以讨论过去30多年中国政府的中性性质。显然,要详细讨论这个问题,需要一篇长文,超出了本章的范畴。在这里,我们将采取举例的方式,试图说明中国政府既没有屈服于精英的力量,也没有迁就民众的短期利益,经济政策的制定和实施主要是以国家的长远经济发展为导向。

反映第一方面的一个例子是价格双轨制改革。于1985年正式开始实行的价格双轨制是在两种倾向——完全抛弃和继续坚持计划定价——之间的一种妥协。价格双轨制允许国有企业在完成国家计划配额之后在市场上自由销售产品和购买原材料,而市场价格往往高于国家计划的价格。价格双轨制降低了改革的阻力,让我国平稳地完成了价格改革,Lau,Qian and Roland(2000)因此把它称为“没有失利者的改革”。但在现实中,双轨之间的价格差额创造了巨大的寻租空间,企业和控制配额的政府官员可以通过把配额卖给其他企业和个人,从而轻易致富。控制配额的往往是党内或政府的强势人物,因此,对很多学者来说,像价格双轨制这样的部分改革会造就一些坐享好处的利益集团,从而使进一步的改革变得非常艰难。但是,中国的发展证明,这种预言并没有成真。在1994年,最后的双轨制价格——双重汇率——被取消,双重价格被统一成单一的市场价格。在这里,借着价格双轨制而成长起来的市场力量起到了关键性作用。从20世纪80年代中期开始,乡镇企业异军突起,到90年代初已经占到工业增长和出口的半壁河山(Lin and Yao,2001)。另外,私营企业也在90年代初发展起来。但是,乡镇企业和私营企业的原材料和产品都依赖市场价格,它们的快速发展是在夹缝里发生的。因此,它们迫切希望改变双轨制产生的“资源错配”,这在一定程度上推动了双轨价格的并轨。[①]

反映第二方面的一个例子是国有企业民营化。邓小平“南方讲话”之后，广东顺德和山东诸城开始了国企的民营化。经过广泛的调研和讨论，中央政府于1995年出台了“抓大放小”的政策，决定保留500—1000家大型国有企业，允许较小的企业租赁或转让。从“放小”政策衍生出来“改制”，在很多情况下，改制就是民营化。到2005年年底，国有工业企业中的76.7%都已经民营化或破产了（Garnaut et al.，2005）。与民营化相伴随的是国有企业就业数量的下降。裁员的高峰发生在1998年，这一年国有企业中有两千万名员工下岗或失业。从1995年到2005年，近五千万名国有部门的职工经历了下岗或失业（Garnaut，et al.，2005）。对政府而言，这构成了一个严重的挑战。但是，政府没有因此停步不前，而是一方面低调进行民营化，另一方面尽最大可能帮助下岗失业工人再就业。这个策略被证明是有效的。到2005年，国有企业的改革已经接近尾声，大多数失业和下岗工人找到了新的工作或进入了城市最低生活保障系统。

我们还可以举出更多例子来。下面着重举例说明我们的理论模型中的一个重要推论，即一个中性政府会选择性地采取有利于经济增长的政策，哪怕这些政策会造成收入的不平等。回顾一下中国政府在过去30多年间所采取的经济政策，可以发现，就短期而言，它们都不是利益中立的，而总是偏向某些群体，长期累积起来就会导致收入不平等。中国政府之所以能够采取这些看似歧视性的政策，恰恰因为它是中性的：因为并不特别地照顾任何群体的利益，政府才可能放开手脚采取“有偏”但却和生产能力匹配的经济政策。城乡收入差距和对外开放是两个很好的例子。

农村改革一开始是一个“有偏”的改革，它以提高农产品价格为核心，从而让农民得益、城市居民受损。家庭经营的重新确立，进一步提高了农民的生产积

---

① 对价格双轨制的更多讨论，参见姚洋（2008）的相关章节和姚洋（2009）。

极性，使他们的收入进一步提高。尽管政府对城市居民的食物补贴也增加了，但总体而言，农民的收入增长速度超过了城市居民，一个重要的证据是，城乡收入差距由1978年的2.8倍缩小到1985年的1.8倍。但是，自1985年之后，城乡收入差距就没有缩小过，到今天已经达到3.5倍(国家统计局，2010)。这其中的原因比较复杂，但政府对城市投资力度的加大难辞其咎。然而，从纯粹经济收益的角度来看，在农业生产率达到一定水平后，投资城市比投资农村的收益大得多，因此，这既符合政府的利益，也在一定程度上符合整个社会的利益。

对外开放是比农村改革更加"有偏"的举措。对外开放以特区为先导，在特区设立之初，中央政府给了它们非常优厚的政策待遇，其他地区对此表现了极大的不满。中央政府的反应不是取消特区，而是确立了沿海开放政策，给予沿海开放城市和特区差不多的政策。这个政策开启了沿海和内地差距拉大的大门，但对中国经济的起飞起到了关键性的作用，中国由此完成了韩国在20世纪60年代初期完成的从进口替代战略向出口导向战略的转型。加入世贸组织是中国完全融入世界经济体系的最后一步，也是最重要的一步。入世之前，国内对入世可能对中国经济造成的冲击有许多讨论，普遍观点是，入世将对我国的农业、汽车制造业、零售业、金融业以及电信服务业产生巨大冲击。但政府并没有被这些担心所左右，入世之后的结果也表明，入世之前的悲观预测多数是错误的。除大豆和棉花之外，多数农产品的出口增加了；汽车市场发生了"井喷式"增长，自主品牌不仅没有萎缩，而且有了巨大的发展；金融和电信行业并没有受到很大的冲击，只有零售业受到的冲击较大。总体而言，中国的出口额自2001年入世到2007年经济危机爆发之前保持了年均29%的高速增长，速度接近90年代的两倍(国家统计局，2010)。

改革时期中性政府得益于20世纪的中国革命和新中国成立后最初的30年对社会平等的深化。20世纪的中国革命打破了封建社会关系，把中国领入现代化的大门。事实上,在20世纪50年代早期,尽管中国大陆和台湾地区的政体完全不同,但在社会结构和经济政策方面,两者惊人地一致。在农村,两岸都完成了土地改革,完成了孙中山先生"耕者有其田"的遗愿;在城市,大陆没收了官僚资本,但保留了民族私人资本,台湾则没收了日本殖民者的资本,但也保留了私人资本。两岸社会都被均等化了,其结果是,两岸都可以放心地采取有利于长期经济增长的经济政策。①

相比之下,其他发展中国家却存在深刻的社会不平等以及由此而生的政治和经济不平等。以印度为例,种姓制度和宗教至今仍然是影响其政治的重要力量,一些政客和宗教领袖以种姓和宗教为依托,建立起庞大的政治势力,左右政府政策(Mehta,2005)。另外,尽管印度政府很早就通过了土地改革法案,但至今仍然有11%的农民没有土地,在印度共产党长期执政的西孟加拉邦,这个数字更是达到30%以上(Mukerjee,2009)。尽管印度人口中拥有大学文凭的比例高于中国,但其文盲率却达到40%,其中多数是地位低下的妇女。另一个例子是菲律宾。在20世纪60年代,菲律宾是发展中国家当中的明星,但是,马科斯长达20年的独裁统治却毁掉了菲律宾的经济,而马科斯统治的基础是地方上的旧势力。在殖民时代,这些旧势力是殖民者的统治工具,殖民时代结束之后,他们非但没有消失,而且得到发展壮大(陈衍德,2004)。尽管马科斯的独裁统治已经结束20年,但菲律宾仍然处于地方旧势力的控制之中,2009年11月发生在棉兰老岛的屠杀事件就是旧势力之间火并的结果。世界银行2008年的发展报告显示,土地分配不平等是阻碍一个国家经济发展的关键性因素之一,其背后的原因是大土地拥有者左右着国家政策,阻碍教育的普及和新技术的推广(World Bank,2008)。

① 对此更多的讨论参见姚洋(2010)。计划经济时代中国大陆走了弯路,究其原因,一是缺乏经验,二是政治挂帅。

第六节　总结

本章对中国1978年以来的高速经济增长给出了一个政治经济学解释。我们通过理论模型和经验例证阐述了如下逻辑:20世纪的革命所造就的平等社会结构为中国经济的高速增长奠定了社会基础;在此基础之上,党完成了从激进主义到务实主义的转变,党所领导的政府成为一个中性政府,它关心的不是短期和局部利益,而是社会的长远利益。我们的解释不是对中国经济成功的唯一解释,而是从一个侧面揭示了经济增长的政治逻辑。

我们想提醒读者的是,在一定意义上,中性政府是一个很弱的概念,它只要求政府不长期支持某些社会集团。但是,中性政府却不是发展中国家政府的常态,而是特例。在一般发展中国家,四种政府形态比较普遍,即精英主义、民粹主义、精英主义和民粹主义的混合、精英主义和民粹主义的交替。精英主义政府就是来自精英阶层或与精英阶层结盟的政府,民粹主义政府就是用再分配政策讨好民众的政府;前者为少数人服务,后者则置国家的未来于不顾。在当今世界,纯粹的精英主义政府或纯粹的民粹主义政府都比较少见,两者的混合或交替是更普遍的情形。两者混合的情形主要出现在南亚,两者交替的情形主要出现在拉美。值得注意的是,一个民主社会的政府完全可能是精英主义的,在存在极端不平等的国家里,这种情况更可能出现。在这样的国家里,精英利用他们的政治和经济优势操控选举,左右政府政策,而大多数普通百姓则处于无能为力的地位。但是,正因为此,这些国家的民粹主义呼声也很高——普通百姓有被剥夺的感觉,因此要通过民主程序要求更多的再分配。中国是少数特例之一,而正是这个看似一般的特别之处,却足以解释中国和其他发展中国家在经济表现方面的巨大差异。

由此引出了本章的最后一个结论：中国过去30多年的高速增长得益于中国不是一个“常态的”发展中国家这一事实。平等的社会结构和由此产生的中性政府定义了中国的独特性。那么，接下来的问题是：中国是否能够保持这种独特性？中国是否会变成一个“常态的”发展中国家？种种迹象表明，给出一个乐观的回答将越来越难。一个可能的前景是，当前的收入差距演变为社会壁垒，并最终葬送平等的社会结构。但是，对此的讨论已经超出了本章的范畴，有待作者或其他研究者做进一步的认真研究。

参考文献

阿里吉，2009：《亚当·斯密在北京》，路爱国、黄平、许安结译，社会科学文献出版社。

奥尔森，2007：《国家的兴衰》，李增刚译，上海人民出版社。

陈衍德，2004：《对抗、适应与融合：东南亚的民族主义与族际关系》，岳麓书院。

费正清，2000：《伟大的中国革命：1800—1985》，刘尊棋译，世界知识出版社。

国家统计局，2010：《统计公报》，http://www.stats.gov.cn。

贺大兴、姚洋，2009：《平等与中性政府：对中国三十年经济增长的一个解释》，《世界经济文汇》，第1期。

姚洋，2008：《作为制度创新过程的经济改革》，格致出版社。

姚洋，2009：《中性政府：对转型期中国经济成功的一个解释》，《经济评论》，第3期。

姚洋，2010：《中国道路的世界意义》，《国际经济评论》，第1期。

Alesina, A. and D. Rodrik, 1994, "Distributive Politics and Economic Growth", *Quarterly Journal of Economics*, Vol. 109, No. 2, pp. 465 - 490.

Acemoglu, D. and J. Robinson, 2001, "A Theory of Political Transitions", *American Economic Review*, Vol. 91, No. 4, pp. 938 - 963.

Acemolgu, D., D. Ticchi and A. Vindigni, 2007, "Emergence and Persistence of Inefficient

States", working paper.

Acemoglu, D. and J. Robinson, 2008, "Persistence of Power, Elites and Institutions", *American Economic Review*, Vol. 98, No. 1, pp. 267 – 293.

Benabou, R., 2000, "Unequal Societies: Income Distribution and the Social Contract", *American Economic Review*, Vol. 90, No. 1, pp. 96 – 129.

Besley, T. and M. Kudamatsu, 2007, "Making Autocracy Work", LSE STICERD Research Paper, No. DEDPS 48.

Blanchard, O. and A. Shleifer, 2001, "Federalism with and without Political Centralization: China versus Russia", IMF Staff Papers, Vol. 48, pp. 171 – 179.

Esteban, J. and D. Ray, 2006, "Inequality, Lobbying, and Resource Allocation", *American Economic Review*, Vol. 96, No. 1, pp. 257 – 279.

Garnaut, R., L. Song, S. Tenev and Y. Yao, 2005, *China's Ownership Transformation: Process, Outcomes, Prospects*, Washington, D. C.: The World Bank.

Gehlbach, S. and P. Keefer, 2008, "Investment without Democracy: Ruling-Party Institutionalization and Credible Commitment in Autocracies", working paper, the World Bank.

Hassler, J, J. Rodriguez-Mora, K. Storeletien and F. Zilibotti, 2003, "The Survival of the Welfare State", *American Economic Review*, Vol. 93, No. 1, pp. 87 – 112.

Jefferson, G. and J. Zhang, 2008, "China's Political Reform: A Property Rights Interpretation", manuscript, Department of Economics, Brandeis University.

Lau, L., Y. Qian and G. Roland, 2000, "Reform without Losers: An Interpretation of China's Dual-track Approach to Transition", *Journal of Political Economy*, Vol. 108, No. 1, pp. 120 – 143.

Li, H. and L. Zhou, 2005, "Political Turnover and Economic Performance: The Incentive Role of Personnel Control in China", *Journal of Public Economics*, Vol. 89, No. 9-10, pp. 1743 – 1763.

Lin, J. and Y. Yao, 2001, "Chinese Rural Industrialization in the Context of the East Asian Miracle", in Joseph Stiglitz and Shahid Yusuf editors, *Rethinking the East Asian Miracle*, Oxford: The World Bank and Oxford University Press.

Mehta, S., 2005, *Maximum City: Bombay Lost and Found*, New York: Vintage.

Mukerjee, D., 2009, "An Analysis of Compensation in Land Acquisition", International Workshop on Development Economics, Economic School of Fudan University。

Naughton, B., 2004, "Market Economy, Hierarchy, and Single Party Rule: How Does the Transition Path in China Shape the Emerging Market Economy?" *International Economic Association*, Hong Kong, January, pp. 14 – 15.

Padro-I-Miquel, G., 2007, "The Control of Politicians in Divided Societies: The Politics of Fear", *Review of Economic Studies*, Vol. 74, No. 4, pp. 1259 – 1274.

Perkins, D., 2004, "China's Economic Development in an International Perspective", paper presented in the conference "China's Economic Reform and Growth", China Center for Economic Research, Peking University.

Qian, Y. and G. Roland, 1998, "Federalism and the Soft Budget Constraint", *American Economic Review*, Vol. 88, No. 5, pp. 1143 – 1162.

Qian, Y. and B. Weingast, 1997, "Federalism as a Commitment to Preserving Market Incentives", *Journal of Economic Perspectives*, Vol. 83, No. 4, pp. 83 – 92.

Renzo, M., 2007, "On the Dynamic Inefficiency of Governments", working paper.

The Growth Commission, 2008, *The Growth Report: Strategies for Sustained Growth and Inclusive Development*, Washington, D. C.: The World Bank.

World Bank, 1993, *The East Asian Miracle*, Washington, D. C.: The World Bank and the University of Oxford Press.

World Bank, 2008, *World Development Report: Agriculture and Development*, Washington, D. C.: The World Bank and the University of Oxford Press.

Woo-Cumings, M., 1997, "The Political Economy of Growth in East Asia: A Perspective on the

State, Market, and Ideology", in Masahiko Aoki, Hyung-Ki Kim, and Masahiro Okuno-Fujiwara, eds. ,*The Role of Government in East Asian Economic Development*: *Comparative Institutional Analysis*, Oxford: Clarendon Press.

第二章　官员绩效与晋升锦标赛：来自城市数据的证据

本章利用1994—2008年我国18个省241个城市的书记和市长与城市的匹配数据，分析了地方官员对地方经济增长的贡献。地方官员在城市间的调动使得官员个人对经济增长的贡献的比较从一个城市之内扩展到了不同城市之间。经验证据表明，地方官员的个人效应具有整体显著性，即不同的地方官员对经济增长的作用存在显著差异，且内生性样本构成、内生性调动以及城市层面的扰动并不影响这一结论。就个人效应对官员晋升的影响的分析表明，尽管官员的年龄是一个重要的因素，但个人效应也十分重要，且其重要性随着官员年龄的增长而加强；个人效应对市长的晋升具有显著作用，对书记的晋升没有显著作用，而官员在职期间城市的经济增长速度对晋升没有显著作用。

第一节　引言

古往今来，有关一国的领导人能否影响国家经济发展一直被人们热议。Jones and Olken (2005) 发现，国家领导人在任时突然死亡，会给这个国家未来的发展趋势带来显著的变化；Glaeser et al. (2004) 则发现，让低收入国家走出贫困的许多新政,其提出者是当时独裁的领导人。这些发现与制度决定经济发展的观点(例如 North and Thomas,1973;Acemoglu et al. ,2006)形成了鲜明的反差。本章利用我国地市层面的数据,将这一问题的讨论拓展至地方政府官员。由于地方政府官员面临相同的制度安排,对这一层面的研究可以很好地排除国家之间的制度差异,从而更准确地发现地方官员对于当地经济发展作用的经验证据。在绝大部分国家,地方官员都只在一个地区任职,由于经济绩效同时受到个人和地区因素的影响,研究人员只能比较同一地区前后任官员的绩效;而我国存在着地方官员的异地交流(张军、高远,2007),这些官员的调动连通了不同的城市,使得在不同城市任职的地方官员的绩效可以相互比较。

政治权力的高度集中(Che et al. ,2005;Xu,2011)①和经济体制高度分权并存是我国改革开放以来特有的制度安排。在这一制度安排下,官员不断晋升的过程可以看成一种锦标赛(Li and Zhou,2005;王贤彬、徐现祥,2010)。诚然,官员的政治关系对其晋升有着重要的影响,但它较难依靠官员的自身努力来改变。但官员可以通过努力提升当地的经济发展水平,从而展现个人的执政能力。虽然目前政府绩效考核日趋多元化,但经济增速由于最易测度,仍然是最重要的指标。② Xu(2011)把我国的经济高增长归功于地方官员的相互竞争;而 Li and Zhou (2005)则发现一省的经济增长率可以很好地预测该省官员的晋升概率。由此可以推测,各级党委组织部门根据官员任期内的地方经济增长率,来衡量官员的个人能力。

---

① Xu(2011)对中国的财政分权体制进行了全面的综述,包括其历史根源、功能和对于中国改革和经济增长的影响等。

② 作者在于 2011 年夏天进行的调研采访中了解到,市级和县级政府都存在一套针对下属官员的评分系统,评估的频率最高可以达到每月一评。通常情况下,这些评分系统中都把经济增速相关的指标放在首位,除了 GDP 增速本身外,还包括了财政收入、基础设施投资、工业园区建成数等指标。得分最低的官员将面临下岗(其中一个县的评分标准中明确指出了连续两次垫底将被免职)。

在此基础上，我们分析官员个人绩效对于其晋升概率的影响，以研究我国的政治体制是否确实提拔了有能力的官员。现有文献对此问题的研究停留在省级层面(Li and Zhou，2005；徐现祥等，2007；王贤彬等，2009)，本章的贡献之一是将这一问题的研究拓展至地市级官员。一方面，由于地市级官员数量更多；另一方面，省级官员离权力中心较近，其晋升往往带有许多政治方面的考虑(Opper and Brehm，2007)，而地市级官员离权力中心相对较远，政治因素的影响也较小。本章的另一贡献是使用了官员个人效应对晋升概率进行预测。现有文献使用经济增速作为关键的解释变量，但它并不完全反映官员的个人因素。相比直接使用经济增速，个人效应更好地反映了官员的个人能力，对这一关系的衡量也更为直接。

本章余下的内容安排如下：第二节给出数据来源与结构的描述；第三节详述计量模型和识别方法，包括基准模型的设定和连通子样本的构建，并对内生性检验的设定进行讨论；第四节展示主要的实证结果，除了基准模型的结果外，还将展示关于样本组成、内生性流动以及暂时性冲击的稳健型检验；第五节使用线性概率模型和多项 Logit 模型分析个人效应与晋升的关系；第六节总结全文。

第二节　数据来源与结构

本章的研究对象为 1994—2008 年的地市级行政官员。这些市委书记①和市长②的资料来自《中国城市年鉴》、各省、自治区统计年鉴以及各媒体的报道，经作者手工整理而成。宏观数据来自对应年份的各省统计年鉴。由于很少有官员

① 也包括各地区地委书记、各自治州州委书记、各盟盟委书记。下文统称为市委书记。
② 也包括各地区行政公署专员、各自治州州长、各盟盟长。下文统称为市长。

的任期恰好是自然年，为了和年度宏观数据在时间上保持一致，本章依据下列规则进行匹配：

如果一个城市当年没有发生过市委书记或者市长的更替，则不需要进行处理。

如果一个城市当年发生官员更替，则选取当年在任时间超过6个月的官员作为当年在任官员；这一原则对于市委书记和市长分别适用。

如果一个城市当年发生多次官员更替，且没有任何一位官员任期超过6个月，则选取任期最长的那一名官员作为当年在任官员；这一原则对于市委书记和市长分别适用。

由于数据来源所限，本章使用18个省、自治区241个城市的数据作为样本进行分析。① 从图2－1可以看出，这一样本与全国经济增速基本一致。在这15年中，共有1671名官员在这些城市担任市委书记或市长。在1671名官员中，有1425名仅有一个城市的任职经历，219名曾任职于2个城市，23名曾任职于3个城市，还有4名官员曾任职于4个城市；有调动经历的官员约占样本总数的15%。官员在一个城市的平均任期为3.8年，中位数为3年，均低于法定的5年任期，也略低于省级官员的平均任期（王贤彬、徐现祥，2008），且仅有1/4的官员出现了5年及以上的任期。从2001年开始的信息更为详尽，包括官员的年龄、之前所任职位和离任后的去向。下文将2001—2008年的样本称为"短样本"，将1994—2008年的样本称为"长样本"。

官员离开样本城市后的去向主要有调任至样本外的城市、晋升到省委、省政府及各厅局单位以及退休。本章使用与Li and Zhou（2005）类似的方式定义晋升，包括：从一个普通城市调动至副省级城市；从任意城市调动至省政府担任省委书记、副书记、省长、副省长、省委常委等主要职务；从一个普通城市调动至省

① 限于篇幅，具体的城市名单未予列出，有兴趣的读者可向作者索取。

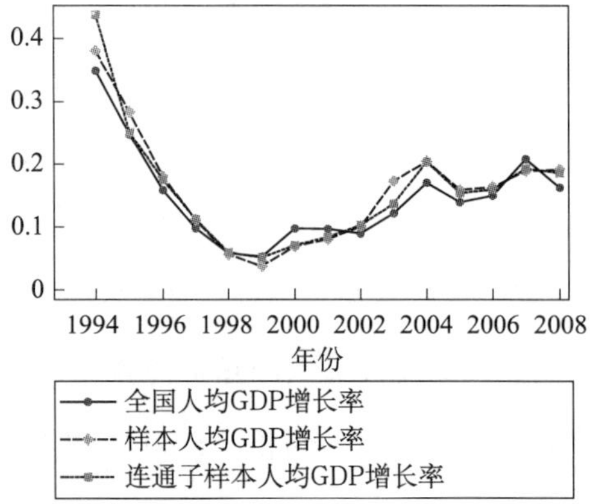

图 2-1 样本和全国的人均 GDP 增长率(名义值)

内各厅局担任厅局长等职务。

此外,与 Li and Zhou (2005)类似,卸任后进入人大和政协的官员也归入退休的类别。短样本中共有 1191 个官员—任期对,其中 465 名官员在一个任期结束后得到晋升,约占 39%;184 名退休,约占 16%。如果合并同一官员的任期,则短样本中共有 558 名官员,其中 390 名中途离开样本,约占 70%。由于决定官员不同去向的因素并不一定完全相同,这些官员个人效应是否存在系统性的差异值得研究。

第三节 计量模型和识别方法

一、计量模型

本章研究的重点是如何将官员个人能力的高低进行估计和比较。在缺少官员更多的背景资料的情况下,本章借鉴 Jones and Olken (2005)和 Bertrand and Schoar (2003)的思路,从官员任期内的地方经济增速来推断其个人能力。由于经济绩效是个人能力和努力共同作用的结果，这一估计的结果也可能是两者的结合，在实证上较难区分。下面我们将使用“个人效应”这个词，以更准确地表示官员个人对于地方经济绩效实现的贡献程度。在控制了人口、经济发展水平等变量之后，同时影响城市的经济绩效的不可观察因素有四个：城市的固定效应、年度的固定效应、市委书记的个人效应和市长的个人效应。其中，年度的固定效应与其他三者正交，可以通过加入一组虚拟变量进行识别，而其他三者则共享同一个空间维度，需要在一定的假设下进行分解。由于市长和市委书记在地方经济中的角色并不是完全固定的，我们假设一个城市的经济增长率既作为市委书记的绩效，也作为市长的绩效①，并假设两名官员来自同一个分布。② 也就是说，每个城市每个年度出现两个观察值，分别只放置市委书记和市长的虚拟变量。具体模型为：

$$y_{jt} = X_{jt}\beta + \theta_i + \psi_j + \gamma_t + \varepsilon_{ijt} \qquad (2-1)$$

(2－1)式中，y_{jt}为城市 j 在 t 年的真实 GDP 增长率，$X_{jt}\beta$ 为一组随时间变化的控制变量，包括官员在一地的任期开始时当地的人均 GDP 水平、城市年末总人口以及省级的 GDP 消胀指数③，θ_i 为地方官员的个人固定效应，ψ_j 为城市固定效应，γ_t 为年度固定效应。这里的下标 i 包括了所有的官员，无论他是担任市委书记还是市长。在 $E(\varepsilon_{ijt|X_{jt},\theta_i,\psi_j,\gamma_t})=0$ 的假设下，(2－1)式即为经过修正的增长方程。

二、个人效应的识别

许多学者使用面板数据进行分析，关心的是随时间变化的解释变量的系数

---

① 另一种可能的假设是市委书记和市长的个人效应之和影响了城市的经济增速，这个看似合理的假设存在两个问题。首先，这一假设认为两位官员是同质的、可以互相替代的，而事实上两者存在着一定的分工，不能彼此替代。其次，这一假设在技术上给识别带来极大的难度，需要从一个维度的数据中分解出城市、市委书记和市长三者的固定效应，从而在事实上使可以识别的范围变得极度狭窄。

② 换而言之，就是把每个官员—城市对看成从同一个分部中独立抽取的观察值。

③ 城市的 GDP 消胀指数从 2000 年开始才公布，在此统一使用省级 GDP 消胀指数以保证前后数据的一致性。使用 2000 年开始的城市 GDP 消胀指数替代省级数据，结果并无显著区别。

估计,固定效应仅用于控制个体的不可观察效应。本章关心的是固定效应本身的估计。由于城市和官员的固定效应共享同一个空间维度,模型存在识别不足的问题,即两者无法完全区分,只能识别两者之和。根据 Abowd et al,(1999,2002)、Abowd and Kramarz (2006)、Bertrand and Schoar (2003)和 Cornelissen (2008),我们可以在一定范围内识别官员的个人效应,即在一个基于官员调动而连通的城市组内识别官员的个人效应的相对大小。图 2-2 展示了一个简单的示例,其中 A 和 B 两个城市通过官员 3 的调动相连,这两个城市和在这两个城市任职的官员 1、2、3、4 构成一个连通子样本,而 C 城市没有官员调动到其他城市,孤立地构成一个退化的连通子样本。

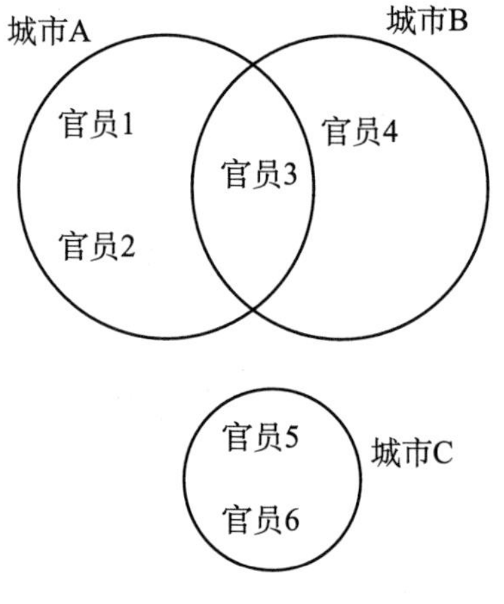

图 2-2　连通性的示例

由于城市效应和官员的个人效应共享同一个维度,一般情况下只能识别两者之和 $\omega_{i,j}=\theta_i+\psi_j$。对于孤立城市 C 而言,$\psi_C$ 的大小无法识别,但是可以识别两名官员 5 和 6 的个人效应之差 $\theta_5-\theta_6=\omega_{5,C}-\omega_{6,C}$。对于连通城市 A 和 B,这两个城市效应之差 $\psi_A-\psi_B=\omega_{3,A}-\omega_{3,B}$。对于 A 城市,可以识别三位官员的个人效应之差 $\theta_3-\theta_1=\omega_{3,A}-\omega_{1,A}$,$\theta_3-\theta_2=\omega_{3,A}-\omega_{2,A}$;对于 B 城市,可以识别官员 3 和 4 的个人效应之差 $\theta_3-\theta_4=\omega_{3,B}-\omega_{4,B}$。于是,以官员 3 的调动为桥梁,A、B

两个城市的所有官员的个人效应都可以比较，但仍然无法知道 θ_i 和 ψ_j 的具体数值，因为同一连通城市集内的 $\omega_{i,j}=\theta_i+\psi_j$ 的分解可以是任意的。从这一意义上说，官员在不同城市之间的调动扩大了连通城市的数量，让更多的官员个人效应之间的比较变得可行。把两个城市连通只需要在任意时刻进行一次单向的官员调动；两个城市即便没有直接连通，若能通过其他一个或多个城市间接连通，效果也一样。这也许是地方官员频繁调动的原因之一。

在 1671 名官员样本中有 246 名官员有过调动经历，把样本分成了 20 个连通子样本和 27 个孤立城市。[①] 其中最大的一个连通子样本包含 85 个城市、558 名官员，共 2242 个官员—城市对。[②] 由于可以识别的只是官员个人效应之差，为了行文的方便，下文中令 $\bar{\theta}_i=0$，θ_i 的含义变为官员个人效应相对于平均水平的偏离值，仍然称为官员个人效应。在对(2－1)式回归之后我们进行 F 检验，其零假设为对所有 i 都成立。该检验与 Jones and Olken (2005)所用检验类似，均利用官员的变异度来检验其在经济增长中的重要性，二者的区别在于 Jones and Olken (2005)只考虑了城市内的变异度，本章的检验同时考虑了城市间官员的变异度。因此，如果可以拒绝 Jones amd Olken(2005)的零假设，则一定可以拒绝本章中 F 检验的零假设；反之，即使不能拒绝本章中 F 检验的零假设，也并不意味着地方官员对于地方经济没有作用，只能说明他们对于地方经济的作用没有太大的差异。因此，相对于 Jones and Olken(2005)，本章的检验犯第二类错误的概率更小。[③]

三、有关估计与识别的其他问题

本章估计的无偏性可能会受到三个因素的影响。其一是官员进入与退出的

---

① 完整的按连通性的城市分组的资料可向作者索取。

② 这一连通子样本的代表性如图 2－1 所示。

③ 我们也相应构建了与 Jones and Olken (2005)类似的检验，只检验城市内部前后任官员绩效的变异度，得出的结论是城市内的官员之间并无显著差异。限于篇幅，这部分内容没有刊出，有兴趣的读者可向作者索取。

随机与否会影响样本的构成;其二是官员在样本内城市之间的流动可能存在内生性;其三是暂时性冲击可能会污染个人效应的估计。

第一,不同时期进入样本的官员的异质性可能会影响到样本的构成。如果存在一个队列效应(cohort effect),例如越晚进入样本的官员能力越高(或者越低),样本的变异度会随时间而变化。这一问题对官员对于地方经济增长作用的估计的影响可能不大,但本章仍将对队列效应的存在与否进行检验。

第二,官员退出样本的方式是否随机也是一个值得关注的问题。退出样本的方式有三种:晋升、退休、平调至样本外的城市和职位。不同出路的官员的个人效应未必完全相同,并且所有官员迟早都会结束其任期离开所在的城市。因此,退出的随机与否也许并不会对模型的估计构成威胁。通过检验官员的退出是否与(2-1)式中的残差相关,可以进一步验证上述经验结果的合理性。根据 Abowd et al.(1999),如果存在内生性调动,则需要检验其是否会扩大或者缩小官员个人效应的变异度。针对这一问题,本章检验"互补效应",即城市与官员的特定组合是否会产生高于或低于两者固定效应之和的经济绩效。如果存在互补效应,则官员个人效应的变异度会变大,将会对个人效应的估计造成偏误。

第三,城市的暂时性冲击。与 Jones and Olken(2005)类似,本章模型所能识别的个人效应本质上就是官员任期内所在城市的经济增长率的均值。由于要进行城市之间的比较,每个城市的暂时性冲击都可能会对估计产生影响。在样本涉及的 15 年中,我国经历了三个宏观经济周期。尽管已经控制了城市和年份的固定效应以及省级 GDP 消胀指数,但对在不同城市不同时期任职的官员的个人效应的估计仍有可能受到每个城市暂时性冲击的影响,需要对暂时性冲击的随机性进行检验,以确保个人效应估计的无偏性。由于暂时性冲击和样本构成内生性这两个问题存在一定的关联,本节将进行以下三个检验。

首先，检验调动是否影响官员的个人效应。即使调动并不随机发生，只要调动对于个人效应没有影响，就不会使个人效应的估计产生偏误。与此同时，经历过调动的官员至少在两个不同的城市工作过，因此他们会受到不同城市暂时性冲击的影响。如果暂时性冲击不是随机的，那么他们的个人效应就会受到较大影响。结合这两个因素，我们作以下回归

$$y_{jt} = X_{jt}\beta + \theta_i + \alpha_i \text{Move}_i + \psi_j + \gamma_t + \varepsilon_{ijt} \quad (2-2)$$

(2－2)式中，Move_i 是一个虚拟变量，当官员任职于第一任城市时取值为0，其他情况取值为1。θ_i 的含义与(2－1)式有所不同，为官员无调动经历时的个人效应，而 α_i 则是调动带来的附加值。① 这一检验的零假设为 $H_0: \alpha_i = 0$ 对于所有 i 都成立。

其次，检验一个城市同一时期任职的市委书记与市长的个人效应是否相等。市委书记和市长的个人效应的基础是同一城市同一年的经济增速，该城市受到任何的暂时性冲击都会对两人产生影响。由于样本中的市委书记和市长的任期并无完全重合的情况，除非暂时性冲击的影响大过了其他的因素，他们的个人效应应该存在一定的差异。在(2－1)式的回归基础上，本节进行一个配对的 t 检验，其零假设为 $H_0: \theta_{PS,jt} = \theta_{Mayor,jt}$，对所有城市 j 和年度 t 的组合都成立。如果零假设被拒绝，就可以认为两名官员所共同承受的暂时性冲击并不对个人效应的估计构成影响。

最后，本节使用有调动经历的官员重复(2－1)式的回归。如果第一步的检验发现调动对于官员的个人效应没有显著的影响，就不必担心使用有调动经历的官员会存在样本构成上的差异，且使用有调动经历的官员也不会减少连通的子样本中的城市的数量。由于有调动经历的官员在样本中出现的次数更多，如果冲

① 绝大多数经历过调动的官员仅调动一次。对于少数经历过多次调动的官员，其第一次调动作为调动与否的分界线。

击是随机的,则他们受到暂时性冲击的影响的标准差较小。因此,如果这一回归的结果与(2 - 1)式的基准回归相同,则说明暂时性冲击对我们估计的影响不大。

第四节　地方官员与经济增长:实证结果

一、基准模型的检验

在使用长样本中的连通子样本对(2 - 1)式的回归中,年末总人口和初始人均 GDP 水平的系数都显著为负,这与研究经济增长的收敛性的文献的结果一致,也说明在这一阶段,人口仍然是经济增长的一个负担。GDP 消胀指数的系数也显著为负,说明通货膨胀对于经济增长有负面作用。

在(2 - 1)式回归的基础上,我们对地方官员个人效应进行联合 F 检验:在 $\bar{\theta}_i=0$ 的假设下,F 检验的零假设为 H_0 : $\theta_i=0$ 对于所有 i 都成立。该检验,F 统计量为 1.61,两个自由度分别为 557 和 1583,可以在 1% 的水平下拒绝 H_0。对市委书记和市长的个人效应分别做 F 检验,F 值分别为 1.45 和1.76,均超过了 1% 水平下的关键值。图 2 - 3 展示了利用(2 - 1)式估计所得的官员的核密度分布。相比正态分布,官员个人效应的分布标准差比较小,峰度较大且略有左偏,市委书记和市长个人效应的分布不存在明显的区别。[①]

方差分解是另一种理解地方官员个人效应对于经济增速的作用的方法。表 2 - 1 展示了不同的误差成分(error components)对于经济增速的解释能力。其中,城市虚拟变量仅解释了总变异度的 5% ,年度虚拟变量解释了 18% ,而官员的个人虚拟变量解释了 27% 。由此可以确信,官员的个人效应在城市经济增长的变异度中有着较大的贡献。

① 限于篇幅,市长和市委书记的分布图没有列出,读者可向作者索取。

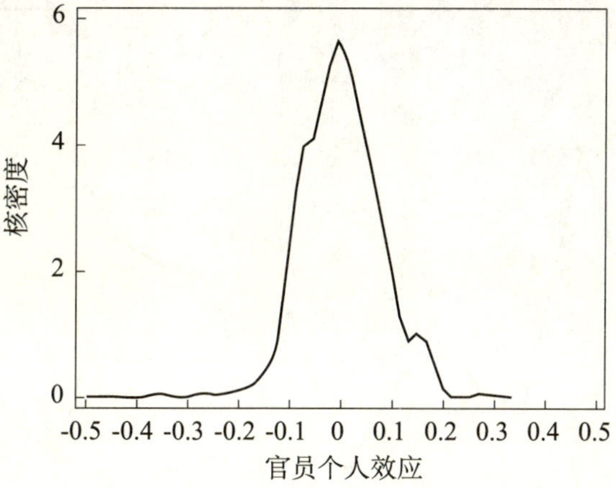

图 2-3　个人效应的核密度估计

表 2-1　方差分解

	(1)	(2)	(3)
城市虚拟变量	控制	控制	控制
年度虚拟变量	未控制	控制	控制
官员虚拟变量	未控制	未控制	控制
R^2	0.049 6	0.236 2	0.508 8
观察值数	2 242	2 242	2 242

二、样本组成的检验

图 2-4 展示了不同年份进入样本的官员的个人效应均值。[①] 不同年份进入样本的官员，其个人效应的均值存在一定的波动，但这种波动并不存在方向性的趋势。出现这种波动的原因有待进一步研究，但可以确信样本中并不存在队列效应。

为了检验离开样本的方式问题，我们构建了一个虚拟变量 $dropout_{it}$，当官员 i 在 t 年离开样本时，该变量取值为 1，否则取值为 0。这一虚拟变量和(2-1)式回归中的残差项 ε_{ijt} 的相关系数为 -0.133，标准误为 0.17。因此，可以确认官员

① 1994 年的样本中可能存在左侧截取的问题，因此从 1995 年开始考察。

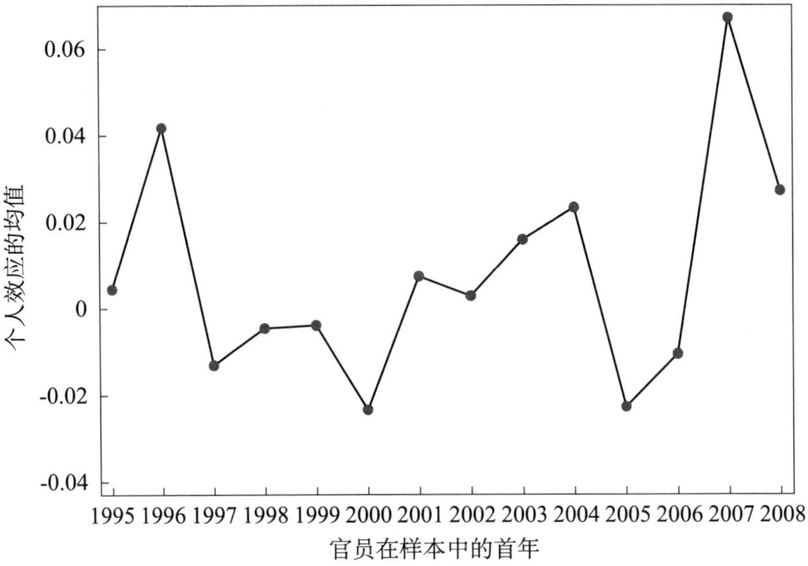

图 2-4　不同年份进入样本的官员的个人效应均值

离开样本是随机的。

三、内生性调动和暂时性冲击

本部分的第一步是比较有调动经历的官员和没有调动经历的官员的个人效应，方法是将 θ 对有调动经历的官员的虚拟变量进行简单线性回归。这一回归的系数为 0.010，标准误为 0.00369。因此，这两类官员个人效应的均值并不相等。但这并不一定是调动的结果，也可能是因为这两类官员本身存在能力上的差异。进一步使用(2-2)式进行回归并对于 α_1 作联合 F 检验。其 F 统计量为 0.67，两个自由度分别为 101 和 1547，其 p 值为 0.95。这说明，对于同一官员而言，调动本身并不影响官员的个人效应。此外，(2-1)式的残差项并不能预测当期和下一期的调动，所以调动本身也不存在内生性。

第二步，进行市委书记和市长的配对检验，其零假设为 H_0：$\theta_{PS,jt} = \theta_{Mayor,jt}$。这一检验的 t 统计量的绝对值为 2.519，自由度为 1100，对应的 p 值为 0.012。这说明配对的市委书记和市长的个人效应并不相等，因此可以认为暂时性冲击对于个人效应的估计并不会造成显著的影响。

第三步，使用有调动经历的官员的子样本对(2－1)式进行重新估计，并对官员个人效应进行 F 检验。这一检验的 F 统计量为1.50，服从两个自由度分别为100和495的 F 分布，对应的 p 值为0.003。在控制了年度效应之后，官员在不同城市任职时，其所受到的冲击的大小和方向可以认为是相互独立的①，有调动经历的官员所受到的暂时性冲击的随机性更强，其相对绩效更准确地反映了他们对当地经济增速的贡献。有调动经历的官员的 F 检验结果与使用所有官员的检验结果类似，表明针对所有官员的 F 检验的结果也是有意义的。

上述一系列检验结果表明，样本构成、内生性调动以及暂时性冲击并不会影响对官员个人效应的估计。这一结论的得出，很大程度上得益于官员的调动。有关我国地方官员任期较短的问题，有一种解释是为了防止地方官员在一地构建个人的政治关系网，从而影响到中央政府的控制能力。另一种解释则与政治锦标赛理论有关。如果上级想通过绩效考察提拔能力较高的官员，就需要设法识别官员的能力。组织部门通过增加官员在城市之间的流动连接起更多的城市，让更多的官员可以相互比较。上文中，我们发现有调动经历的官员比没有调动经历的官员的个人效应均值更高，而这一差距又非来自调动的经验积攒，这使得我们对于晋升的过程做出两点猜想：第一，上级政府有能力识别地方官员的个人能力；第二，表现较好的官员可能会受到青睐，而调动便可能是晋升的一个序幕。

第五节　官员个人效应与晋升

一、研究方法

有关决定地方官员晋升的因素，现有文献中存在一定的争议。Li and Zhou

---

① 在118次有样本内调动经历的官员中，有81次调动是从一个经济发展水平较高的城市调动到经济发展水平较低的城市，另外37次是相反方向的调动。对于所有调动，前后两个城市的GDP平均增长率的相关系数仅为0.11。

(2005)在省级层面上发现 GDP 增长率与官员晋升存在正相关关系。与此相对的是,Opper and Brehm (2007)发现在控制政治关系之后,地方经济增速并没有预测能力;王贤彬、徐现祥(2008)发现,得到晋升的省级官员任职期间当地 GDP 增长率与未能得到晋升的官员并无显著差异,而从中央政府“空降”后又回到中央的官员,其在地方任职期间当地经济增速甚至低于平均水平。这些不同的结论,除了解释变量和被解释变量位置互换导致偏相关关系定义的不同外,还可能有两种原因:其一,GDP 增长率既取决于官员的个人能力的高低,也取决于地方经济的特征以及两者的结合,并不是一个最合适的指标;其二,组织部门对于一名官员晋升与否的决定,可能并非仅仅考察经济绩效,也可能存在一些政治方面的影响因素。事实上,绝大多数从地方晋升的政治局常委都曾经有过重要地区的工作经历,这些重要地区在不同的时期有着不同的特殊政策,因此 Li and Zhou (2005)所发现的正向关系可能没有排除这些特殊因素。Opper and Brehm (2007)所构建的政治关系指数中,有一项是地方官员所任职身份是否是时任政治局常委曾经任职的地方,因此他们的结论也可能是偶然性相关(incidental correlation)所造成的。① 至于中央部委官员调任地方任职,可能只是为了使其有一定的地方工作经历以便今后的任用,并不太看重他们在地方任职时期的经济绩效。

本部分对现有文献进行两个方面的改进。首先,本章使用官员的个人效应的顺位这一新指标作为主要被解释变量。这一变量是将官员个人效应的估计值转换成一个[0,1]区间内的数值,以使得回归系数的解释更为直观。② 其次,由于行政级别较低,地市级官员晋升的政治考虑相比省级官员要少一些。由于资料所限,我们只收集到了 2001 年开始的官员去向的资料,因此只能够使用连通

① Opper and Brehm(2007)的另外一项指标是地方官员是否和时任政治局常委是大学校友。由于绝大多数省级官员毕业于几所知名大学,这一指标的使用也可能产生偶然性相关的问题。

② 不进行转换的回归结果并无明显的差别。

子样本 2001—2008 年的 211 名官员进行本节的研究。

官员任期结束后的去向可以划分为三类:晋升、平调与退休。本章使用两种计量模型进行估计。第一种是线性概率模型(Linear Probability Model,LPM),其优势在于可以提供直接的无条件预测,缺点在于它只限于处理二元结果。由于官员的去向有三类,需要进行两次不同组合的比较:晋升组和非晋升组、晋升组和平调组。一方面,官员的退休未必是由于年龄的原因,决定晋升和退休的机制也并不一定相同,把退休的官员与平调的官员合并后再和晋升的官员进行比较可能会低估个人效应对于晋升的作用。另一方面,退休组中也包括了前往人大、政协等职位的调动,因而也存在一些比较年轻的官员。因此,完全去除退休组而只比较晋升组和平调组之间的差异,也可能产生估计的偏误。这两类偏误孰轻孰重无法预判,因此需要分别进行这两个回归。第二种是多项 Logit 模型(Multinomial Logit Model,MLM)。MLM 可以同时考虑三种出路,并允许不同出路的选择之间存在一定的相关性,但是作为非线性模型,其回归系数不能直观解释,也不能提供无条件预测。

无论是 LPM 还是 MLM,都需要注意考察晋升的时间点。由于官员的个人效应并不随时间变化,一个自然的考察点是官员离开样本的时刻,下文中称之为"基于政治生涯的回归"。这一方法的局限性在于只考虑了官员的最终去向,而没有考虑官员在样本内城市之间的调动。第二种方法是"基于任期的回归"[①],即考察官员每一次离开一个城市时的去向,将样本内晋升[②]的情况包括在内。这两种方法的共同问题是没有考虑任期长度的因素。第三种方法是把每名官员每一年作为一个观察值,下文中称之为"按年度回归"。这种方法和 Li and Zhou (2005)类似,把留任的官员也归入当年的平调组,其问题在于地方官员的个人

① 这里所说的"任期"并非法定的任期,而是指一名官员在一个城市担任市委书记或者市长职务的时期。

② 即从市长晋升为市委书记,以及从普通城市调任至副省级城市的情况。

效应并不随着时间变化,变异度的缺乏会导致估计系数的标准误较高。

另一个需要注意的问题是数据的截取(censoring)。2008 年年末仍然在任的官员的最终去向尚未确定,因此在基于政治生涯的回归中需要去除 2008 年仍然在任的官员,仅使用中途退出样本的官员进行回归分析。上节已经验证了官员退出样本并不存在内生性,这样的截取并不会影响到样本的代表性。类似的,在基于任期的回归中需要去除 2008 年仍然在任的官员的最后一个任期,但保留之前城市的任期;在按年度回归中,只需要去除 2008 年的所有观察值。此外,尽管地市级官员的省际调动是存在的,但绝大多数的调动和晋升均发生在省内。在短样本的 101 名官员中,只有 15 名有过在不同省份的任职经历,只有 6 名官员晋升到了外省。这说明地市级官员的竞争很大程度上还是省内竞争,回归中需要相应地加入省的虚拟变量以体现这一特点。

除了地方官员的个人效应顺位、省份和年份的虚拟变量外,回归中还控制了官员的年龄、年龄的平方项、在任年数以及是否来自省政府的虚拟变量。上述变量在按年度回归模型中取当年值;在基于任期的回归中,除了 GDP 增长率取任内均值外,其他变量均使用每个任期末年的值;在基于政治生涯的回归中,除了 GDP 增长率使用官员在样本内所任职的城市的年增长率均值外,其他变量均使用官员在样本内任职最后一年的数值。

二、线性概率模型的结果

表 2 - 2 是按年度回归的 LPM 回归结果。其中,第(1)列是晋升组和非晋升组的比较结果,其中晋升组的被解释变量取值为 1,非晋升组取值为 0;第(2)列是晋升组和平调组的比较结果,其中晋升组的被解释变量取值为 1,平调组取值为 0。结果显示,官员顺位的系数仅在第(2)列的回归结果中在 10% 水平下显著。通过计算可得,最高顺位的官员比最低顺位的官员的晋升概率高 12 个百分

点。在按年度回归中,每年平均有 18% 的官员晋升,因此这一差距具有显著的经济意义。

表 2-2 年度回归:线性概率模型

	(1)	(2)	(3)	(4)	(5)	(6)
	晋升组 vs. 非晋升组	晋升组 vs. 平调组	晋升组 vs. 非晋升组	晋升组 vs. 平调组	晋升组 vs. 非晋升组	晋升组 vs. 平调组
官员顺位	0.113	0.127*			0.113	0.126
	(0.0741)	(0.0767)			(0.0753)	(0.0780)
年龄	0.244***	0.188**	0.244***	0.188**	0.244***	0.188**
	(0.0695)	(0.0760)	(0.0696)	(0.0762)	(0.0696)	(0.0761)
年龄平方项	-0.00247***	-0.00188**	-0.00247***	-0.00189**	-0.00247***	-0.00188**
	(0.000691)	(0.000761)	(0.000692)	(0.000763)	(0.000691)	(0.000762)
城市在任年数	0.0341**	0.0499***	0.0333**	0.0494***	0.0341**	0.0499***
	(0.0159)	(0.0168)	(0.0159)	(0.0168)	(0.0159)	(0.0168)
省级任职经历	0.0324	0.0383	0.0314	0.0377	0.0324	0.0382
	(0.0327)	(0.0337)	(0.0328)	(0.0338)	(0.0327)	(0.0338)
真实GDP增长率			0.0654	0.0940	-0.000409	0.0215
			(0.245)	(0.248)	(0.249)	(0.252)
截距项	-5.775***	-4.431**	-5.729***	-4.406**	-5.775***	-4.434**
	(1.742)	(1.892)	(1.745)	(1.897)	(1.744)	(1.894)
省份虚拟变量	控制	控制	控制	控制	控制	控制
年度虚拟变量	控制	控制	控制	控制	控制	控制
观察值	691	646	691	646	691	646
R 平方	0.091	0.143	0.091	0.143	0.091	0.143

注:括号内为标准误, *** $p<0.01$, ** $p<0.05$, * $p<0.1$。

控制变量方面,年龄及其平方项最为显著。通过计算可以得到,在第(1)列和第(2)列的结果中,晋升的概率在 50 岁之前不断上升,50 岁之后则开始下降。在我国的政治实践中,每晋升一级通常需要 3—5 年的时间。这样,从最基层岗位开始工作的公务员晋升到地市级以上需要 20—30 年的时间。如果官员在 20—25 岁从基层岗位开始工作,则 40—50 岁是其能否继续晋升到省一级的关键年龄段。在任年数的系数也高度显著,在第(1)列和第(2)列的结果中,平均每多一年的任期分别可以增加 3.4 和 5.0 个百分点的晋升概率。省政府任职经历的系数并不显著,说明在平均意义上,下派的政治联系和下放效应均不显著,或者两者相互抵消了。

表 2 -2 的第(3)列和第(4)列展示了使用 GDP 增长率替代官员顺位的回归结果。从结果来看,大部分控制变量的系数都没有大的改变,而 GDP 增长率的系数在两个回归中均不显著。第(5)列和第(6)列同时加入了官员顺位与 GDP 增长率,结果 GDP 增长率的系数仍然不显著,官员顺位的效应也变弱了,这可能是两者存在一定程度的相关性所造成的。正如我们在上一部分所分析的,由于变异度不足,按年度回归可能会弱化官员顺位的效应,但仍然可以发现一些边际上显著的结果,且官员顺位的解释力强于 GDP 增长率的解释力。

表 2 -3 展示了基于任期的 LPM 模型的回归结果。相比按年度回归,这一模型的结果显得稍强一些。在各列的回归结果中,官员顺位的系数均显著为正。在经济意义上,最高与最低顺位官员的晋升概率之差达到 30% 。[①] 相比之下,使用 GDP 增长率的回归中,GDP 增长率的系数仍然不显著。我们也尝试使用了基于政治生涯的模型进行 LPM 回归,但这一回归的结果中,官员顺位的系数并不显著。一个可能的原因是这一模型没有能够捕捉到那些与官员顺位相关的时间异质性。我们将在下文中通过 MLM 的结果来说明官员顺位的效应随年龄变化的异质性。

① 上文已述,如果按照每个城市的任期结束时的去向计算,官员晋升的平均概率约为 39% 。

表 2-3 基于任期的回归:线性概率模型

	(1)	(2)	(3)	(4)	(5)	(6)
	晋升组 vs. 非晋升组	晋升组 vs. 平调组	晋升组 vs. 非晋升组	晋升组 vs. 平调组	晋升组 vs. 非晋升组	晋升组 vs. 平调组
官员顺位	0.303**	0.317*			0.297*	0.312*
	(0.152)	(0.165)			(0.161)	(0.174)
真实GDP增长率			0.636	0.616	0.104	0.0764
			(0.827)	(0.922)	(0.871)	(0.965)
其他控制变量	控制	控制	控制	控制	控制	控制
省份虚拟变量	控制	控制	控制	控制	控制	控制
年度虚拟变量	控制	控制	控制	控制	控制	控制
观察值	236	189	236	189	236	189
R 平方	0.240	0.207	0.228	0.192	0.240	0.208

注:①括号内为标准误,*** $p<0.01$,** $p<0.05$,* $p<0.1$;
②其他控制变量包括年龄、年龄平方项、省级任职经历和城市在任年数。

三、多项 Logit 模型的结果

由于 MLM 属于非线性模型,和 LPM 相比,MLM 对于数据中的变异度更加敏感。因此,在使用官员顺位变异度较低的年度回归中,MLM 结果中的官员顺位的系数均不显著。而在基于任期的回归以及基于政治生涯的回归中(表 2-4),这一系数均显著为正。MLM 不需要先验假设三种出路之间的效用排序,也可以同时分析晋升、平调和退休三种出路的影响因素。回归中的解释变量与线性模型(表 2-2)相同,以平调组为基准组。从回归结果来看,官员顺位的提高可以显著提升晋升的概率,但对于退休的概率则无显著的影响。

表 2-4　多项 Logit 模型回归结果

	基于任期的回归		基于政治生涯的回归	
	(1) 晋升	(2) 退休	(3) 晋升	(4) 退休
官员顺位	2.046**	0.793	2.720*	1.000
	(0.885)	(1.235)	(1.461)	(1.609)
其他控制变量	控制	控制	控制	控制
省份虚拟变量	控制	控制	控制	控制
年度虚拟变量	控制	控制	控制	控制
观察值	239	239	193	193

注:①括号内为标准误, *** $p<0.01$, ** $p<0.05$, * $p<0.1$;
②其他控制变量包括年龄、年龄平方项、省级任职经历和城市在任年数。

MLM 是非线性模型,因此需要对其系数进行换算才能得出官员的顺位对于晋升概率的贡献。首先,通过计算晋升相对于平调的比值比(odds ratio),可以发现顺位最高的官员的晋升概率是其平调概率的 2 倍。其次,通过对表 2-4 第(1)列结果的计算,我们得到处于四个分位的官员的晋升概率之差①,其结果列于表 2-5 中。结果表明,官员顺位的效应小于 LPM 的估计值。例如,顺位最高的官员和最低的官员相比,其晋升概率仅相差 4 个百分点,而 LPM 的结果高达 30 个百分点。这一巨大差异可能是两个模型的预测方式不同所造成的:LPM 所做的是无条件预测,而 MLM 所做的是条件预测。

表 2-5　官员顺位对于晋升概率的影响(基于表 2-4 第(1)列的结果)

	0%	25%	50%	75%	100%
0%	0				
25%	0.015	0			
50%	0.027	0.011	0		
75%	0.035	0.020	0.0080	0	
100%	0.042	0.026	0.0149	0.006	0

由于上述回归结果中年龄对于晋升的影响非常大,我们猜测不同年龄段的

① 在这一计算过程中,其他控制变量取其均值,下同。

官员的个人顺位对其晋升概率的影响有可能存在异质性。在基于任期的回归的基础上,图 2-5 绘制了任期结束时每个年龄段的官员中最高和最低顺位的晋升概率之差的预测值。图 2-5 展示了一个清晰的趋势,即这一差距在 52 岁之前保持在 2% 左右的低水平之上,此后快速上升,到了 58—59 岁时上升至 29%。据此可以把官员划分为两个年龄段,其中 53—60 岁的官员的平均概率差距为 16.4%,而 42—52 岁的官员的平均概率差距仅为 1.6%,是前者的 1/10。

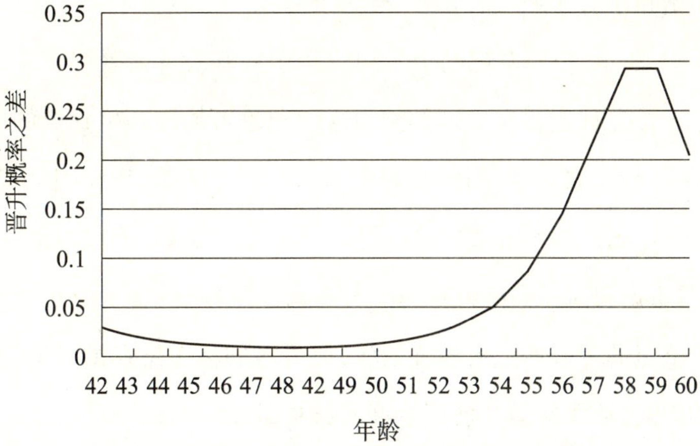

图 2-5　顺位在 0% 和 100% 的官员晋升概率之差

综合比较这三种不同的时间设定,我们认为基于任期的回归对于跨时期的异质性和官员个人效应缺乏变异度的综合处理要好于其他两者。按年度回归的结果较弱,除了解释变量变异度不足的原因外,也可能是由任期结束(不论晋升或者退休)时间的随机性造成的。[①] 给定任期结束,则可以使用基于任期的回归进行分析。在线性模型中,处于个人贡献的分布两端的官员的晋升概率之差平均达到 30%,但使用 MLM 时,这一数字缩小到了 4%,但对于年龄接近 60 岁的官员,这一差距仍然接近 30%。

① 作者也对影响任期结束的因素进行了分析,发现任期结束与我们所使用的解释变量均没有显著的关系。

四、市委书记与市长的异质性

之前的分析中假设了个人顺位对于晋升概率的影响对于市委书记和市长是相同的，本部分考察两者在晋升的问题上是否存在着异质性。限于篇幅，在此仅使用 LPM 进行比较，并且由于存在官员先后担任市长和市委书记，不能使用基于政治生涯的回归。这一回归所使用的官员个人顺位与前一部分相同，仍然保留了市委书记和市长的个人效应的变异度的差异。

如表 2－6 所示，市委书记的个人顺位对于晋升没有显著的影响，而市长的个人顺位对于晋升有显著的正向影响。这一现象可能与两位官员的分工有关。名义上，市委书记负责人事工作，并且负责大局性的决策，市长则负责具体政策的制定和实施。虽然政治实践中这一分工并不那么明确，但作为组织部门的考核而言，更看重市长对于当地经济的个人贡献也并非没有道理。当然，这并不意味着对市委书记的考核不包括经济绩效，更可能的情况是在经济绩效之外还加入了其他的因素，从而使得经济绩效在考核中的权重有所降低。由于我们并不了解其他的考核因素有哪些，便也无法发现一个清晰的关系。

表 2－6　市委书记和市长的效应：线性概率模型

	市委书记				市长			
	(1)	(2)	(3)	(4)	(5)	(6)	(7)	(8)
	年度回归	年度回归	任期回归	任期回归	年度回归	年度回归	任期回归	任期回归
	晋升组 vs. 非晋升组	晋升组 vs. 平调组	晋升组 vs. 非晋升组	晋升组 vs. 平调组	晋升组 vs. 非晋升组	晋升组 vs. 平调组	晋升组 vs. 非晋升组	晋升组 vs. 平调组
官员顺位	0. 140	0. 138	0. 125	－0. 152	0. 203*	0. 212*	0. 397*	0. 442 *
	(0. 103)	(0. 108)	(0. 196)	(0. 197)	(0. 109)	(0. 110)	(0. 226)	(0. 233)
其他控制变量	控制	控制	控制	控制	控制	控制	控制	控制
省份虚拟变量	控制	控制	控制	控制	控制	控制	控制	控制

（续表）

	市委书记				市长			
	(1) 年度回归	(2) 年度回归	(3) 任期回归	(4) 任期回归	(5) 年度回归	(6) 年度回归	(7) 任期回归	(8) 任期回归
	晋升组 vs. 非晋升组	晋升组 vs. 平调组	晋升组 vs. 非晋升组	晋升组 vs. 平调组	晋升组 vs. 非晋升组	晋升组 vs. 平调组	晋升组 vs. 非晋升组	晋升组 vs. 平调组
年度虚拟变量	控制	控制	控制	控制	控制	控制	控制	控制
观察值	390	357	123	90	301	289	113	101
R 平方	0.087	0.149	0.433	0.352	0.233	0.281	0.324	0.384

注:①括号内为标准误，*** $p<0.01$，** $p<0.05$，* $p<0.1$；

②其他控制变量包括年龄、年龄平方项、省级任职经历和城市在任年数。

第六节　总结

本章使用我国 18 个省 241 个城市的数据，研究了地方官员在经济增长中的作用，考察了官员个人效应对于晋升的影响。在一国的范围之内，地方官员面临相同的制度安排，为我们提供了地方官员个人效应跨城市比较的研究机会。本章将官员的个人效应和城市效应区分开来，将在不同城市任职的官员进行比较，并对“政治锦标赛”中的晋升机制的研究文献进行了改进和补充。我们发现，官员个人效应对于地市级官员的晋升预测能力好于城市 GDP 增速。不同年龄段的官员，其个人效应对于晋升概率的作用不尽相同：对于年轻的官员，这一效应微不足道；随着官员年龄的上升，个人效应对于晋升概率的影响逐渐显现出来。

在验证地方官员对于当地经济的重要性的同时，本章也对“政治锦标赛”体制下的一些现象给出了合理的解释，从理论和实证两个方面证明了官员在不同城市之间的调动是锦标赛中的一种必要的手段。这种调动的目的未必是让他们在不同的环境下接受考验，而是通过调动把不同的城市相连，使得更多在不同城市工作的官员可以相互比较，并遴选出能力高的官员进行提拔。在这一意义上，这类调动的规模并不需要很大。[①] 官员个人效应的识别，作为官员个人能力的一个较好的指标，既为今后进一步拓宽地方官员行为与绩效的研究提供了有利的基础，也为进一步改进地方政府治理结构提供了参考。

参考文献

王贤彬、徐现祥，2008：《地方官员来源、去向、任期与经济增长——来自我国省长省委书记的证据》，《管理世界》，第3期。

王贤彬、徐现祥，2010：《地方官员晋升竞争与经济增长》，《经济科学》，第6期。

王贤彬、徐现祥、李郇，2009：《地方官员更替与经济增长》，《经济学(季刊)》，第4期。

徐现祥、王贤彬、舒元，2007：《地方官员与经济增长——来自我国省长、省委书记交流的证据》，《经济研究》，第9期。

张军、高远，2007：《官员任期、异地交流与经济增长——来自省级经验的证据》，《经济研究》，第11期。

Acemoglu, Daron, Simon Johnson and James A. Robinson, 2006, "Institutions as the Fundamental Cause of Long-Run Growth", in *Handbook of Economic Growth*, Philippe Aghion, and Steven N. Durlauf, eds., North Holland.

Abowd, John, R. Creecy and Francis Kramarz, 2002, "Computing Person and Firm Effects Using Linked Longitudinal Employer-Employee Data", Technical Report 2002—2006, US Census Bureau.

Abowd, John and Francis Kramarz, 1998, "The Analysis of Labor Markets Using Matched Employer-Employee Data", in *Handbook of Labor Economics*, Orley Ashenfelter, and Richard Layard eds., North-Holland.

Abowd, John and Francis Kramarz, 2006, "Econometric Analyses of Linked Employer-Employee

① 在本章的长样本和连通子样本中，分别仅有15%和18.6%的官员被调动过。

Data", *Labour Economics* Vol. 6, pp. 53 – 74.

Abowd, John, Francis Kramarz and David M. Margolis, 1999, "High Wage Workers and High Wage Firms", *Economietrica*, Vol. 67, No. 2, pp. 251 – 333.

Acemoglu, Daron, Simon Johnson and James A. Robinson, 2006 "Institutions as the Fundamental Cause of Long-Run Growth", in *Handbook of Economic Growth*, Philippe Aghion, and Steven N. Durlauf, eds., Amsterdam: North Holland.

Bertrand, Marianne and Antoinette Schoar, 2003, "Managing with Style: The Effect of Managers on Firm Policies", *Quarterly Journal of Economics*, Vol. 118, No. 4, pp. 1169 – 1208.

Che, Jiahua, Yingyi Qian and Barry Weingast, 2005, "Regional Decentralization and Fiscal Incentives: Federalism, Chinese Style", *Journal of Public Economics*, Vol. 89, No. 9 – 10, pp. 1719 – 1742.

Cornelissen, Thomas, 2008, "The Stata Command felsdvreg to Fit a Linear Model with Two High-Dimensional Fixed Effects", *Stata Journal*, Vol. 8, pp. 170 – 189.

Glaeser, Edward L., Rafael La Porta, Florencio Lopez-de-Silanes and Andrei Shleifer, 2004, "Do Institutions Cause Growth?", *Journal of Economic Growth*, Vol. 9, No. 3, pp. 271 – 303.

Jones, Benjamin F. and Benjamin A. Olken, 2005, "Do Leaders Matter? National Leadership and Growth since World War II", *Quarterly Journal of Economics*, Vol. 120, No. 3, pp. 835 – 864.

Li, Hongbin and Li-An Zhou, 2005, "Political Turnover and Economic Performance: The Incentive Role of Personnel Control in China", *Journal of Public Economics*, Vol. 89, pp. 1743 – 1762.

North, Douglass and Robert P. Thomas, 1973, *The Rise of the Western World: A New EconomicHistory*, Cambridge University Press.

Opper, Sonja and Stefan Brehm, 2007, "Networks versus Performance: Political LeadershipPromotion in China", Manuscript, Department of Economics, Lund University.

Xu, Chenggang, 2011, "The Fundamental Institutions of China's Reform and Development", *Journal of Economic Literature*, Vol. 49, No. 4, pp. 1076 – 1151.

第三章 贤能体制下的官员调动与选拔

地方官员的频繁调动是中国政治治理的一大特征，其主要目的是选拔干部。在一个动态政治选拔博弈模型中，执政党可以通过调动官员来更好地识别官员们的相对能力的高低，但也会带来官员行为短期化的扭曲。当官员能力差别越大、官员行为短期化对长期性的公共投资的不利影响越小、高级别官员的职位收益越小时，最优的官员调动频率就越高。本章利用我国2001—2008年地市级官员调动的数据，验证了上述理论命题；研究还发现，官员行为的短期化确实与官员的调动相关，这可以视为政治选拔所产生的社会成本。

第一节 引言

政治经济学中的大量研究表明，官员或政治家的任期过短，会导致其行为短视化，进而对一个国家的政治治理、经济发展、公共服务提供等产生极为不利的影响(Besley and Case，1995；Ferraz and Finan，2011；Olson，2000)。我国在清代、民国等不同历史阶段，亦曾有过因地方官员任期过短而导致吏治败坏、政事慵腐的例子(李国祁等，1957；王奇生，1999)。但是，即便有古今中外如此多的镜鉴，近20年来我国还是出现了地方官员任期偏短的现象。根据作者收集的18个省241个城市的数据，在1994—2008年间我国的地市级官员在单一城市的任期有半数以上不超过 3 年,约 1/3 的任期甚至不超过 2 年(图 3 - 1),大幅度低于 5 年(或 4 年)的预定任期。① 这说明,在地市级层面上,中国地方官员任期的提前中止是系统性的现象。

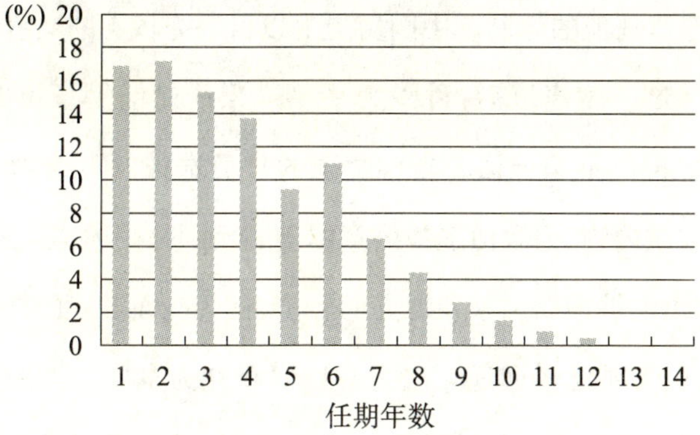

图 3 - 1　市级官员单个城市任期分布

值得注意的是,在中国现行体制下,任期提前结束不是官员们个人选择的结果,而是上级组织部门自上而下有意实施的人事安排。从上述同一数据中还可以注意到,在任期低于 5 年的市级官员去向中,78% 被平级调动,14% 晋升,18% 因退休等原因离职,因此,地方官员的任期较短主要是由官员的频繁调动所导致。② 但既然频繁调动官员、提前中止任期有导致官员短视行为的风险,我国的人事管理者是出于何种考虑做出这种安排呢?

本章试图为这种看似矛盾的制度安排提出一个新的解释,即官员调动有助于在政治选拔中解决官员能力识别的问题。此种人事安排可以形成不同的"官员—辖区—时间"的匹配变化,在以政绩为官员能力考核指标的逐层政治选拔

① 我国对地市级官员并无法定任期的规定,但是,各地级市的党代会、人代会的时间间隔通常为 5 年,因此,地市级官员的一届任期可以认为是 5 年。

② 自 20 世纪 90 年代以来,中央先后出台了《关于实行党和国家机关领导干部交流制度的决定》、《党政领导干部交流工作的暂行规定》、《党政领导干部交流工作规定》等系列文件,对干部交流做出了安排规定,使得官员调动逐渐制度化。

过程中,这种匹配变化有助于将地域性干扰因素和时间性干扰因素的影响从官员的政绩中剔除掉,使上级能够更加准确地了解官员的个人能力并择优提拔。

中国当前的政治治理模式是一种贤能体制(meritocracy),即依据官员的能力和德行进行选贤任能的体制。中国历史上以科举为核心的文官制度传统是一种典型的贤能体制。隋唐以后,科举为平民进入仕途铺平了道路,“朝为田舍郎,暮登天子堂”再也不是神话。当代中国的官员选拔制度继承了古代文官体制选贤任能的本质内容,但政治选拔的意图重心已不是阐述儒家经典、维护皇权统治,而是筛选出能够推动国家和地方的经济、社会全面发展的施政人才。在这种情况下,单纯的考试已经远远无法适应以实践性为本质属性的经济社会管理活动的人才选拔要求。务实的政治人才选拔机制,只能以官员在实际工作当中的工作表现为基础。在我国经济环境快速变化、地区差异仍然较大的社会环境下,如果以一时一地的表现来衡量官员的施政能力,难免有失偏颇。比如,一名官员在一地任职期间,当地的经济增长很好,是否就一定是因为这位官员的能力强呢?事实并非如此,还有可能是因为当地本身的增长潜力大,抑或因为这段时间内全国的经济形势好。在没有调动的情况下,这三个因素是无法区分开来的。官员的异地调动可以让上级把官员能力和其他两个因素区分开,也就是说,调动是选拔官员的一个长效机制。同时,选拔考核的时限性也迫使调动考察在较短的时间内进行,因而缩短被考察官员的任期成为一个迫不得已的选择。

本章构建一个动态理论模型来具体阐述调动所蕴涵的能力识别机制,推导出这个机制所导致的官员短视问题,并利用我国 2001—2008 年 25 省的地市级官员的数据检验了理论模型所得到的一些命题。本章的贡献有以下几点:首先,以往对中国地方官员治理的研究,无论是基于财政分权的视角(例如 Qian and Weingast,1997)还是基于政治锦标赛的视角(例如 Li and Zhou,2005),都主要着眼于体制对官员的激励问题,本章则关注官员的选拔问题,因而丰富了我们对于中国政治治理模式的理解。其次，在政治经济学领域，对威权国家的政治选择问题长久以来缺乏较为深入的研究（Besley，2005），本章为丰富这一主题的研究做出了尝试。最后，组织和人事经济学领域的理论证明，当组织的绩效考核和人事选拔中存在异质性的绩效扰动因素时，相对绩效评估方法难以有效使用（Lazear and Rosen，1981）。针对这一问题，本章基于对官员调动机制的分析提出一种解决方法，并对这一方法的利弊进行分析。

本章余下的内容安排如下：第二节首先总结和评价几个对我国频繁调动地方官员现象的现有解释，然后梳理以往对威权政体下政治选择问题的相关研究，最后简要介绍中国政治选拔的背景及特点；第三节构造理论模型，阐述通过异地调动来识别官员能力的基本机制，并导出可供检验的命题；第四节使用中国25个省的地市级官员调动数据对一些命题进行实证检验；第五节总结全文并做简要评述。

第二节　文献综述

一、对官员调动的几个解释

学术界很早就注意到我国地方官员的频繁调动问题以及由此带来的负面影响，并给出了一些解释。本节对四种主要解释进行梳理和评论，并说明这些解释都无法为官员的频繁调动给出完整的解释。

第一种是“防止地方主义”的观点，即官员调动有助于防止地方官员做大地方势力、抑制地方腐败、保障上级政令的畅通（陈刚、李树，2012；Landry，2008）。地方势力的形成依赖于官员们对长期关系的经营，频繁调动可以打破这种长期关系。这一观点也许可以部分解释地方官员任期结束后的调动，但难以解释官员们的提前调动，毕竟5年的常规任期对于地方官员长期关系的建立似乎也不够长。更为重要的是，这种观点无法解释提前调动对于不同官员的差别化执行；毕竟，还有一部分官员履行了5年甚至更长的任期，没有任何先验证据可以表明，不同官员的道德风险是有区别的。另外，根据这一观点，一地官员任职时间越久，就越容易形成地方势力，因此越需要被调动。但是，图3-2给出了相反的结论。该图显示的是1994—2008年241个城市在给定任期下被调动官员和未调动官员的人数比例。[①] 可以看到，当地市级官员在一地的任期达到5年以上时，这个比例反而下降了。换句话说，超过预定任期的官员被调动的可能性反而在下降。这也是"防止地方主义"观点难以解释的现象。

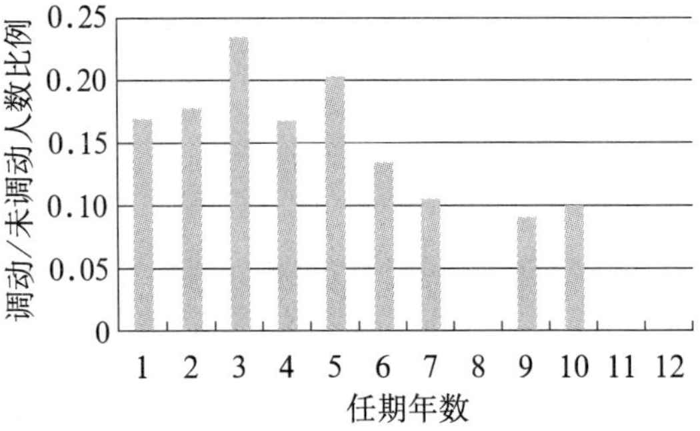

图3-2　给定任期下被调动官员与未调动官员的比例

第二种观点可以概括为"复杂政治层级下的升迁激励"，即在多层级的政治结构中，政党要维持对党员干部较强的政治激励，必须保证官员们向上升迁的速度，这就限制了官员在每一政治层级的任期长度（Svolik，2012）。考虑到中国的高级别官员必须通过自下而上的逐级提拔来产生这一人事制度惯例，以及改革开放以来我国执政党推行的"干部年轻化"的人事改革，为了能让组织认可的官

① 数据来自作者早期收集的数据集，本节其他数据的来源相同。收集过程和本章的数据收集过程相似，具体参见第四节的描述。

员们在退休年龄之前有机会升任至较高政治级别，其在每一级别任职的时间的确无法过长。这个观点在一定程度上是符合现实的。但是，它无法解释大量提前中止任期的地方官员是被平级调动而非被提拔晋升的事实。相反，通过查看那些高级别领导人的履历不难发现，其在地市一级的任职反而相对稳定，在一座城市的任期多数都超过样本的中位数。最后，高级别的职位是较少的，但有过短期任职即被调动经历的地方官员数量却是很多的①，这部分最终未被提拔的官员的调动也是此观点难以解释的。

第三种观点可称为“官员培养说”，即通过官员调动和异地交流，可以使其具有较为丰富的任职经历，有助于官员执政能力的培养和积累（杜兴强等，2012；徐现祥、王贤彬，2010）。由于频繁调动引致的政治经济成本是很高的，因此官员调动前后所在地区或者职位特点的差异应该较大，例如，在“中央与地方之间”、“经济发达地区与落后地区之间”、“内陆地区与边疆地区之间”、“政府部门与企业之间”的官员交流（杜兴强等，2012），这样的交流锻炼才有充分意义。但就本章关注的地市一级官员调动而言，作者将各市按照其在省内的 GDP 排名标准化，然后统计所有调动前后官员任职城市排名的分位数之差，发现大量调动是发生在经济排名分位数相差 ±40% 以内的城市（图 3－3）。这说明相当比例的跨城市调动是发生在经济水平较为接近的城市之间，可以预见，这样的调动对于官员执政历练的作用其实是较为有限的。因此，“官员培养说”也不能充分解释频繁调动的意义。

第四种观点是“先进经验交流”说，即官员调动可能有助于在发达地区有过任职经历的官员将先进经验带到相对落后的地区，促进后进地区的赶超发展（徐现祥等，2007；张军、高远，2007）。但根据图 3－3 所示官员调动前后城市经

① 有过一次任期低于 5 年就被调离经历的官员，其后在我们的样本窗口期能够升迁的比例略低于 30%。

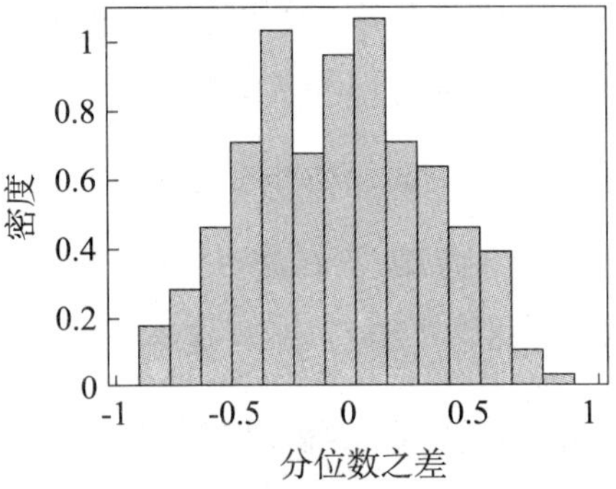

图 3-3　官员调动前后在任城市人均 GDP 在全省的分位数之差

济水平差别的统计，这一观点无法解释由落后地区向发达地区的官员调动，也不能解释经济水平相近的城市之间的官员调动。

上述四种解释都指出了官员调动的某一方面的作用，但却没有涉及官员调动的实质，即本章所强调的官员的能力识别问题。在本节余下部分里，我们将回顾有关威权体制下政治选拔的文献，并扼要地梳理我国政治选择问题的相关研究。

二、威权体制下的政治选拔

最近的一系列识别影响经济发展的政治家或政府官员个人效应的研究（例如 Jones and Olken，2005；姚洋、张牧扬，2013）表明，在政治领域，选择问题与激励问题是同等重要的。但以往的政治经济学对于选择问题的研究，特别是对威权体制下政治选拔的研究，远不及激励问题深入（Besley，2005）。导致这方面研究相对不足的首要原因是现实的不足——在实践当中，威权体制常缺乏选贤任能的激励。例如，Egorov and Sonin（2011）的分析指出，对于威权体制领导人而言，富有能力的官员既可能是高效的行政代理人，也可能是潜在的政治威胁，因此在政治选拔中领导人面临着下属能力与忠诚之间的权衡。Bueno de Mesquita et al.（2003）、Svolik（2012）则从另一个角度指出，很多时候威权体制中的领导人需要一些特定实权团体的支持以掌握政权，政府权力或由权力衍生的租金在很大程度上要为这些利益集团分享，这给政治选拔留下了较小的操作空间。Acemoglu et al. (2012)进一步在动态框架下分析说明，如果人事更迭的决定权集中在当权者自己手里，低品质政府形成后就会难以进行人事更新，以至于长期停滞在低水平的人员构成上。

然而，一旦政治效忠和政治支持的问题在特定的制度和社会环境下得到缓解，威权体制中的政治选拔就成为一个需要解决的问题（Slater，2010）。在个人能力是不完全信息的情况下，期望选拔人才的政府可以将候选人在过去取得的某方面成绩（以及由此暗示或展现出的政治才能）作为选拔标准。这种人事制度常被称为贤能体制。在政治实践中，实行贤能体制的政府会采用的一类参考标准是个人的学历或学术成就，新加坡就是一个典型的例子（Barr，2006）。但是，以教育水平作为政治能力的代理指标存在着一些问题，其中之一是，学历未必是行政能力的完美代理变量，“学得好”未必能“干得好”。但一个更微妙的制约在于，政府是一个层级结构，其政治选拔通常包括对外招募和内部晋升两个阶段。如果政府在低等级的公务员招募中已经使用了学术指标作为选拔标准，那么入选的公务员在学术指标上会表现出较高的同质性，使得以后政府在更高级别的遴选中难以再次使用学术指标对职位候选人进行区分。晋升选拔的级别越高，竞争者的级别也会越高，这些成员在之前经历过的相似的低级别选拔就越多，同质性就越高，使用能力的代理变量进行甄别的效果就会越差。事实上，这一约束对所有以个体能力的代理变量为标准进行人员选拔的威权型组织都存在。

在威权组织的高级别选拔中，识别组织成员能力的另一个办法是，将个人在低级别职位上的工作表现作为其能力水平的参照。为了剔除个人能力之外的种种因素对于工作绩效的影响，组织可以采取相对绩效评估（亦被称为标尺竞争）

的办法(Lazear and Rosen,1981)。但在政治选拔中,标尺竞争也存在一定的局限性。因为在标尺竞争中,为了控制外生因素对成员工作绩效的影响,进行比较的不同组织成员所处的工作环境和承担的工作任务必须高度相似。但是政府部门在同一层级、同一地区的重要管理职位通常按照工作任务划分,几乎不存在任务重叠的职位(例如,一个城市在一个时点只有一位市长)。也许我们可以将不同地区、同类型职位的官员进行比较(例如 Besley and Smart,2007)。但这一办法暗含的前提是,那些会影响官员能力考核指标的地区性的经济、社会条件在不同地区要非常相近。自然资源分布差异、受限制的要素流动、特殊的区域发展政策、财政转移支付不均等因素都可能导致这一条件在现实中难以成立。

三、中国的政治选拔

上述文献表明,在威权体制下,为执政者提供选贤任能的激励和识别官员能力的手段是两个不容易同时解决好的问题。改革开放后的中国则是一个为数不多的例外。自改革开放以来,中国领导人的提名和接替模式逐渐制度化,这为高层政治稳定提供了相当的保障(Hu and Jia,2010),也在一定程度上抑制了 Egorov and Sonin(2011)所提出的忠诚与能力的权衡问题。而中国在改革开放以前进行的一系列相对彻底的社会革命,使得在执政党之外不存在强有力的社会群体或者利益集团,这令执政者可以摆脱 Bueno de Mesquita et al. (2003)所说的利益集团要求权力分享的约束和影响(贺大兴、姚洋,2011)。以上这些因素有助于中国的领导人把精力从政治斗争逐渐转移到经济建设上来,同时也就对其提出了如何选拔优秀的高级别官员的难题,其核心仍然是官员能力的识别问题,我国的执政者结合使用了前述各种手段以解决这一问题。

首先是对教育程度等代理变量的运用。在低级别的党员招募层面,受教育程度是一个重要的参考指标(Hu and Yao,2012),而在政府的公务员招募中,学历也逐渐成为报考职位的硬性条件。[①] 然而，如前所述，当威权型政府的政治选拔上升到较高的级别时，教育程度等代理变量的作用会受到限制。Li and Zhou(2005)在对中国省级官员晋升影响因素的研究中并没有发现教育程度是一个显著的影响变量。类似地，Landry(2008)对于中国地市级官员的晋升研究也发现，本科学历并没有显著的正面影响，但是研究生学历与官员晋升有显著的正相关性。这些发现证实了前面分析提出的威权组织高层级选拔中个人能力代理变量的使用约束问题。

随着政治选拔层级的上升，工作表现逐渐成为重要的考察内容。在以往对中国省、市、县等不同级别地方官员升迁影响因素的实证分析中，对于地方经济增长或者地方财政收入等经济指标的重要性均有所发现(例如，Guo，2007；Landry，2008；Li and Zhou，2005；等等)。[②] 需要指出的是，这些研究的关注点是政治晋升锦标赛的激励效应，将其视为对官员卸责的道德风险的一种治理办法。但姚洋、张牧扬(2013)针对中国市级官员个人效应和政治升迁的研究发现，在控制了代表地方官员能力的个人效应后，官员任职地区的经济表现对于其晋升并没有显著作用。这一研究表明，经济指标的纳入是政治晋升中的一种激励机制，将经济绩效作为官员个人能力的度量也是一种选拔机制。[③]

以经济绩效来衡量官员个人能力会遇到特定地区、特定时间影响因素的扰动。一些研究试图求证中国在政治选拔中是否采用了以辖区前任官员或者相邻辖区官员为参照的相对绩效评估的办法，但并没有发现支持这一猜测的稳健结果(Chen et al.，2005；陶然等，2010)。这暗示我们，在中国这样高速发展和变革的经济体当中，地域性的经济影响因素可能在较快地发生变化；同时，这一变化

---

① 可参见人事部网站关于公务员考试的招生简章。

② 由于个体数据、官员升迁定义等方面的差异，这些结论在不同的研究中并不完全一致，一些结果还存在争议。对于政治晋升锦标赛理论的一个挑战可以参见陶然等(2010)的研究。

③ 这种观点也可以部分程度上解释为什么政治晋升锦标赛的结果在不同的研究中并不稳健，因为当某些其他被控制的自变量可以更好地衡量官员能力的时候，经济表现就不那么重要了。

在不同的地区并不同步,中央对不同地区的政策和财政扶持力度以及不同地区自身经济社会条件的差异即使在相邻的地区可能仍然较大。在这种情况下,要同时剔除掉特定地区、特定时间影响因素的扰动,一种可行的办法就是通过频繁的官员调动并辅之以相对绩效考核来识别地方官员的能力。这正是本章所要研究的问题。

第三节　理论模型

本节借鉴 Holmstrom(1999)的职业生涯模型以及 Lazear and Rosen(1981)的锦标赛竞争模型,构建一个无限期、离散时间的动态政治选拔博弈,以分析中国政治选拔的机制及其对经济的影响。

一、模型设定

考虑某个由单一政党领导的国家。该国家由若干辖区构成,每个辖区又包含若干子辖区,为了讨论方便,不妨将两级辖区分别称为省与市。每个省或市分别由一名相应级别的地方官员施政。政党管理一个阶梯形的官员队伍,由后备官员、市级官员、省级官员三个梯次组成。官员的任免和晋升由党的中央机构决定。本章将着重考察由市级至省级的政治选拔。

政党的人事更替以届(term)作为时间单位,可以认为届也是地方官员的预定任期时间。假设在每一届开始时,政党从后备官员群体中随机选出各个市的市级官员。同时,从每个省上一届的市级官员群体中择优选出一位任命为本届的省级官员。在每一届结束时,除了将被提拔的官员以外,其他所有的地方官员退休。

每一届可以划分为两个时期。第 T 届的第 t 个时期记为(T,t)期。由官员 i 管理的城市 j 在(T,t)期的经济绩效 $y_{ij}^{T,t}$ 由(3－1)式决定:

$$y_{ij}^{T,t} = a_{ij}^{T,t} + \theta_i + \theta_p + \gamma g_j^{T-1,t} + \varepsilon_j^T + v_T \tag{3-1}$$

其中，$a_{ij}^{T,t}$表示在 j 地任职的市级官员 i 在(T,t)期的短期努力，$\theta_i \geqslant 0$ 表示官员 i 的个人能力，$\theta_p \geqslant 0$ 表示该市所在省的省级官员的个人能力；$g_j^{T-1,t}$ 表示$(T-1,t)$期在 j 地任职的地方官员做出的长期努力①，该努力只会在(T,t)期提高 j 地的经济绩效，$\gamma > 0$ 为长期努力的收益率；ε_j^T 表示 j 地在 T 届的地方性经济扰动，v^T 表示 T 届的全国性经济扰动。在(T,t)期，$y_{ij}^{T,t}$ 和 $g_j^{T-1,t}$ 是公共知识，而 $a_{ij}^{T,t}$、$g_{ij}^{T,t}$只有官员本人知道。另外，θ_i、θ_p、ε_j^T、v^T 则是所有人都无法直接观察到的，但 θ_i 的分布函数 $F(\cdot)$是公共知识，而 ε_j^T、v^T 的分布则没有人知道。

地方官员做出短期努力和长期投资的成本函数为：

$$C(a^{T,t}, g^{T,t}) = \frac{1}{2}(a^{T,t})^2 + \frac{1}{2}(g^{T,t})^2 + \delta a^{T,t} g^{T,t} \tag{3-2}$$

这里，$0 < \delta < 1$ 衡量了官员短期努力 a 和长期努力 g 的替代程度，δ 越大，两者替代关系越强，短期努力的增加越容易导致长期努力的成本上升。

政党的目标是最大化每个省的净产出的长期贴现和。为了简化书写，此后我们以一个由 N 座城市构成的省份展开讨论。假设每一届之间的贴现率为 β②，该省净产出的长期贴现和为：

$$\sum_{T=0}^{0} \beta^T \left[\sum_{t=1}^{2} \sum_{j=1}^{N} (y_j^{T,t} - C_j^{T,t}) \right] \tag{3-3}$$

地方官员只关心从政治职位上获取的职位租金（可能由收入、荣誉和自我满足等组成），为了简化起见，我们将市级官员的职位租金标准化为 0，省级官员的职位租金设为 R。

根据上述设定，政党关心的社会净产出受到两类可控因素的影响，一类是官员个体特征的影响，即省级官员的个人能力 θ_p；另一类是官员行为的影响，包括

① 模型中 a 和 g 可以进一步理解为自利性官员的实际努力程度相对于其自然努力水平的偏离程度，因此在后面的计算中，我们允许 $a<0$，$g<0$。

② 我们没有在同一届两个子时期之间引入贴现，这对于本章结论没有任何实质性的影响。

地方官员的短期努力 $a_{ij}^{T,t}$、长期努力 $g_{ij}^{T,t}$。政党既面临尽可能选拔出高能力的省级官员这一选择问题,同时也需要考虑到其采取的选拔机制对地方官员努力的激励效应,因此选择问题和激励问题是政党需要同时解决好的。

二、官员调动的收益:官员调动与能力识别

我们首先讨论政党选择问题的解决。官员调动的主要收益在于其有助于官员能力的识别,这是威权政体下政治选拔的核心问题。

从(3-1)式里可以看出,由于 ε_j^T、v^T 这两个不可观测扰动项的存在,政党无法比较在不同城市工作的两位官员的个人能力。为此,我们假设政党可以在每届中期,不妨记为$(T,1)$期结束后,选择 K 名市级官员进行调动。考虑其中一次典型的调动,j 市的官员 i 调往另一位官员(不妨记为 $i+1$)所在的城市(不妨记为 $j+1$ 市),官员 $i+1$ 则调至某个其他城市。待$(T,2)$期结束后,官员 i 在$(T,2)$期的政绩比其前任提高:

$$y_{i,j+1}^{T,2}-y_{i+1,j+1}^{T,2}=(a_{i,j+1}^{T,2}-a_{i+1,j+1}^{T,2})+(\theta_i-\theta_{i+1})+\gamma(g_{j+1}^{T-1,2}-g_{j+1}^{T-1,1}) \tag{3-4}$$

由(3-4)式可以看到,在调动后的官员相对政绩评估中,ε_j^T、v^T 这两个随机扰动项都被剔除掉了。而 $g_{j+1}^{T-1,1}$、$g_{j+1}^{T-1,2}$、$a_{i,j+1}^{T,1}$、$a_{i,j+1}^{T,2}$是可以观察到的,同时,在均衡中,政党可以根据理性预期得到对 $a_{i,j+1}^{T,2}$、$a_{i+1,j+1}^{T,2}$的推断,于是由(3-4)式就可以得到对 $\theta_i-\theta_{i+1}$的估计。换言之,通过调动,上级组织能够得到对于任意两名有过在同一城市任职经历的官员的相对能力大小的判断。

我们将有同一城市任职经历的两名官员称为连通的官员,将上级可以判断其相对能力大小的两名官员称为能力可比的官员。由这个定义可以立刻知道,"能力可比"这一关系是具有传递性的,因此,只要 K 名官员处在同一个连通的

网络中,则所有官员的相对能力都是可比的。在调动次数最节省的调动方式中[①],K 名官员每人调动 1 次就可以使得这些官员全部连通在一起。由此,我们得到下面关于调动和能力识别的命题。

命题 3-1　在调动形成的连通网络中,政党可以比较任意两名官员的能力。[②]

在掌握了 K 名官员相对能力的基础上,组织部门选拔能力最高的市级官员晋升为下一届的省级官员。这名官员的能力值为 θ_p,这时 $\theta_p(K)$ 的期望值 $E\theta_p(K)=(K-1)A/(K+1)$。这里,$K$ 相当于从分布函数为 $F(\cdot)$ 的总体中抽出的 K 个独立随机样本组的最大次序统计量,并且假设 θ_i 服从 $[-A,A]$ 上的均匀分布 $(A>0)$。[③] 可以看出,被调动考察的市级官员总数 K(调动次数)越大,或者官员个人能力的变异度(以 A 衡量)越大时,$E\theta_p(K)$ 越大。

三、官员调动的成本参照:社会最优

接下来我们讨论官员调动的社会成本。为了获得对比参照,我们先给出社会最优的结果。

命题 3-2　社会最优的地方官员努力程度为:$a^*=\dfrac{1-\delta\beta\gamma}{1-\delta}$,$g^*=\dfrac{\beta\gamma-\delta}{1-\delta^2}$

在这里,$\beta\gamma$ 衡量了官员长期努力的贴现回报率。$\beta\gamma$ 越大,从社会最优角度来看,官员越应该将努力放在长期经济行为上。为了能够集中讨论与现实相符的情形,同时便于书写,此后我们令 $\beta\gamma>\dfrac{1}{\delta}$。

---

① 容易发现,这时调动呈一个环形结构。

② 本章所有命题的证明均请见附录。

③ 作均匀分布的假设主要是为了得到最大次序统计量期望值的解析解。对于其他常见分布例如正态分布,最大次序统计量期望值与样本数和总体方差的单调关系依然成立,本章后面的结论也都成立。

四、官员调动的成本:地方官员的短视行为

地方官员关心的是政治升迁所带来的职位收益增加。上述基于地方官员绩效的选拔机制会对官员的努力决策产生影响。以 $P_i^{T,t}$ 表示地方官员 i 在(T,t)期的信息集下,其在本届结束时可以获得升迁的概率。以 $C(\cdot)$表示地方官员付出努力的个人成本函数。(3－4)式意味着,地方官员可以通过提高短期努力的水平 $a_{ij}^{T,t}$,推动其任职辖区的经济绩效 $y_i^{T,t}$ 上升,来改善上级组织部门对于自己相对能力的估计。地方官员的长期努力 $g_{ij}^{T,t}$对于本期的经济绩效 $y_i^{T,t}$ 不会产生直接的影响,但由于短期努力和长期努力之间存在替代性,地方官员对短期绩效的关注会抑制其长期努力的投入。总结起来,地方官员的优化问题可描述如下:

$$\text{Max}P_i^{T,t}(a_i^{T,t})R - C(a_i^{T,t}, g_i^{T,t}). \qquad (3-5)$$

在每一届的不同阶段解优化上述问题,可得到官员的行为决策。为了表述方便,定义函数 $m(i)$,如果官员 i 在$(T,2)$期开始前被调动过,则 $m(i)=1$,否则 $m(i)=0$;并令 K^e 为$(T,1)$期市级官员对上级调动官员人数的预期。可以得到命题3－3。

命题 3－3

(1)市级官员第一期的最优决策:给定 K^e,官员 i 将选择的努力程度为:

$$a_i^{T,1} = a^{(1)}(K^e) = \frac{RK^e}{2(1-\delta^2)AN}, \quad g_i^{T,1} = g^{(1)}(K^e) = -\delta a^{(1)}(K^e)$$

(2)市级官员第二期的最优决策:给定 K,官员 i 将选择的努力程度为:

$$a_i^{T,2} = a^{(2)}(K,m) = \begin{cases} \dfrac{R}{2(1-\delta^2)A} & \text{如果 } m=1 \\ 0 & \text{如果 } m=0 \end{cases}, \quad g_i^{T,2} = g^{(2)}(K,m) = -\delta a^{(2)}(K,m)$$

图3－4展示了以社会最优努力程度为参照,官员们在不同阶段行为的变化。在$(T,1)$期市级官员的政治竞争开始时,各个官员处于对等的竞争地位,他

们所受的激励也相同。为了向组织部门发送能力信号，官员们专注于短期努力。此时，相对于社会最优水平，短期努力过度而长期努力不足。在届中调动过后，官员的行为开始出现分化。那些进入到组织考察序列并被调动的市级官员，其政治晋升前景较本届前半期有所提高，因而通过增加短期努力以向组织显示个人能力的激励更强了，这也导致了其长期努力的进一步降低，这两方面的努力扭曲都会降低长期的经济净产出。而那些未被调动考察的官员则不再需要向组织发送有关自己个人能力的信号，因此会将精力从短期努力部分转移至长期努力上来，这会带来长期经济效率的部分改进。总结起来，调动的主要社会成本，是官员将过多的精力和资源放在能够短期实现“显绩”的工作上，这会降低对需要较长时间才能体现“隐绩”的工作投入。

命题 3-4 与调动前相比，被调动官员在调动后的长期努力下降、短期努力上升。

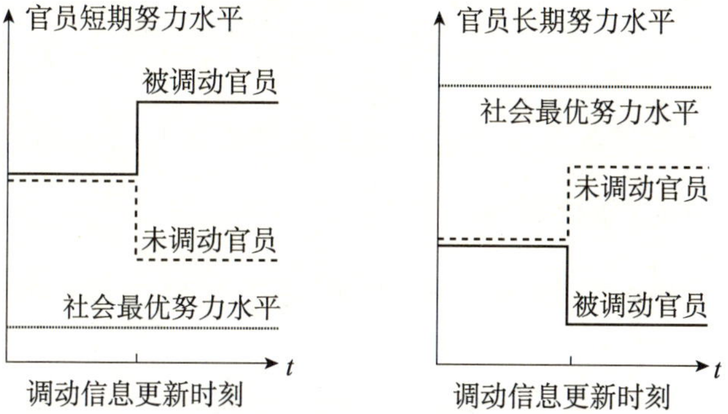

图 3-4 官员的行为变化

五、最优的调动比例：均衡与比较静态分析

在我们的模型中，政党在每届届中对市级官员进行调动考察的数量 K 是政治治理的主要决策变量。一方面，政党调动考察的市级官员数量 K 越大，最后选拔出的省级官员的个人能力期望值 $E\theta_P(K)$ 也就越高，这有助于下期的地方经

济增长，可视为政党调动官员的收益；另一方面，上级调动考察的地方官员越多，每个地方官员事前的升迁概率就越高，官员会更有激励增加短期努力，降低长期努力，这又会降低长期总的净产出，从而构成了政党调动官员的成本。因此，选择问题的解决和激励问题的解决在一定程度上是内在冲突的①，政党对最优官员调动数量的选择就是对这两类问题的解决做出权衡。

引用命题 3－3 的结果，我们可以得到年金化后的社会净产出长期贴现和：

$$N\left\{a^{T,1}+\beta\gamma g^{T,1}-\frac{1}{2}(a^{T,1})^2-\frac{1}{2}(g^{T,1})^2-\delta a^{T,1}g^{T,1}\right\}$$

$$+K\left\{a^{T,2}+\beta\gamma g^{T,2}-\frac{1}{2}(a^{T,2})^2-\frac{1}{2}(g^{T,2})^2-\delta a^{T,2}g^{T,2}\right\}+2N(K-1)A/(K+1)$$

其中，$a^{T,t}$ 和 $g^{T,t}$ 的值由命题 3－3 给出，均为 K 的函数。由最大化上式的一阶条件可得命题 3－5。

命题 3－5 最优的中期官员调动数目 $K=K^*$，满足下式：

$$(K^*+1)^2\left(\frac{1}{2}+\frac{K^*}{N}\right)=\frac{16N\beta A^3(1-\delta^2)}{R^2}$$

在命题 3－5 的基础上，通过隐函数法则，我们还可以得到有关市级地方官员最优调动比率的比较静态结论。

命题 3－6 市级官员的最优调动比率$\left(\frac{K^*}{N}\right)$受外生变量的影响如下：

(1) $\frac{\partial(K^*/N)}{\partial A}>0$，市级官员的个人能力方差越大，官员最优调动比率就越高；

(2) $\frac{\partial(K^*/N)}{\partial R}<0$，省级官员的职位收益越低，市级官员最优调动比率就越高；

① 已有政治经济学领域的研究者注意到了选择问题和激励问题的冲突，一个在民主政治背景下对此冲突的讨论可见 Sutter and Poitras(2008)。

(3) $\frac{\partial(K^*/N)}{\partial\delta}<0$，官员短期努力和长期努力的替代性越强，最优调动比率就越低。

上述三个结论的直觉解释是，市级官员的个人能力差异越大，相比较随机选拔一名官员，基于能力识别的择优选拔的好处就越大，因此最优调动比率就应越高。省级官员的职务收益越高，则调动越容易导致地方官员的短视倾向，调动的成本也就越高，因而最优调动比率就应降低。短期和长期努力之间的替代越强，市级官员增加短期努力对于长期投入的抑制就越大，调动导致的长期产出下降就越严重，最优调动的频率就需要降低。

六、模型的现实意义

本节理论模型所阐释的主要观点可以完整地解释引言中所述的我国地方官员频繁调动的种种特征。

首先，要在官员能力识别中剔除地域特定干扰因素，需要将官员置于不同地区、同一级别的职位进行考察。由于一届任期结束后就要进行选拔，那么能力的识别考察就必须在届中进行，这将导致官员在一地任期的提前中止。此外，由于地域特定干扰因素可能随时间变化，特别是在一个经济快速增长的社会环境中，剔除地域特定干扰因素实质上需要比较同一地区不同时期的官员政绩，这也限制了官员在一个地区的任职时间不能过长。

其次，政治上的择优选拔意味着要对每一级别的众多备选官员进行考察，从中选出最优者提拔到更高级别。而要考察一名官员就需要对其进行调动。因此，频繁调动的备选官员数量可能会大大超过最终晋升的官员数量。

再次，调动考察的官员数量越多，就越可能选出能力较高的优胜者。增加被考察官员数量的好处会被官员的短视行为带来的政策扭曲抵消，最优的官员考察数量是上级组织进行利弊权衡后的选择结果。当官员短视行为的边际成本随着考察官员数量的增加而上升得足够快时,就会出现只调动考察一部分官员的情况。

最后,调动越是在经济水平相近的城市之间进行,城市的地方特定扰动因素就越接近,从而越容易从官员的相对能力比较中被剔除掉。

第四节　经验研究

一、假说与数据

上一节的理论分析得到六个命题,其中命题 3 – 1、命题 3 – 4、命题 3 – 6 可以进行经验检验。本节将利用 2001—2008 年 25 省区 310 个地级市(包括省会城市和副省级城市)、地区、自治州和盟的地方官员的数据对这三个命题的结论进行检验。但是,要找到合适的数据直接对它们进行检验并非易事。根据我们所获得的数据,本节将这三个命题改写为三个可供检验的假说。

命题 3 – 1 说明调动有助于官员能力的识别,被调动官员也可以获得不同地方的从政经历,因此,上级组织部门在选拔官员时会更加倾向于提拔那些被调动过的官员。所以我们有下面的假说 3 – 1。

假说 3 – 1　有调动经历的地市级官员升迁的概率高于没有调动经历的地市级官员。

命题 3 – 4 显示,被调动官员在调动之后会更多地关注短期内能够提高其政绩的投资。验证这个命题需要我们对比一个官员在调动前后不同城市的行为,但这样做面临两方面的难题。首先,由于我们的数据起始于 2001 年,虽然我们能知道 2001 年起在任的官员是否是被调动来的,但缺少 2001 年前已经卸任的官员的调动轨迹的相关资料;此外,《中国区域统计年鉴》最早也只能追溯到

2001 年。因此,如果考察官员调动前后的行为变化,就会损失相当多的数据。其次,由于涉及两个城市的比较,城市特征必然影响一个官员在这两个城市的行为,如何完全控制城市特征就成为一个难题。[①] 现实中,城市的经济特征具有异质性,而市级官员的中期调动可能是非随机的,官员所在城市的经济特征有可能会影响到上级对于调动官员的决策。例如,上级组织部门在调动官员时可能会希望使发达地区官员的管理经验得到传播,从而倾向于将官员调往经济水平更为落后的城市。以后文将要考察的基础设施为例,基础设施不足可能正是落后地区经济相对落后的原因,所以新的官员到任之后,总是会先投入较大精力发展基础设施。因此,如果我们直接比较一名官员在调动前后不同城市的行为,即使被调动会导致城市基础设施投入比例的上升,这种效应也可能只是由调动前后两个城市的经济特征差异所决定的,而并非真正由调动对官员的行为激励所导致的。

为了绕过上述问题,我们比较同一个城市出现主要官员的调动时新上任官员和前任官员的行为。本章的理论模型得到的结论是,官员的行为取决于他们是否被调动。本节经验研究所识别的问题是,没有被调动过的官员(包括有调动经历的官员尚未被调动时的状况)和被调动过的官员的长期和短期努力水平在平均意义上存在差异。通过比较这两组官员的行为,我们可以从一个侧面得到调动对官员行为的影响。但是,一个城市在官员变动前后的情况可能变化很大,离变动年份越远,情况变化越大,调动对官员行为的影响在总变化中的比重越小。为此,我们只比较一个城市官员变动前后一年的官员对不同政绩的认同。其背后的假设是,在调动前后一年这段较短的时间窗口内,城市的经济特征并不会发生显著的变化,因此,城市经济投入的变化主要是由调动前后两位官员的行

---

① 加入城市固定效应是一个可选方案,但这需要一个城市至少发生两次官员变动,然而,由于时间跨度较短,我们的样本中的许多城市只记录了一次官员变动。

为差异所导致的。当然,在调动发生时,城市的前任官员在该城市的既往任期长度可能不同,但只要这一既往任期超过一年,我们就可以对调动前后各一年进行比较。具体地,有以下假说:

假说3-2 城市发生官员调动后的一年,相较于调动前的一年,该城市的地方官员会更加偏重能够在短期实现的政绩。

命题3-6得到一些外生经济、社会特征影响一个地区最优的官员调动比例的推断,可以总结为以下假说:

假说3-3 地市官员个人能力方差越大、省级职位租金越低、官员短期努力和长期努力的替代性越弱,地方官员的调动比例就越高。

本节的数据来源如下:地方官员的任期、来源与去向的资料由作者根据《中国城市统计年鉴》和人民网等媒体公布的官员简历手工整理而成;财政数据来自对应年份的《全国地市县财政统计资料》;其他宏观经济数据来自对应年份的《中国统计年鉴》和《中国区域统计年鉴》。

二、调动与晋升概率

在验证假说3-1的时候,本节采用以下的官员晋升定义:

从普通城市[①]的市委书记调任副省级职位及以上,例如副省长、省委常委,或者省会、副省级城市的市委书记;

从普通城市的市长调任副省级职位及以上,例如副省长、省委常委,或者普通城市的市委书记,或者省会、副省级城市的市长;

从省会、副省级城市的市委书记调任省级职位,例如省长、省委副书记、省委书记;

从省会、副省级城市的市长调任省级职位,例如省长、省委副书记、省委书

① 即非副省级和省会城市。

记，或者省会、副省级城市的市委书记。

假说3－1陈述的是一个总体判断，即无论官员的个人能力如何，也无论调出和调入的城市的特征如何，调动增加官员的晋升概率。这样，对这个假说的验证就变得比较简单，只需要比较有过调动经历和没有调动经历的官员的平均晋升概率即可。作者发现，样本中在担任地市级职务时有调动经历的地方官员的晋升概率比没有调动经历的官员高5.5个百分点，非配对的 t 检验（unpaired t test）的结果是 t 值为5.13，即在1%的水平下显著。在所有样本官员中，晋升比例为24%，因此5.5个百分点是一个很大的差距。所以，假说3－1成立，即调动确实是考察官员、使得官员最后得以晋升的关键因素。

三、调动与官员行为

要检验假说3－2，必须首先明确定义长期努力和短期努力。长期努力的政绩需要等待一段时间才可能显现，而短期努力的政绩很快就可以显现。显然，官员的努力是不可能直接观察到的，我们只能从他们的行为推断他们的努力程度和努力方向。能够反映官员努力程度和方向的最显著指标是公共财政的支出结构和强度，因为财政是地方官员掌握的最重要资源。在财政支出科目中，多数支出是刚性的，如政府财政抚养人口的工资和福利、政府日常开支以及市政设施的投入等。所谓"吃饭财政"，就是指财政收入只能满足这些开支的现象。显然，这些支出不能反映官员的努力。能够反映官员努力的是官员可以自由支配的支出，而其中有一些可以在经济增长方面取得立竿见影的效果，因而可以作为官员短期努力的代表，另一些则需要较长时间才可以看到效果，因而可以作为官员长期努力的代表。另外，在本章的模型中，政府努力是生产性的，而在官员可自由支配的支出科目中，有一些支出（如社会保障）具有较为明显的消费性质，需要排除在分析之外。这样，可供选择的支出科目就不多了。本章选取基本建设支出代表官员的短期努力,选取教育支出代表他们的长期努力。基本建设投资可以迅速提高地方经济的效率,吸引更多的外部投资,因此在短期内就可以提高地方的经济增长率;而且,基本建设投资占地方自由支配支出的比例很大。相比较而言,教育支出也能提高一个城市的经济增长率,但其效果不可能立即显现出来。教育支出的基本部分(如教师的基本工资和校舍维护)是刚性的,但在边际上它具有很大的弹性,这也是为什么教育支出占 GDP 的 4% 这个目标难以实现的原因所在。上述变量选择得到一些经验研究的支持,比如郭庆旺等(2003)发现,基本建设支出对于经济增速的影响在下一年度最为显著,而教育支出对于经济增速的影响在 3 年之后才能显著体现出来。①

由于数据限制,本章使用 2001—2005 年地市级财政收入、转移支付和支出的分项数据进行经验分析②,数据来自《全国地市县财政统计资料》。为了考察官员调动对可自由支配转移支付的支出方向上的影响,我们根据自行整理的地方官员简历中的信息来定义一个虚拟变量 $Postswch_{it}$:当一个城市的市委书记是从其他城市调动过来,且在之前的城市也担任市长或者市委书记的时候,$Postswch_{it}$取值为 1,否则为 0。每个城市有一名市委书记和一名市长构成双重领导,但在样本中,相对于市长,有更多的市委书记是从异地的市委书记或市长的职位上调任到当前职位的,选取市委书记的调动经历作为影响官员行为更具有代表性。此外,张牧扬(2013)发现,市委书记和市长的个人能力对于地方财政支出的影响差异不大。所以本部分以市委书记作为代表。官员的调动信息由作者根据媒体(主要是人民网)报道手工整理而成。

需要注意的是,虽然地方官员对于地方财政有着重要的决定权,但他们也受

---

① 2006 年及以前的财政收支的分类科目中,教育基建支出属于基本建设支出,而不属于教育支出。2007 年启用新的分类科目后,教育基建支出归属于教育支出(李友志,2006)。这也是我们没有使用 2007 年起的数据的原因之一。

② 如上所述,作者无法采用 2007 年起的财政支出数据。由于数据来源的局限,作者亦未能获得 2006 年的地市级财政分项支出数据。

制于各种财政规章制度。地方政府的财政收入可以分为本级收入和转移支付收入，其中转移支付收入中的一部分的支出方向由上级政府予以规定，地方政府不但不能挪用，通常情况下还必须给予部分配套资金。因此，对于地方财政支出偏向的考察必须基于地方政府可自由支配的财力。但是，遗憾的是，《全国地市县财政统计资料》中没有地方政府可自由支配的转移支付与各项支出的对应关系，因此本部分无法就这一点进行识别。

在现有数据约束条件下，我们设定如下检验方程，从官员调动的角度对影响城市教育或基本建设支出的因素进行讨论。具体回归方程如下：

$$\mathrm{EXp}_{it}^{k} = \gamma_0 + \gamma_1 \mathrm{Dispen}_{it} + \gamma_2 \mathrm{Lcirvn}_{it} + \gamma_3 \mathrm{Postswch}_{it} + X_{it}\delta + v_i + \varepsilon_{it} \quad (3-6)$$

其中，i 代表城市；t 代表市委书记变动前后各一年；EXp_{it}^{k} 为教育或基本建设支出对数值；Dispen_{it} 为当年该市可自由支配的转移支付对数值；Lcirvn_{it} 为当年该市的地方财政收入对数值；X_{it} 为一组城市层面的控制变量，包括人口和人均 GDP，均来自《中国区域经济统计年鉴》；v_i 为城市固定效应。可自由支配的转移支付的定义和尹恒、朱虹（2011）给出的定义相同，包括税收返还、原体制定额补助、一般性转移支付、农业税减免及企事业单位预转划、取消农业特产税补助和民族地区转移支付；不可自由支配的转移支付包括专项补助、增发国债补助、农业税费改革转移支付、增加工资转移支付和调整工资转移支付。

值得注意的是，在（3－6）式的设定下，本部分所关注的主要回归系数 γ_3 可能会反映"新官上任三把火"所带来的效应，因而它在教育和基建支出两个回归中可能都会是正数。本部分所关注的，应该是它在两个回归中的相对大小。表3－1给出了（3－6）式的回归结果。

表 3-1　调动与官员努力

	(1)	(2)
变量	教育支出对数值	基本建设支出对数值
地方可自由支配的转移支付对数值	0.0615**	0.298
	(0.0274)	(0.292)
地方财政收入对数值	0.210***	-0.304
	(0.0484)	(0.495)
新官员到任后一年 vs 前一年	0.102***	0.196*
	(0.00988)	(0.106)
城市人均 GDP	7.48e-07	5.78e-06
	(2.64e-06)	(2.61e-05)
城市人口	8.65e-05	8.68e-05
	(0.000258)	(0.00254)
截距项	7.623***	9.511
	(0.586)	(6.190)
样本容量	383	357
R 平方	0.729	0.068

注：括号内为标准误，*** $p<0.01$，** $p<0.05$，* $p<0.1$。

从表 3-1 所展示的回归结果来看，在地市级层面，可自由支配的转移支付每增加 1%，教育支出增加 0.6%，基本建设支出增加 0.3%，前者略超后者的 2 倍，且后者在统计上不显著。地方财政收入对于教育支出也有显著的正效应，且对基本建设支出的效应也不显著。在控制了这两大地方财力的来源之后，可以发现新上任之后两类支出都显著上升，的确体现了“新官上任三把火”的效应。但是，基本建设支出上升的幅度比教育支出高出一倍：教育支出增加 10%，而基本建设支出增加 20%。也就是说，调动后的官员在财政支出上更加注重在短期内能够拉动经济的基本建设，从而验证了假说 3-2。

四、官员调动频率影响因素分析

假说 3-3 得出了地方官员调动比率与地市官员个人能力方差、省级职位租金、官员短期努力和长期努力的替代性三个参数之间的关系。本部分对这三个参数对官员调动比率的影响进行实证检验。

对于地市官员个人能力方差，我们选取该省市委书记和市长的平均年龄作为代理变量。在本章的模型中，上级政府对于下级官员调动的主要目的是考察和甄别其能力的高低。考虑到政府官员进入政府系统的年龄差异不大，年龄越大的官员在政府系统内工作的时间越久，组织部门对其能力的了解程度也就越高，因此会将他们派往更合适的岗位任职。在这一意义上，如果一个省内的地市官员的平均年龄越高，可以认为他们的个人能力的方差越小。[①]

对于省级职位的租金，本章考虑两类衡量指标。一类是"经济租金"，本章选取省财政收入作为经济方面的代理变量。财政收入越高，政府职位的经济租金也越高。为了避免内生性问题，对这一变量取一阶滞后。另一类是"政治租金"，本章选用一省的城市数作为代理变量。城市越多，省级官员可以管理和任命的地市级官员越多，省级职位的政治租金也就越大。

在官员短期努力和长期努力的替代性问题上，本章选取该省上一年度等级公路里程的对数值作为代理变量。所谓长短期努力的"替代性"，在模型中的含义是短期努力的提高是否会导致长期努力成本的上升。在本节中可以具体对应为(短期的)基础设施投资的增加在多大程度上会限制教育支出的增加。对地市级政府而言，教育支出主要来源于财政收入，而基础设施除了财政以外还可以通过地方融资平台、银行贷款等方式获得融资。当地方的公路存量较多时，地方政府一方面可以得到更多的路费收入和更高的路费权估值，另一方面由于交通便利使得土地价值较高从而获得更高的土地抵押价值或者土地出让收入，这都会提高地方政府为基础设施建设融资的便利，降低基础设施投资对财政收入的依赖，进而减少对其他财政支出项目的影响(郭励弘，2009)。相反，在那些基础设施水平落后

① 作者也考虑过其他指标，如官员的学历。但是，样本中的许多官员学历难以确定，且差距很小。比如，很多人的最后学历都是党校研究生毕业，但各类党校的质量差距很大。另外，对于地市一级的官员，学历未必能很好地反映官员的执政能力。

的地区,地方政府只能较多地依赖财政收入进行基础设施建设(罗松山,2010)。因此,等级公路里程所代表的地方的基础设施存量越高,地方政府短期努力和长期努力的替代性就越小。为了避免内生性问题,我们对这一变量取一阶滞后。

除了理论模型给出的影响因素外,现实中还存在其他政治经济因素可能影响到市级官员的调动比例。一个因素是"被动性离职",即当某地的市级官员因退休、违纪等原因退出现有职位后,上级可能会从外地调来一名市级官员充任这一职位空缺,这又会产生新的职位空缺和调动,形成连锁调动效应。特别地,如果一地官员出现违纪行为的概率受到前述种种地方经济特征的影响,那么我们对于前述变量系数估计的准确性就会受到影响。因此,在回归中我们控制了各省每年被动性离职(退休和处分导致的官员离职)的官员的比例数。

另一个因素是,市级官员的调动可能会受到上级人事决策者偏好的影响。例如,当一省有新任的省委书记时,在新的发展规划和人事布局要求下,省里会对地方干部进行大范围的调整,也即所谓的"一朝天子一朝臣"现象。为了避免经济发展诸因素和人事布局情况同时进行所引发的相关性的干扰,本章在回归中控制了省委书记的任职年数。

本章利用2002—2008年除新疆、西藏和4个直辖市外的25个省、自治区的地市级官员(市委书记和市长)调动的数据进行计量分析。由于各省所辖城市个数差异较大,我们使用调动次数与城市数之比作为被解释变量,以控制这一异质性的影响。具体回归模型为:

$$\text{Chg}_{it} = \beta_0 + \beta_1 \text{AvgAge}_{it} + \beta_2 \text{Rent}_{it} + \beta_3 \text{infra}_{i,t-1} + \beta_4 \text{Retire}_{it} + \beta_5 \text{GDPPC}_{it} + \beta_6 \text{Ptenure}_{it} + \varepsilon_{it}$$

其中,i表示省,t表示年份,被解释变量为当年该省所辖地市中更换市委书记和市长的个数与地市个数之比;AvegAge、rent 和 Infra 分别表示该省当年市委书记和市长的平均年龄、省级职位的政治租金和前一年等级公路的里程数;Retire、GDPPC 和 Ptenure 分别表示被动离职比例、该省人均 GDP 和省委书记任职年数。考虑到各省之间可能存在异质性，本章对 ε_{it} 采取不同的设定，包括混同 OLS 和固定效应模型进行回归估计。

本节中的各项数据来源如下：地市官员调动次数、年龄和去向由作者根据《中国城市年鉴》、各省、自治区统计年鉴以及人民网等媒体资料自行整理而成；人均 GDP、财政收入和等级公路里程来自相应年份的《中国统计年鉴》。表 3－2 给出了上述变量的描述性统计。需要注意的是，样本中每个城市每年有市委书记和市长两名官员，因此调动次数与城市数之比正好是调动次数与职位数之比的两倍。从表 3－2 的结果看，平均而言，每年有 31% 的官员进行了调动，而被动调动的比例约为 3.5%。

表 3－2　变量描述

变量	观察值数	均值	标准差
省内调动次数与城市数之比	175	0.62	0.36
省内地市官员平均年龄	175	50.33	1.31
滞后一期的省财政收入（亿元）	175	431.10	443.69
滞后一期的省等级公路里程（万公里）	175	6.33	3.53
被动调动与城市数之比	175	0.69	0.93
滞后一期的省人均 GDP（万元）	175	1.21	0.66
省委书记任职年数	175	3.26	2.04

表 3－3 第（1）列是使用省财政收入作为租金代理变量的 OLS 回归结果。作为地市级官员能力差异的变量，平均年龄的系数为负，在 10% 水平下显著，与假说 3－4 的第（1）项结论一致；滞后一期的省财政收入的系数为负，在 5% 水平下显著，与假说 3－4 的第（2）项结论一致；滞后一期的等级公路里程的系数为正，在 5% 水平下显著，与假说 3－4 的第（3）项结论一致。如果考虑政治租金而不是经济租金，即用省内城市数作为代理变量，结果列于表 3－3 第（2）列。可以发现，这一指标的系数同样为负，且在 1% 水平下显著，而其他关键变量的系数并无太大变化。

考虑到省与省之间可能存在的异质性，本章也进行了固定效应模型的回归，结果列于表3-3的第(3)列。城市数量不发生变化,因此被排除在回归之外。可以发现,平均年龄和基础设施的结果仍然不变,但衡量经济租金的地方财政收入的系数变得不显著,这可能跟地方财政收入在时间序列上的变异度较小,而在截面上的变异度较大有关。考虑到省委书记的任期在很大程度上与中央政府的换届有关,我们把省委书记的任期换成中央换届年(2003年和2008年)的虚拟变量重新进行第(1)列的回归,结果列于第(4)列。该虚拟变量的系数显著为正,说明地方调动显著地受到中央换届的影响。此时,官员年龄的影响消失了,但基础设施和经济租金的影响仍然存在。中央换届时,地方官员调动更多是出于全国通盘布局的考虑,其影响会覆盖掉一般情况下地方官员选拔机制的作用。

表3-3　调动频率的决定因素

	(1)	(2)	(3)	(4)
	OLS	OLS	FE	OLS
	调动次数与城市数之比			
地市官员平均年龄	-0.0446*	-0.0515**	-0.193***	-0.0303
	(0.0235)	(0.0238)	(0.0418)	(0.0220)
滞后一期的省财政收入	-3.48e-04**		-1.94e-04	-2.67e-04**
	(1.39e-08)		(2.79e-08)	(1.31e-08)
省内城市数		-0.0269***		
		(0.00924)		
滞后一期的等级公路里程	0.0252**	0.0340***	0.0370*	0.0180*
	(1.04e-06)	(1.16e-06)	(2.00e-06)	(9.79e-07)
被动离职比例	-0.00257	0.00358	0.0789	-0.00733
	(0.0346)	(0.0346)	(0.0665)	(0.0324)
滞后一期的人均GDP	0.176**	-0.0165	0.209	0.119
	(0.0798)	(0.0497)	(0.151)	(0.0756)
省委书记任职年数	-0.0253*	-0.0217	-0.0278*	
	(0.0135)	(0.0135)	(0.0152)	
虚拟变量:2003年和2008年				0.303***
				(0.0576)
截距	2.726**	3.416***	9.975***	1.921*
	(1.150)	(1.193)	(2.064)	(1.084)
观察值数量	175	175	175	175
R平方	0.093	0.104	0.238	0.205

注:括号内为标准误,*** $p<0.01$,** $p<0.05$,* $p<0.1$。

第五节　总结与评述

大量研究业已表明，官员任期过短会在一定程度上导致官员的短视和行为扭曲，对社会和经济发展产生不利影响，因此，中国较为频繁的地方官员调动背后的动因就是一个值得研究的问题。本章从政治选择问题切入，通过理论分析和经验研究阐释了这一现象背后的一个动因，即频繁调动是执政党在政治选拔中为解决地方官员能力识别问题所采取的策略。有计划地组织待提拔干部进行异地交流任职，能够实现不同的“官员—辖区—时间”的匹配变换。如果多数官员在其未调任的大部分时间内并不能准确预知自己被调任的时间和未来的任职地点，通过对照那些在时间或辖区上有过重叠任职经历的官员的表现，这种匹配变换就类似于一种可以控制特定地区、特定时间影响因素从而较为准确地识别官员能力的准随机实验。

这一政治选拔机制要产生效果需要一定的前提条件。要实现各级官员在不同地区、不同职位之间较为顺利地调动轮转，必须依赖一个强有力的中央权威。但是，正如第二节所指出的，要使强势的执政者产生选贤任能的激励本身就是一个困难。同时，各级官员必须拥有一定的经济资源和施政空间以展现自己的行政能力，因此，这又要求中央向地方进行一定程度的财政和行政分权。这一分权的要求可能会削弱中央权威，从而降低中央调动地方官员的便利，也会降低地方官员谋求升迁的积极性，因而与政治集权存在一定的矛盾。如何有效地解决这一矛盾，就构成了另外一个困难。

面对这些挑战，我国探索出了一个行之有效的治理模式，即人事集权与行政和财政分权相结合的威权主义体制（Xu，2011）。从国家构架角度来看，中国共产党的最核心职能是选拔和管理官员，党对人事权的控制是党的宪法地位的重要体现之一。人事集权与行政和财政分权的结合既保证了地方官员的自主性，赋予他们自由发挥的空间，同时也降低了分权所带来的许多负面效应。就本章的论题而言，我们注意到，这种治理模式孕育了一种贤能体制，即官员的升迁取决于他们在地方工作中所表现出来的政治和经济能力，而调动是上级组织部门确定这些领导干部能力的制度安排。

通过本章的分析，我们可以注意到，地方官员的交流任职结合相对绩效评估的政治选拔模式有几方面的优点。首先，通常的对比前任或者对比相邻辖区的相对绩效评估只能剔除特定地区和特定时间这两种影响因素中的一种，而结合了官员调动后的相对绩效评估可以同时剔除这两种影响因素的干扰。即便特定地区的影响因素会随时间发生变化，只要采取适当的官员调动频率，同样可以在绩效评估中被剔除。其次，即使想对较大范围内的官员群体进行比较，也并不需要穷尽或者遍历所有的官员与辖区的匹配组合。本章的理论分析部分证明，为了识别一组官员的相对能力所必需的调动次数远远小于要产生理论上的全部组合的调动次数。最后，这一方法可以在任何层级的政治选拔中用以衡量和比较官员的个人能力；同时，如果官员的能力会随着从政历练而增长，则这种方法同样可以在更高级别的政治选拔中用来识别其增长后的能力。这些作用都是以学历等个人能力的代理变量作为甄选手段的一般性的“贤能体制”所无法实现的。综合这些特点，我们可以将中国采取的这种结合了干部交流制度和相对绩效评估的政治选拔体系称为“务实的贤能体制”。

本章的理论模型和经验研究也表明，频繁调动确实导致了地方官员一定程度的短视，这与其他一些关于中国官员行为的研究结论是一致的（张军、高远，2007）。造成我国政治选拔中官员激励问题和选择问题相冲突的部分原因，是当前仍然较大的地区差异、部分地区相对落后的基础设施水平以及在后备干部考察中对上级组织部门较多的依赖。针对这一问题，在经济方面，通过经济改革的不断推进，地区间的经济壁垒得以降低，生产要素的地区间流动更加通畅，公共资源的地区分配更加公平，在长期就可能减少地区差异，官员能力和绩效评估中的地方性扰动就会降低。在人事制度方面，设计更加完备的官员考察体系，增强党内民主选拔机制，也可能降低官员的短视行为。但是，任何制度都不可能是十全十美的，在政治选拔过程中，激励和选择永远是一对矛盾。务实主义的态度是对两者同时进行边际上的改进。就我国目前的情况而言，选任干部在程序方面已经比较完善，但对干部的激励关注不够，需要党在这方面给予更多的关注。

参考文献

陈刚、李树，2012：《官员交流、任期与反腐败》，《世界经济》，第2期。

杜兴强、曾泉、吴洁雯，2012：《官员历练、经济增长与政治擢升》，《金融研究》，第2期。

郭励弘，2009：《实施债权人对融资平台的信用评级》，《中国金融》，第20期。

郭庆旺、吕冰洋、张德永，2003：《财政支出结构与经济增长》，《经济理论与经济管理》，第11期。

贺大兴、姚洋，2011：《社会平等、中性政府与中国经济增长》，《经济研究》，第1期。

李国祁、周天生、许弘义，1957：《清代基层地方官人事嬗递现象之量化分析》，台湾“行政院国家科学委员会”印刷发行。

李友志，2006：《新政府收支分类应用指南》，湖南人民出版社。

罗松山，2010：《地方政府融资创新的思路》，《中国投资》，第3期。

陶然、苏福兵、陆曦、朱昱铭，2010：《经济增长能够带来晋升吗？——对晋升锦标竞赛理论的逻辑挑战与省级实证重估》，《管理世界》，第12期。

王奇生，1999：《民国时期县长的群体构成与人事嬗递》，《历史研究》，第2期。

徐现祥、王贤彬，2010：《晋升激励与经济增长：来自中国省级官员的证据》，《世界经济》，第2期。

徐现祥、王贤彬、舒元，2007：《地方官员与经济增长——来自中国省长、省委书记交流的证据》，《经济研究》，第9期。

姚洋、张牧扬,2013:《官员绩效与晋升锦标赛——来自城市数据的证据》,《经济研究》,第1期。

尹恒、朱虹,2011:《县级财政生产性支出偏向研究》,《中国社会科学》,第1期。

张军、高远,2007:《改革以来中国的官员任期、异地交流与经济增长》,《经济研究》,第11期。

张牧扬,2013:《晋升锦标赛下的地方官员与财政支出结构》,《世界经济文汇》,第1期。

Acemoglu Daron, Georgy Egorov and Konstantin Sonin, 2012, "Dynamics and Stability of Constitutions, Coalitions and Clubs", *American Economic Review*, Vol. 102, No. 4, pp. 1446 - 1476.

Barr, M. A. , 2006, "Beyond Technocracy: The Culture of Elite Governance in Lee HsienLoong's Singapore", *Asian Studies Review*, Vol. 30, pp. 1 - 17.

Besley Timothy and Anne Case, 1995, "Does Electoral Accountability Affect Economic Policy Choices? Evidence from Gubernatorial Term Limits", *Quarterly Journal of Economics*, Vol. 110, No. 3, pp. 769 - 798.

Besley Timothy and Michael Smart, 2007, "Fiscal Restraints and Voter Welfare", *Journal of Public Economics*, Vol. 91, No. 3 - 4, pp. 755 - 773.

Besley Timothy, 2005, "Political Selection", *The Journal of Economic Perspectives*, Vol. 19, No. 3, pp. 43 - 60.

Bruce Bueno de Mesquita, Alastair Smith, Randolph Siverson and James D. Morrow, 2003, *The Logic of Political Survival*, Cambridge: MIT Press.

Chen Ye, Hongbin Li and Li-An Zhou, 2005, "Relative Performance Evaluation and the Turnover of Provincial Leaders in China", *Economics Letters*, Vol. 88, No. 3, pp. 421 - 425.

Egorov Georgy and Konstantin Sonin, 2011, "Dictators and their Viziers: Endogenizing the Loyalty-Competence Trade-off", *Journal of European Economic Association*, Vol. 9, No. 5, pp. 903 - 930.

Ferraz Claudio and Frederico Finan, 2011, "Electoral Accountability and Corruption: Evidence from the Audits of Local Governments", *American Economic Review*, Vol. 101, No. 4, pp. 1274 - 1311.

Guo, G, 2007, "Retrospective Economic Accountability under Authoritarianism: Evidence from China", *Political Research Quarterly*, Vol. 60, No. 3, pp. 378 - 390.

Holmstrom Bengt, 1999, "Managerial Incentive Problems: A Dynamic Perspective", *Review of Economic Studies*, Vol. 66, No. 1, pp. 169 - 182.

Hu Yunzhi and Shen Jia, 2010, "Skipped-Generation Nomination, Political Stability and Social Efficiency: Checks and Balances under Non-Democracies", Working Paper.

Hu Yunzhi and Yang Yao, 2012, "Elitism and Returns to CPC Membership in China", CCER Working Paper.

Jones Benjamin and Benjamin Olken, 2005, "Do Leaders Matter? National Leadership and Growth Since World War II", *Quarterly Journal of Economics*, Vol. 120, No. 3, pp. 835 - 864.

Landry Pierre, 2008, *Decentralized Authoritarianism in China: The Communist Party's Control of Local Elites in the Post-Mao Era*, Cambridge University Press.

Lazear Edward and Sherwin Rosen, 1981, "Rank-Order Tournaments as Optimum Labor Contracts", *Journal of Political Economy*, Vol. 89, No. 5, pp. 841 - 864.

Li Hongbin and Li-An Zhou, 2005, "Political Turnover and Economic Performance: The Incentive Role of Personal Control in China", *Journal of Public Economics*, Vol. 89, No. 9 - 10, pp. 1743 - 1762.

Olson Mancur, 2000, *Power and Prosperity: Outgrowing Communist and Capitalist Dictatorships*, Oxford University Press.

Qian Yingyi and Barry Weingast, 1997, "Federalism as a Commitment to Preserving Market Incentives", *Journal of Economic Perspectives*, Vol. 11, No. 4, pp. 83 - 92.

Svolik Milan, 2012, *The Politics of Authoritarian Rule*, Cambridge University Press.

Slater Dan, 2010, *Ordering Power: Contentious Politics and Authoritarian Leviathans in Southeast Asia*, Cambridge University Press.

Sutter Daniel and Marc Poitras, 2008, "Political Hierarchies and Political Shirking", *Journal of Economic Behavior and Organization*, Vol. 65, No. 2, pp. 334 - 356.

Xu Chenggang, 2011, "The Fundamental Institutions of China's Reforms and Development", *Journal of Economic Literature*, Vol. 49, No. 4, pp. 1076 - 1151.

附　录

一、命题 3－1 的证明

根据模型的阐述，当上级以可量化的经济绩效 $y_i^{T,t}$ 作为官员能力的衡量指标时，这一指标就是基数性质的，也即其大小是有数量含义的。考虑某三个连通在一起的官员 A、B、C，其中 A 与 B 直接连通，B 与 C 直接连通，A 与 C（经由 B）间接连通。根据 $(\theta_A-\theta_B)+(\theta_B-\theta_C)=(\theta_A-\theta_C)$（此式当且仅当能力衡量指标具有基数性质时才有意义），即可由直接连通官员的能力比较得到间接连通官员的能力比较。三人连通的情形可自然推广到多人连通的情形。

二、命题 3－2 的证明

社会最优即考虑社会净产出最大时的资源配置。由于各省是相互独立的，我们考虑一个典型的省的情况：

$$\sum_{T=0}^{\infty}\beta^T\left[\sum_{t=1}^{2}\sum_{j=1}^{N}\left(y_j^{T,t}-C_j^{T,t}\right)\right]$$

此式对每个 $a_{ij}^{T,t}$、$g_{ij}^{T,t}$ 求偏导，可得如下两组最优化的一阶条件：

$$1-a_{ij}^{T,t}-\delta g_{ij}^{T,t}=0$$

$$\beta\gamma-g_{ij}^{T,t}-\delta a_{ij}^{T,t}=0$$

由上两式整理求解即可得

$$a^*=\frac{1-\delta\beta\gamma}{1-\delta},\quad g^*=\frac{\beta\gamma-\delta}{1-\delta^2}$$

三、命题 3－3 的证明

首先考虑市级官员的最优决策。在每一届开始时，给定市级官员对上级届

中调动人数的预期 K^e，市级官员在本届结束时能够晋升的概率由两个事件概率的乘积决定。第一个事件是市级官员在届中进入被调动官员的群体，此概率为 K^e/N。以第一个事件发生为条件，第二个事件是市级官员能够在所有被调动官员中被识别为能力最高的官员。根据正文第三节第二部分的阐述，通过调动，上级从市级官员的政绩比较中剔除随机扰动因素的影响，同时，当地上期的长期努力也可观察 $g^{T-1,t}$，根据理性预期从地方官员政绩中去掉上级对官员们努力程度的期望 a_1^e 和 a_2^e，因此，最终识别出的最优官员是 $(a_i^{T,1}+\theta_i-a_1^e)$ 和 $(a_i^{T,2}+\theta_i-a_2^e)$ 最高的官员。因此，第二个事件的概率可记为 $\text{Prob}[a_i^{T,t}+\theta_i-a_t^e \geqslant a_j^{T,t}+\theta_j-a_t^e, j\neq i, m(j)=1]$。由此也可以看出，官员在政治选拔中可以通过后天努力 $a_i^{T,t}$ 来弥补 θ_i 的先天不足。

由此，在每届的前半期，市级官员的优化问题为：

$$\max(K^e/N)\text{Prob}[a_i^{T,1}+\theta_i-a_1^e \geqslant a_j^{T,1}+\theta_j-a_1^e, j\neq i, m(j)=1]R-C(a_i^{T,1}, g_i^{T,1})$$

此优化问题的选择变量为 $a_i^{T,1}$ 和 $g_i^{T,1}$。上述目标函数中，$\text{Prob}[a_i^{T,1}+\theta_i-a_1^e \geqslant a_j^{T,1}+\theta_j-a_1^e, j\neq i, m(j)=1] = \int \text{Prob}[\theta_j \leqslant a_i^{T,1}+\theta_j-a_j^{T,1}, j\neq i, m(j)=1]\,\mathrm{d}F(\theta_i) = \int F^{K-1}(a_i^{T,1}+\theta_i-a_1^e)\,\mathrm{d}F(\theta_i)$。最后一式对 $a_i^{T,1}$ 求偏导可得 $\int (K-1)F^{K-2}(a_i^{T,1}+\theta_i-a_1^e)f(a_i^{T,1}+\theta_i-a_1^e)\,\mathrm{d}F(\theta_i)$。此时代入均衡条件 $a_i^{T,1}=a_1^e$，可得 $\int (K-1)F^{K-2}(\theta_i)f(\theta_i)f(\theta_i)\,\mathrm{d}\theta_i$，在均匀分布下，$f(\theta_i)=(2A)^{-2}$，因此积分式可进一步化为 $(2A)^{-1}\int (K-1)F^{K-2}(\theta_i)f(\theta_i)\,\mathrm{d}\theta_i=(2A)^{-1}\int \mathrm{d}F^{K-1}(\theta_i)=(2A)^{-1}$。

结合上述推导，可得优化问题的一阶条件为：

$$(K^e/N)(2A)^{-1}R-a_i^{T,1}-\delta g_i^{T,1}=0$$

$$-\delta a_i^{T,1}-g_i^{T,1}=0$$

整理后即可求得：

$$a_i^{T,1} = a^{(1)}(K^e) = \frac{RK^e}{2(1-\delta^2)AN},\ g_i^{T,1} = g^{(1)}(K^e) = -\delta a^{(1)}(K^e)$$

类似地，可以得到市级官员在后半届的优化问题为：

$$\max m(i)\mathrm{Prob}[a_i^{T,2}+\theta_i-a_2^e \geqslant a_j^{T,2}+\theta_j-a_2^e, j\neq i, m(j)=1]R-C(a_i^{T,2}, g_i^{T,2})$$

对于 $m(i)=0$，一阶条件为：

$$-\delta g_i^{T,2}-a_i^{T,2}=0,\ -\delta a_i^{T,2}-g_i^{T,2}=0$$

对于 $m(i)=1$，一阶条件为：

$$(2A)^{-1}R-a_i^{T,2}-\delta g_i^{T,2}=0,$$

$$-\delta a_i^{T,2}-g_i^{T,2}=0$$

整理后即可得：

$$a_i^{T,2} = a^{(2)}(K, m) = \begin{cases} \dfrac{R}{2(1-\delta^2)A}, & \text{如果 } m=1 \\ 0, & \text{如果 } m=0 \end{cases}$$

$$g_i^{T,2} = g^{(2)}(K, m) = -\delta a^{(2)}(K, m)$$

四、命题 3 –4 的证明

由命题 3 – 3 中的结论 $a^{(1)}(K^e) = \frac{K^e}{N}a^{(2)}(K, m) > 0$，$g^{(1)}(K^e) = \frac{K^e}{N}g^{(2)}(K, m) < 0$ 易得。

五、命题 3 –5 的证明

对政党而言，其目标是最大化社会净产出的长期贴现和的期望值，给定命题 3 –3 所述地方官员的最优反应决策，将社会净产出长期贴现和的期望值年金化后可得：

$$N\left\{a^{T,1}+\beta\gamma g^{T,1}-\frac{1}{2}(a^{T,1})^2-\frac{1}{2}(g^{T,1})^2-\delta a^{T,1}g^{T,1}\right\}+K\left\{a^{T,2}+\beta\gamma g^{T,2}-\frac{1}{2}(a^{T,2})^2-\right.$$

$$\left.\frac{1}{2}(g^{T,2})^2-\delta a^{T,2}g^{T,2}\right\}+2N(K-1)A/(K+1)$$

对上式求关于 K 的偏导数，可得一阶条件。整理后即有下式：

$$(K^*+1)^2\left(\frac{1}{2}+\frac{K^*}{N}\right)=\frac{16N\beta A^3(1-\delta^2)}{R^2}$$

六、命题 3 - 6 的证明

对 $(K^*+1)^2\left(\frac{1}{2}+\frac{K^*}{N}\right)=\frac{16N\beta A^3(1-\delta^2)}{R^2}$ 应用隐函数求导法则可得。

第四章　强党政治、财政分权与官员激励

在缺乏对地方官员的有效问责的情况下，财政分权设计会面临为地方官员提供施政平台和为地方官员提供卸责机会的两难问题。通过分析一个由政党、官员、民众参与的动态博弈，说明一个国家主要的执政党如果是强力政党，则能够为党内政治家提供较好的政治生涯前景以及政治竞争资源，提高政治精英参与政治竞争的激励，从而有助于解决上述两难问题。在模型分析后，本章采用了跨国数据进行实证分析，研究结果支持了强党政治对于财政分权和官员行为激励的理论推论。

第一节　引言

从政治选拔及其激励的角度而言，一个国家的中央与地方间财政关系的设计面临一个两难问题。一方面，各级官员必须拥有一定的经济资源和施政空间以展现自己的行政能力，这要求中央向地方进行一定程度的财政和行政分权。另一方面，财政分权又可能削弱地方官员参与政治晋升竞争的激励——财政分权赋予地方官员更多的权力和资源，在缺乏对地方官员的有效监督的情况下，分权会为官员的腐败行为创造条件（Lessmann and Markwardt，2010），此时地方官员可能会将精力放在为自己谋取私利上，而不是放在提供地方公共品和公共服务上。此外，财政分权减少了中央政府所掌控的资源，这会降低中央一级政治职

位对地方官员的吸引力，也会动摇地方官员付出努力参与竞争高级政治职位的热情。就以往的经验研究而言，财政分权对于地方官员的行为激励效果的确是不确定的（Graf Lambsdorff，2005），因此，单纯的财政分权并不足以保证地方官员推动经济增长和社会发展、参与政治晋升竞争的热情，而必须辅之以一定的制度设计以形成地方官员的晋升激励和问责机制（accountability system）。

改革开放以来，中国的财政体系走上了分权改革的道路。以往的研究发现，中国的财政分权导致了地方官员腐败问题的恶化（吴一平，2008），但更多的研究则发现，中国的财政分权对地方经济增长有推动作用（例如，Lin et al.，2000；张晏、龚六堂，2005；沈坤荣、付文林，2005；贾俊雪、郭庆旺，2008；周业安、章泉，2008）。中国如何克服上述两难选择呢？

作为较早涉及这一问题的研究之一，Blanchard and Shleifer（2001）通过对中俄两国的比较分析得出结论，认为政治集权本身就是抑制地方官员寻租行为、防止其被利益集团捕获进而促进财政分权效果的一种配套机制。事实上，这种观点主要是一种对中国改革开放以来经济增长成功经验的观察和总结（Xu，2011）。正如 Zhuravskaya（2010）所指出的，“威权政治与财政分权”相匹配的发展模式在中国能够成功，可能只是个特例。因为该发展模式的成功要求有持续地推动经济增长意愿的中央政府或领导人，在集权政体下这不是一个容易满足的条件。

但即便不考虑中央政府发展经济的激励问题，集权政治也不足以保证财政分权的激励效果。晚清时期的中国政治就提供了这样一个反例。鸦片战争和太平天国运动以后，连年战争和巨额的战争赔款使得清朝中央政府财政拮据，为解决财政危机，政府将财权逐步下放，形成了由各地督抚衙门管辖的地方财政系统（邓绍辉，2001）。彼时内忧外患之下，中央政府发展经济、提振国力的愿望不可谓不切，同时，中央政府也掌握着对督抚的黜陟权。因此，集权政治、中央的良政意愿、财政分权三个要素可谓同时具备。但就是在这种条件下,一方面,各地官吏假借地方自治、推行新政等名义搜刮征敛、营私腐败,成为民众不满新政和政府并揭竿而起的导火索之一(金满楼,2011);另一方面,以各地督抚为首的地方势力迅速坐大,在随后的一系列政治事件中与中央政府逐渐背离甚至抗争,成为辛亥革命能以少数革命党人取得推翻全国政府之果的一项政治基础(刘伟,2003)。

因此,在政治集权之外,应该有其他的政治要素,以促使拥有一定财权的地方官员用力治政、用意升迁。更重要的是,如果这种政治要素不仅可以解释改革开放以来中国的经济发展和财政分权体系的成功,还能够对实行财政分权体系的不同经济体的表现差异具有一般性解释力,其意义就更加重要。

本章试图分析一个对财政分权绩效有影响作用和一般性解释力的政治要素——强党政治,即一个国家的主要执政党是否是强有力的政党。本章通过构建一个由民众、政党和政治家参与的政治竞争模型,说明强力政党的两项优势:一方面,强力政党能够为党内政治家提供较好的政治生涯前景以及政治竞争资源,从而可以吸引高能力政治家对政治竞争的参与和努力;另一方面,由于能够较好地解决对高能力政治精英的选择问题和激励问题,强力政党得以在长期汇聚社会资源和民众支持,从而将强党的声誉资源保持下去。因而,在政治生活中,强力政治之于政治家和民众的意义,正如金融市场中有良好声誉的银行之于企业家与储蓄者的意义。借助识别隐藏信息的组织优势,强力政党可以起到整理民意、搜寻政治人才的政治中介作用(费孝通,1946)。由模型分析可以得到的一个推论是,强力政党有助于中央更多地向地方分权,借助发展中国家的跨国面板数据,本章对此推论进行了实证检验。

本章的主要贡献是:第一,以往从政党的角度讨论财政分权体系下地方官员激励问题的研究较少且主要为经验研究(例如 Enikolopov and Zhuravskaya,

2007)，其背后的经济逻辑和理论基础并不明晰。本章的理论分析为此提供了理论基础和补充。以往研究也很少将政治选拔这个选择问题与财政分权下的官员激励问题联系在一起进行讨论，本章的分析说明这两个问题是存在内在联系的。第二，以往在解释中国经济增长成就的研究中所提出的"分权化的威权政治"模式(Landry，2008；Xu，2011)并未得到跨国比较经验研究和历史个案的支持(例如 Enikolopov and Zhuravskaya，2007)，本章则尝试提出一个既可以解释中国经验也与跨国经验相一致的解释变量。第三，以往对于一个经济体财政分权程度影响因素的研究(例如 Panizza，1999；Arzaghi and Henderson，2005；Jametti and Joanis，2011)多关注经济和社会变量，对政治变量的关注相对有限，本章首次提出了政党强度这一影响因素，并对其影响机理进行了具体阐释。

本章余下的内容安排如下：第二节文献综述；第三节提出一个政党、官员和选民参与的政治竞争博弈以提出本章的主要理论假说；第四节采用跨国数据以对理论分析提出的假说进行实证检验；第五节总结。

第二节　文献综述

本章的讨论主要与两类文献相关。第一类文献是以新政治经济学视角讨论财政分权问题的研究。经典的财政分权理论通常以仁慈的政府，即以最大化社会福利为目标的政府，作为基本假设(例如 Oates，1972)。与此相区别，财政分权的新政治经济学视角则引入了各级政府或政府官员的自利动机，将对财政分权的研究深化为对财政分权体系下地方政府问责和官员行为激励的研究。

就理论分析而言，早期的讨论以民选政制作为主要的背景，主要从三个方面讨论分权体系下官员的行为约束与激励，分别是：(1)地区选民通过选举对地方官员行为的制约(例如 Persson and Tabellini，2000；Hindriks and Lockwood，

2005)；(2)地区间竞争，例如税收竞争、标尺竞争等，对地方政府的激励(例如Besley and Case，1995；Besley and Smart，2007)；(3)不同层级的利益集团的游说、寻租等对官员行为的影响(例如Bhardhan and Mookherjee，2000；Bordignon et al.，2004)。

与此同时，讨论财政分权对地方官员行为影响的实证研究也陆续展开，但研究结果并没有形成一致的结论。例如，对于官员腐败行为的研究，较早的Treisman(2000)的跨国分析发现，腐败现象在实行联邦制的国家中更为普遍。Fissman and Gatti(2002)采用了与之不同的衡量指标与控制变量，发现实行财政分权的经济体中的腐败现象更少见。如果以经济增长作为官员激励效果的衡量指标，研究发现，财政分权能够促进经济增长的经验证据多集中在发达经济体(例如Yilmaz，2000；ThieBen，2003；Eller，2004)，财政分权不利于经济增长的经验证据主要出现在发展中国家(例如Davoodi and Zou，1998；Enikolopov and Zhuravskaya，2007)。正如Lessmann and Markwardt(2010)、Treisman(2007)的研究所表明的，单纯的财政分权并不足以保证地方官员治理的效果，后者还依赖于是否具有良好运转的民主机制、独立的媒体、自由开放的地区贸易等因素，而发展中国家常常不具备这些条件。

除了上述跨国研究之外，还有些文献集中于对某一个国家进行研究。其中，研究中国财政分权问题的实证研究，无论是考察分权对经济增长的影响(Jin et al.，2005；Lin and Liu，2000；Zhang and Zou，1998)，还是分权对于地方官员腐败等行为的影响(例如潘春阳等，2011；吴一平，2008)，都没有形成一致的结论。尽管如此，政治集权下的财政分权成为塑造中国改革开放以来经济发展模式、地方官员行为激励的基本制度背景业已成为研究者的共识(Xu and Qian，1993；Qian and Roland，1998；Blanchard and Shleifer，2001；Landry，2008；Zhang，2006；Xu，2011)。

Zhuravskaya(2010)对上述“集权政治结合财政分权”的制度模式对于经济增长推动作用的一般性提出了质疑。他指出,这样的模式要想成功需要三个条件:一是需要具有持续地推动经济增长意愿的中央政府或领导人;二是要有制度设计防范中央在地方经济发展后可能出现的侵蚀地方利益的冲动;三是“对上负责”的激励只适合应对单一的发展目标,例如经济增长,这只在收入水平较低的发展中国家是一个可取的激励模式。对于中上等收入水平的国家,地方的公共治理是多任务、多目标的,集权政治激励难以执行。Enikolopov and Zhuravskaya(2007)的跨国研究发现,政治集权并不能改善财政分权的绩效,但如果一个国家有强力政党却可以增强财政分权的绩效。而后,Altunbas and Thornton(2012)、Ponce-Rodríguez et al.(2012)研究也进一步发现了强力政党对地方官员的控制有助于增强财政分权的经验证据。这些研究表明,民主选举应当是保证地方官员对本地区居民负责的一个必要的制约条件,通过强力政党对官员加以控制相对于政治集权是更为可取且值得研究的政治因素。

与本章内容相关的第二类文献是针对财政分权影响因素的经验研究。较早的Panizza(1999)发现一个国家的地理面积、国民收入水平、种族多元性以及民主程度会对该国的财政分权程度有显著影响。Arzaghi and Henderson(2005)采用面板数据,得到了与之类似的结果。随后的一些研究开始更加关注政治制度和政治变量对于财政分权程度的影响。例如,Feld et al.(2008)比较了直接民主和代议制民主两种政治制度对财政分权程度的不同影响,Stegarescu(2009)以OECD国家为研究对象讨论了政治一体化程度对于财政分权程度的影响。Jametti and Joanis(2011)发现在实行民选制度的国家里,强力的中央政府与更大程度的财政分权联系在一起。这些研究背后的政治经济逻辑更多的是从中央一级政治参与人的激励出发加以讨论。本章提出了政党强度这一因素,把地方一级政治参与人的激励问题也纳入到分析当中。

第三节　模型分析

一、基本设定

考虑一个国家,该国家存在一个政党。该国有两级政府,中央政府和地方政府。每级政府由一名官员进行管理。以地方官员为例,设定其有时间禀赋 e,为了不失一般性,单位化为 1。该禀赋既可用于创造财政收入的努力 a_i,也可用来生产官员的私人消费品 c_i。官员 i 的单期效用函数为 $u(c_i)$。[①] 地方官员 i 的预算约束为:

$$a_i + c_i = 1$$

地方官员 i 创造的总财政收入为 $t_i = (1+\theta_i)a_i$,该收入由下式决定:

$$t_i = \begin{cases} a_i & a_i < \bar{a} \\ (1+\theta_i)(a_i - \bar{a}) + \bar{a} & a_i \geqslant \bar{a} \end{cases} \tag{4-1}$$

(4-1)式中,$0 < \bar{a} < 1$;θ_i 为表示官员 i 能力的随机变量,为简化讨论,设定 $\mathrm{Prob}(\theta_i = 1) = \mathrm{Prob}(\theta_i = 0) = 1/2$。因此,我们假设了官员有条件的能力差异,也即只有工作表现达到一定量时,不同能力的官员才能体现出能力差异。

从财政收入而言,该国实行财政分权。t_i 中有 α 比例留在地方,其余 $(1-\alpha)$ 比例上交中央。地方的财政收入全部转化为地方的公共品增量 $(1+\theta_i)a_i$。中央的财政收入首先用于全国性的公共品增量,但中央财政收入超过外生给定的 G 时,超出的部分以转移支付的形式还给地方,形成地方的公共品增量。

中央官员的偏好与约束设定与地方官员类似。

① 为了不失一般性,此后设定 $u(c_i) = c_i$。

二、政治竞争博弈

现在考虑一个由政党、地方官员、选民参与的无穷期信号发送博弈(signaling game)。每一期的博弈分为中央和地方两个层面。

在地方层面,政党在 t 期期初随机任用一名本党党员作为地方官员。接下来该官员观察到自己的能力类型 θ_{it},随后选择在公务和私事上的努力投入分别为 a_{it}、c_{it},a_{it}、c_{it}属于私人信息,只有官员本人能够观察到。由此创造的财政收入 t_i 是政党可以观察到的。进而分别形成地区性的公共品增量 $g_{it}=\alpha(1+\theta_{it})a_{it}$ 和全国性的公共品增量 G_{it},可以被公众观察到。

在中央层面,每一期的中央领导人需要由该党与一(潜在)政党进行竞争产生。党提名的候选人由党自决选出,可以为该党上一期的地方领导人,也可以由一名没有从政经验的党员出任。将选民对候选人 i 所属政党提名的候选人为高能力官员的概率的信念记为 φ_i,我们采用概率投票模型(probabilistic voting model)来对两党竞争进行设定(Persson and Tabellini,2000),即设定政党 i 获胜的概率为:

$$\text{Prob}(\text{Party } i_{\text{win}})=F(\varphi_i+\lambda_i) \tag{4-2}$$

这里函数满足一般的累积概率分布函数(C. D. F)的设定,即在实轴上连续,$0<F<1$,单调递增,$F(\infty)=1$,$F(-\infty)=0$。$\lambda_i(\lambda_i\in R)$可视为衡量政党强度的一个外生变量,是公共信息,在每期期初所有人可以观察到。政党的目标函数就是通过适当的拟定候选人策略,来最大化本党在中央领导人竞选中的获胜概率。

三、高能力官员对政治选拔竞争的参与激励

根据上述设定,在均衡中,根据理性预期,选民对候选人 i 所属政党的精英程度的信念 φ_i 取决于政党提名候选人的策略。政党要最大化获胜概率,也就要最大化 φ_i,这依赖于政党能否有效地激励本党的高能力地方官员发送自身类型

的信号。高能力官员相对低能力官员在提供公共品方面具有成本优势,因此其发送信号的手段可以是财政收入 t_i 或者公共品增量(两者等价)。为了不失一般性,我们假设政党以财政收入作为识别变量。然而,提供公共品需要成本,除非发送信号的收益,即高能力官员被提名候选人带来的未来期望收益增量足够高时,高能力官员才会花费努力。提名候选人的期望收益就是竞选成功后作为中央领导人的期望收益 $F(\varphi_i+\lambda_i)$①,只有当 λ_i 足够大时,政党才能向高能力官员提供足够的晋升激励。

具体地,考虑政党根据某个财政表现阀值来作为提名中央领导人候选人的标准,即当且仅当一名地方官员的财政表现 $t_{i,t-1}\geqslant\bar{t}$ 时,政党提名该地方官员作为下期本党中央领导人的候选竞争者。在此提名准则下,高能力官员要有激励参与政治选拔,并能够将自己与低能力官员区别开,需要满足如下激励相容条件:

$$(\text{高能力官员的激励相容})F(\varphi_i+\lambda_i)+1-\frac{\bar{t}+\bar{a}}{2}\geqslant 1 \tag{4-3}$$

$$(\text{低能力官员的激励相容})F(\varphi_i+\lambda_i)+1-\bar{t}\leqslant 1 \tag{4-4}$$

$$(\text{高能力官员的参与激励})\bar{t}\geqslant\bar{a} \tag{4-5}$$

(4-3)式表示高能力地方官员努力表现所带来的期望收益(包括当期个人收益与下期政治晋升的期望收益)超过不努力表现的个人收益。同时(4-4)式则要求低能力地方官员的较好选择是卸责而非努力。(4-3)、(4-4)两式中有三个变量。其中,λ_i 是外生变量,$\bar{t}$ 是政党的决策变量。φ_i 对地方官员而言是决策参变量,但在均衡中则是内生决定的,在分离均衡时,应取值$\frac{3}{4}$。② (4-5)式

① 因为中央领导人没有任何政治前景激励,所以其花费在公共品上的努力为零。因此,其在职消费就是 $c_{it}=1$,而其当选概率为 $F(\phi_i+I_i)$,两者相乘即为期望收益 $F(\phi_i+I_i)$。

② 即分离均衡下,公众对在位政党候选人是高能力官员的后验概率。

则说明要区分两类官员，形成分离均衡，必须建立在能够体现能力异质性的一定努力水平基础上。

四、均衡分析

博弈均衡依赖于(4-3)式至(4-5)式能否成立。图4-1给出了满足这三个条件的取值集合。可以看到，随着政党强度 λ_i 的变化，在位政党在未来的全国政党竞争中获胜的概率 $F(\varphi_i+\lambda_i)$ 也会随之变化，从而地方官员面临的职业生涯激励也会变化。当 λ_i 较大时，地方官员所受的政治生涯激励就会较强，特别地，低能力官员付出努力去模仿高能力官员的激励也就越强。因而高能力官员为了使自己与低能力官员区分开来，就会付出更大的努力。当然，这一切都建立在高能力官员愿意参与政治选拔的基础上($\bar{t}\geqslant\bar{a}$)。当政党强度小于一定水平的时候，参与激励条件无法满足，这时就变为两类官员均卸责($a_{it}=0$)的低水平混同均衡了。

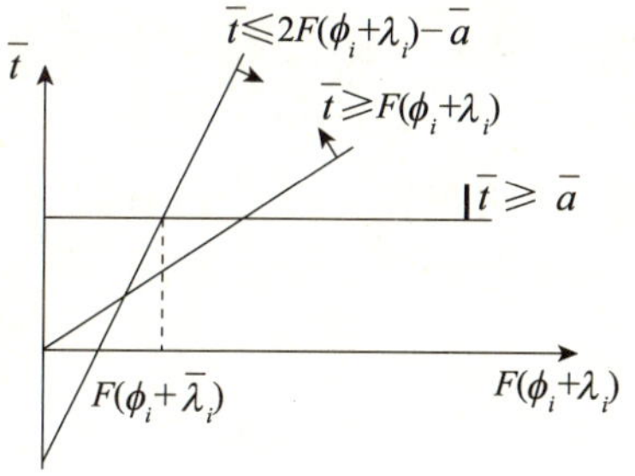

图4-1　分离均衡的激励相容约束集

在正式描述均衡前，需要说明的一点是，在上述信号博弈中，如果仅以完美贝叶斯均衡(perfect bayesian equilibrium, PBE)作为均衡观念，每组参数值会对应多重均衡。为了能够得到确定性的理论推断，我们使用直观标准(intuitive criterion, Cho and Kreps, 1987)对PBE进行再精炼。由此，有下述博弈均衡：

命题4-1　记 $\bar{\lambda}$ 满足 $F(\frac{3}{4}+\bar{\lambda})=\bar{a}$ 的 λ_i 取值，

(1)当 $\lambda_i < \bar{\lambda}$ 时,博弈均衡为混同均衡,也可称为弱党均衡。该均衡中:

政党的最优策略为,若 $t_{i,t-1} > \bar{t}$,则在 t 期提名官员 i 参加中央竞选,若 $t_{i,i-1} \leqslant \bar{t}$,则随机提名一位本党党员,其中 $\bar{t} = 2F\left(\frac{3}{4} + \lambda_i\right) - \bar{a}$;

低能力官员的努力与高能力官员的努力均为 $a_{H,t} = a_{L,t} = 0$;

选民对候选人 i 为高能力候选人的概率信念为$\frac{1}{2}$。

(2)当 $\lambda_i > \bar{\lambda}$ 时,博弈为分离均衡,也可称为强党均衡。该均衡中:

政党的最优策略为,若 $t_{i,t-1} > \bar{t}$,则在 t 期提名官员 i 参加中央竞选,若 $t_{i,t-1} \leqslant \bar{t}$,则随机提名一位本党党员,其中 $\bar{t} = 2F\left(\frac{3}{4} + \lambda_i\right) - \bar{a}$;

低能力官员的努力为 $a_{L,t} = 0$,高能力官员的努力为 $a_{H,t} = 1$;

选民对候选人 i 为高能力候选人的概率信念为$\frac{3}{4}$。

证明:要形成分离均衡,(4-3)式要求 $\bar{t} \leqslant 2F\left(\frac{3}{4} + \lambda_i\right) - \bar{a}$。(4-5)式要求 $\bar{t} \geqslant \bar{a}$。将两个条件整理合并可得 $F\left(\frac{3}{4} + \lambda_i\right) \geqslant \bar{a} = F\left(\frac{3}{4} + \bar{\lambda}\right)$。由 F 的单调性,即要求 $\lambda_i \geqslant \bar{\lambda}$。

当满足 $\lambda_i > \bar{\lambda}$ 时,$F\left(\frac{3}{4} + \lambda_i\right) < 2F\left(\frac{3}{4} + \lambda_i\right) - \bar{a}$。因此,一定存在 $\bar{t}$ 满足 $F\left(\frac{3}{4} + \lambda_i\right) < \bar{t} < 2F\left(\frac{3}{4} + \lambda_i\right) - \bar{a}$,这样(4-3)式、(4-4)式成立。由直观推测可知 $\bar{t} = 2F\left(\frac{3}{4} + \lambda_i\right) - \bar{a}$,代入(4-5)式可验证(4-5)成立。证毕。

由命题4-1可以得到政党强度对财政分权绩效的影响:

命题4-2 当 $\lambda_i < \bar{\lambda}$ 时,分权程度 α 的变化不会引起地方公共品供给 g 的变化;当 $\lambda_i > \bar{\lambda}$ 时,分权程度 α 越高,地方公共品供给 g 越大,且 $\partial(\frac{\partial_g}{\partial_\alpha})\partial\lambda_i > 0$。

命题 4－2 与以往研究中发现的强党有助于提高财政分权绩效的经验观察（例如 Enikolopov and Zhuravskaya，2007）是一致的。

五、财政分权程度的影响因素

在本章的模型中，适合作为财政分权程度衡量的变量是中央与地方财政支出的比例。当地方上缴中央的税收低于 G 时，财政支出的央地比例与财政收入的央地比例一致，均为 $(1-\alpha)/\alpha$。当地方上缴中央的税收低于 G 时，地方财政支出占全国财政总支出的比例（记为 R）为：

$$R=\frac{(1+\theta_i)a_i}{G+(1+\theta_i)a_i} \tag{4-6}$$

由此可得到政党强度对于财政支出比例的影响：

命题 4－3 $\frac{\partial R}{\partial \lambda_i}>0$。

证明：由命题 4－1 和（4－6）式易得。

第四节　实证分析

一、数据描述

本部分描述本章使用的数据和主要变量的选取。

本章使用 75 个发展中国家或转型国家 1975—2000 年间的跨国数据进行实证检验，具体的国家列表请见附录。国家财政数据的主要来源是世界银行的 Database on Fiscal Indicators 数据库以及 IMF 提供的 Government Finance Statistics 2001 数据库；政治制度方面的变量数据主要来源于 Database on Political Institutions（Beck et al.，2001）；法律制度变量来自 La Porta et al.（1999）；国家人口等其他社会特征变量来自世界银行提供的 World Development Indicators 2001 数据库。

我们用于衡量政党强度的主要指标是政党年龄。要在跨国研究中找到政党强度的一个恰当并且可行的衡量指标并不容易。政党年龄是数据可得的变量中一个较为可取的指标,Enikolopov and Zhuravskaya(2007)对于这一指标的可取性进行了讨论。此外,我们还分别采用了政府中党派集中度和中央官员是否为直选两个指标来作为替代性的代理变量,以衡量政党强度。

我们主要以地方财政支出占比作为财政分权程度的度量。尽管模型部分没有就地方财政收入占比所受的影响给出分析,但鉴于财政收入占比与财政支出占比间存在的相关性,本章同时报告了以财政收入占比作为因变量的结果。稳健性检验中,分别使用地方财政收入和地方财政支出占政府总财政收入和支出的比重作为财政分权程度的度量。

用于反映政党强度的指标可能同其他社会经济变量存在明显的相关性,这些社会经济变量可能直接影响财政分权程度。为了避免这些变量的遗漏可能造成的遗漏变量偏倚,我们在回归中加入了一系列社会经济变量作为控制变量。这些变量包括:人均 GDP、人口规模、国家民主化程度、新教徒占总人口的比重、语言种类、国家的地理位置、法律传统以及是否为社会主义国家。

在剔除了政党年龄变量缺失的观测值和个别控制变量缺失的观测值后,我们得到了 856 个样本观测值,涵盖 75 个国家从 1975 年至 1997 年间的数据。对这部分样本观测值的变量描述在表 4－1 中给出。样本国家地方财政收入和支出占比平均为 16.8% 和 22.7%。政党平均年龄为 43.8。中央官员直选的比例为 49.2%。

表 4－1　变量定义及统计描述

变量名	变量定义	均值	标准离差	最小值	最大值
SubnRev	地方财政收入比重(%)	16.778	12.902	0	56
SubnExp	地方财政支出比重(%)	22.696	14.631	1	58
partyage	政党年龄	43.843	35.929	1	171

（续表）

变量名	变量定义	均值	标准离差	最小值	最大值
govcon	政党中党派集中度	0.241	0.274	0	1
Stateelect	中央官员直选（=1，是；=0，否）	0.492	0.500	0	1
lgGDP	对数人均 GDP	8.660	1.077	5	10
democ	民主程度	7.512	3.502	0	10
lgPop	对数人口	16.320	1.718	12	21
Protestant	新教徒占人口比重：1980 年（%）	21.824	30.596	0	98
elf85	语言分散度：1985 年（%）	0.422	0.264	0	1
Latitude	国家纬度（标准化为 0 到 1）	0.384	0.217	0	1
LOEnglish	英语法律起源（=1，是；=0，否）	0.338	0.473	0	1
LOFrench	法语法律起源（=1，是；=0，否）	0.392	0.488	0	1
LOSocialist	社会主义国家（=1，是；=0，否）	0.085	0.279	0	1

资料来源：Database on Fiscal Indicators, Database on Political Institutions, Government Finance Statistics 2001, La Porta et al.（1999）, World Development Indicators 2001.

图 4－2 描述了地方财政收支比重的分布情况。财政收入比重和财政支出比重有很强的相关性，但是地方财政支出比重的分布略微平滑一些。地方财政收入比重和地方财政支出比重的最高值都接近 60%。

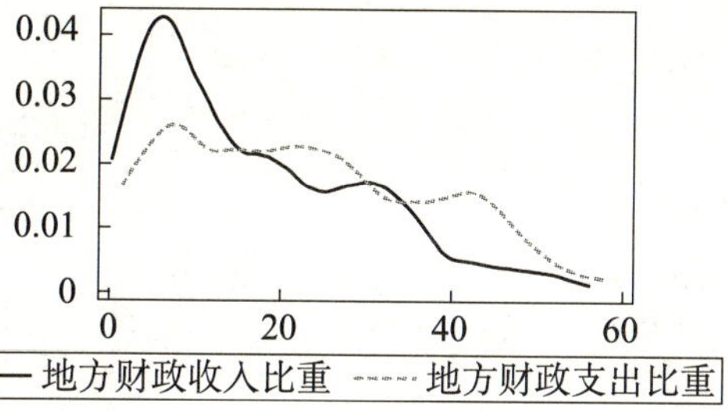

图 4－2　地方财政收入比重和地方财政支出比重分布：核密度估计（使用全部年份的样本观测值）

图 4－3 为政党年龄的分布情况。根据样本数据中最近一年的政党年龄计算所得。大部分政党年龄小于 25。

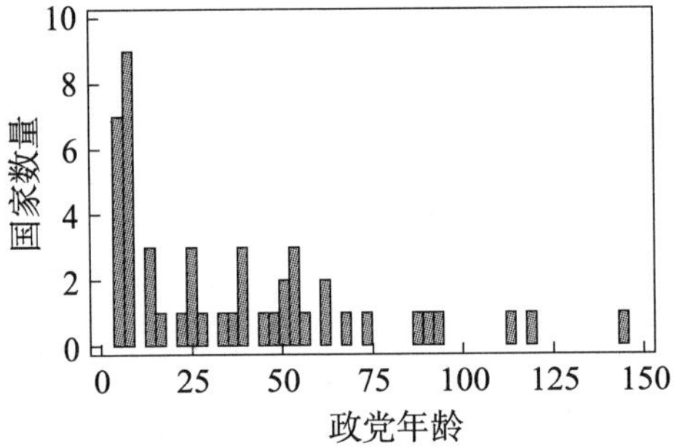

图 4-3　政党年龄分布情况(1997 年数据)

二、实证分析

本部分估计政党强度同地方财政分权之间的关系。在回归分析之前,我们首先在图形中直观地展示了政党年龄同地方财政收入和支出比重的关系。图4-4显示,无论是地方财政收入比重还是地方财政支出比重都同政党年龄有强烈的正相关关系。政党年龄每增加一年,地方财政收入比重和地方财政支出比重分别增加 0.177 个百分点和 0.218 个百分点。

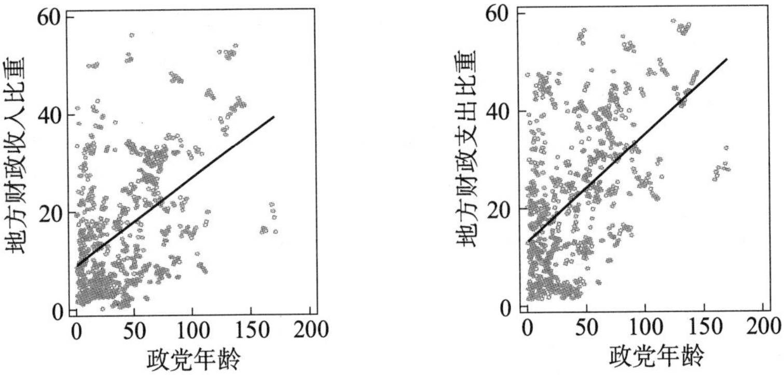

β=0.177, t-stat=16.609　　β=0.218, t-stat=18.536

图 4-4　财政分权指标与政党年龄的相关性

我们分别采用两种模型估计政党强度同地方财政分权的关系。首先,我们采用混合截面模型,估计如下方程:

$$Y_i = \alpha_0 + \alpha_1 \text{partyage}_i + \alpha_2 X_i + \varepsilon_i \tag{4-7}$$

其中，下脚标 i 表示国家 i，Y_i 是用于衡量财政分权的指标，此处分别为地方财政收入比重和地方财政支出比重。partyage_i 是用于衡量政党强度的主要指标。除此之外，我们也会采用执政党集中度和中央官员是否直选作为补充指标。X_i 是一组控制变量，具体见上一部分的讨论。

我们还采用了双重固定效应面板回归，在控制国家固定效应的情况下，估计一个国家内部政党强度变化对地方财政分权的影响（即组内估计）。具体地，我们估计如下方程：

$$Y_{it} = \sigma_i + \tau_t + \beta_0 + \beta_1 \text{partyage}_{it} + \beta_2 X_{it} + \varepsilon_{it} \tag{4-8}$$

表 4－2　政党强度与财政分权：混合截面估计

	地方财政收入比重(%)				地方财政支出比重(%)			
	(1)	(2)	(3)	(4)	(5)	(6)	(7)	(8)
政党年龄	0.095***	0.094***	0.073***	0.072***	0.100***	0.105***	0.059***	0.063***
	(0.011)	(0.011)	(0.013)	(0.013)	(0.010)	(0.010)	(0.012)	(0.013)
政党中党派集中度		−0.727		−0.434		2.968**		2.684*
		(1.192)		(1.531)		(1.299)		(1.549)
中央官员直选			4.923***	4.872***			6.577***	6.896***
			(0.790)	(0.754)			(0.880)	(0.800)
lgGDP	0.474	0.543	−0.962	−0.908	−0.231	−0.512	−3.258***	−3.596***
	(0.438)	(0.457)	(0.617)	(0.615)	(0.494)	(0.512)	(0.633)	(0.613)
民主程度	0.302**	0.311***	0.116	0.130	0.874***	0.838***	1.335***	1.252***
	(0.120)	(0.118)	(0.204)	(0.214)	(0.126)	(0.122)	(0.209)	(0.225)
lgPop	3.053***	3.035***	2.712***	2.693***	4.313***	4.387***	3.403***	3.517***
	(0.181)	(0.186)	(0.285)	(0.308)	(0.187)	(0.188)	(0.284)	(0.308)
新教徒比重	0.001	0.001	0.051***	0.050***	0.050***	0.053***	0.121***	0.126***
	(0.011)	(0.011)	(0.013)	(0.013)	(0.012)	(0.012)	(0.013)	(0.012)
语言分散度	9.346***	9.548***	12.735***	12.823***	7.226***	6.400***	8.395***	7.854***
	(1.847)	(1.895)	(2.406)	(2.454)	(1.828)	(1.870)	(2.303)	(2.354)
国家纬度	3.671	3.727	−2.681	−2.803	11.013***	10.784***	−1.087	−0.332
	(2.886)	(2.906)	(3.869)	(3.903)	(3.026)	(3.039)	(3.711)	(3.795)
习惯法	−16.750***	−16.966***	−17.195***	−17.317***	−12.083***	−11.201***	−11.088***	−10.330***
	(1.091)	(1.077)	(1.031)	(1.066)	(1.175)	(1.128)	(1.219)	(1.187)
法商法典	−20.294***	−20.463***	−20.165***	−20.231***	−15.089***	−14.399***	−13.291***	−12.878***
	(0.957)	(0.923)	(1.007)	(0.936)	(1.019)	(0.917)	(1.152)	(1.005)
社会主义法制	−8.356***	−8.480***	−9.402***	−9.452***	−5.374***	−4.865***	−5.446***	−5.141***

（续表）

	地方财政收入比重(%)				地方财政支出比重(%)			
	(1)	(2)	(3)	(4)	(5)	(6)	(7)	(8)
	(1.356)	(1.374)	(1.453)	(1.464)	(1.407)	(1.394)	(1.434)	(1.421)
观测值	856	856	583	583	856	856	583	583
R 平方	0.581	0.581	0.554	0.554	0.642	0.644	0.599	0.601

注:括号中为稳健标准误，*** $p<0.01$，** $p<0.05$，* $p<0.1$。常数项未报告。

下脚标 i 和 t 分别表示第 i 个国家和第 t 年，σ_i 和 τ_t 分别表示国家固定效应和时间固定效应，其他变量定义同(4－7)式。

混合截面估计结果在表4－2的第(1)列中给出。表4－2的第(1)列显示，政党年龄每增加1年，地方财政收入比重增长0.095个百分点，结果在1%的水平上显著。1997年计算的各国平均地方财政收入比重为18.515%，这意味政党年龄每增加10年，在平均水平上可以使地方财政收入比重上升大约5%。在第(2)列中，我们增加了政府中党派集中度作为衡量政党强度的补充指标，但是没有发现其对地方财政收入比重有显著影响，也基本上没有影响政党年龄的系数。在第(3)列，我们采用中央官员是否直选作为衡量政党强度的补充指标，结果显示中央官员直选显著增大了地方财政收入比重，相对于非直选，直选国家的地方财政收入比重增加了大约4.9个百分点，在1%水平上显著。在加入中央官员是否直选后，政党年龄的影响强度有所下降，政党年龄每增加1年，地方财政收入比重上升0.073个百分点，仍然在1%水平上显著。第(4)列回归同时加入了政党年龄、政府中党派集中度和中央官员是否直选，结果同第(3)列接近。第(1)列至第(4)列回归结果显示，政党年龄对地方财政收入比重的影响非常稳健。接下来我们以地方财政支出而非收入作为衡量财政分权的指标。第(5)列结果显示，政党年龄每增加1年，地方财政支出比重上升0.1个百分点，在1%水平上显著。第(6)列同时加入政党年龄和政府中党派集中度，政党年龄的系数略有上升，政党中集中度对地方财政支出比重有显著影响，党派集中度从0增大到1可以使地方财政支出比重上升大约3个百分点，其效应在5%的水平上显著。第(7)列回归同时加入了政党年龄和中央官员是否直选,结果显示两者均对地方财政支出比重有显著影响,政党年龄的系数减小到了 0.059,下降了大约 40%,仍在 1% 水平上显著,而中央官员直选可以使地方财政支出比重增大近 6.6 个百分点。第(8)列同时加入了政党年龄、政府中党派集中度和中央官员是否直选,政党年龄和中央官员是否直选的系数同第(7)列相比有微小上升,政党中党派集中度有显著影响,但仅在 10% 水平上统计显著。综合表 4-2 中的回归结果,政党年龄和中央官员直选对地方财政分权有显著影响,政党年龄的增加和中央官员直选伴随着更高的地方财政收入和地方财政支出比重,这表明政党强度的增加伴随着财政分权程度的增大。

对方程(4-8)式的估计在表 4-3 中给出。由于同时控制了国家固定效应和时间固定效应,避免了不随时间变化的国家特征和时间趋势可能导致的内生性问题。但是需要注意的是,双重固定效应回归估计的是各国政党强度随时间变化的差异所带来的财政分权的变化。表 4-3 中第(1)列至第(4)列估计了政党强度对地方财政收入比重的影响,我们用于反映政党强度的三个指标均无显著影响。表 4-3 中第(5)列至第(8)列估计了政党强度对地方财政支出比重的影响。不同于地方财政收入,政党年龄的增加显著增加了地方财政支出比重,第(5)列结果显示政党年龄每增加 1 年,地方财政支出比重增加 0.021 个百分点,在 10% 水平上显著。在加入政府中党派集中度作为补充指标后,政党年龄的效应和显著性都有所增加,政党年龄每增加 1 年,地方财政支出比重增加 0.026 个百分点,在 5% 水平上显著;党派集中度从 0 增大到 1 可以使地方财政支出比重上升大约 1.6 个百分点,在 5% 水平上显著。第(7)列结果显示,中央官员由非直选到直选使地方财政支出比重增大 4.02 个百分点,在 1% 水平上显著。表 4-3 第(8)列加入了所有三个指标,结果显示政党年龄每增加 1 年,地方财政支出比重增加 0.029 个百分点,在 5% 水平上显著;中央官员由非直选到直选使地方财政支出比重增大近3.9个百分点，在1%水平上显著；政府中党派集中度没有显著影响。同表4-2中的混合截面估计相比，政党强度对地方财政分权之间的影响有所减弱。

表4-3　政党强度与财政分权：FE估计

	地方财政收入比重(%)				地方财政支出比重(%)			
	(1)	(2)	(3)	(4)	(5)	(6)	(7)	(8)
政党年龄	0.001	0.003	-0.003	-0.001	0.021*	0.026**	0.027**	0.029**
	(0.010)	(0.010)	(0.012)	(0.012)	(0.011)	(0.011)	(0.013)	(0.013)
政党中党派集中度		0.492		0.482		1.630**		0.740
		(0.576)		(0.720)		(0.652)		(0.780)
中央官员直选			-1.317	-1.416			4.020***	3.869***
			(1.029)	(1.040)			(1.115)	(1.127)
GDP增长率	0.271	0.214	-2.057	-2.223	1.817	1.630	2.007	1.752
	(0.994)	(0.996)	(1.697)	(1.716)	(1.129)	(1.127)	(1.839)	(1.858)
民主程度	0.206**	0.200**	-0.090	-0.094	0.325***	0.306***	0.211	0.205
	(0.088)	(0.088)	(0.145)	(0.146)	(0.100)	(0.100)	(0.157)	(0.158)
人口	2.174	2.035	9.405***	9.119***	4.931***	4.472**	10.338***	9.899***
	(1.592)	(1.601)	(2.379)	(2.418)	(1.808)	(1.811)	(2.577)	(2.618)
观测值	856	856	583	583	856	856	583	583
*R*平方	0.119	0.127	0.0211	0.0204	0.240	0.266	0.111	0.112

注：括号中为稳健标准误，*** $p<0.01$，** $p<0.05$，* $p<0.1$。常数项未报告估计。

综合表4-2和表4-3的估计结果，政党强度对地方财政分权的影响显著。尤其是在以地方财政支出比重作为地方财政分权代理变量的情况下，政党强度对地方财政分权的显著影响对于不同的指标选取和模型设定都是稳健的。实证结果支持了我们的模型所得到的推论。

第五节　总结

对发展和转型经济体而言，由于在地方公共治理中缺乏对地方官员的有效监督和约束，国家在财政体系设计时面临分权的两难选择。一方面，地方官员要有表现能力的平台，需要中央向地方进行一定程度的财政和行政分权；另一方面，分权又可能给地方官员更多的权力和资源,这会为官员的腐败行为创造条件。因此,地方官员卸责的激励也有可能增加。中国自20世纪80年代以来实施了财政分权的改革。在新的财政体系下,地方官员的确表现出复杂的激励反应。但总体而言,中国的地方政府在促进经济增长方面做出了巨大贡献,这是研究者们的共识。

中国的分权为何能够成功呢?近来兴起的一类文献认为这源于中国有一个期冀推动经济发展同时又有充分政治权威的中央政府。然而,这种解释并不能得到国际一般性经验甚至中国自身的历史经验的支持。

本章试图提出另一个可能的政治经济学因素——强力政党,以对此提供解释。通过分析一个由政党、官员、民众参与的动态博弈,说明一个国家主要的执政党如果是强力政党,则能够为党内政治家提供较好的政治生涯前景以及政治竞争资源,提高政治精英参与政治竞争的激励,从而有助于解决上述分权的两难。在模型分析后,本章采用了跨国数据进行实证分析,研究结果支持了强党对于财政分权和官员行为激励的理论推论。

本章的研究为政党的存在意义(Why Parties)也提供了一个阐述,即政党是整理民意、推举人才的政治机构(费孝通,1946)。有效的政党组织可以将民众对政治家的诉求转化为党对其成员的激励和制约。

本章分析的另一个含义是,民主选举未必能给政党和政治家们提供适当的激励。即便一个国家有多个政党,如果这些政党在国家层面的政治生活中不能起主导作用,也无法为党员提供政治生涯激励。这在一定程度上说明为何世界上成熟的民主国家主要是两党制而非三党以上的多党制——给定两个政党能够通过竞争形成相互制约的效果,更多的政党能够增加的政治领域竞争的边际作用就很小了,反倒是会因为瓜分社会政治资源而使每个政党都变得更弱,从而对政治家的吸引力也会下降。这对于政党、政治家以及民众是一个多损的结构变化。

威权体制尽管可以为强党提供一个天然的土壤，但这种单一政党也会遇到一些问题。一个问题是，为威权政党提供发展经济的激励就是件不容易的事。另一个问题在于，当单一制财政分权激励地方经济发展以后，中央有无法自我约束的冲动去攫取地方的利益。强党的存在使地方在中央和地方就财政关系的谈判中处于劣势地位。革命制度党（Institutional Revolutionary Party）领导下的墨西哥为此提供了一个反面例子。墨西哥在20世纪50年代和70年代有过很好的高增长、低通胀的表现，一个政治经济因素就是强有力的革命制度党为地方领导人提供了自我约束的激励。但到了80年代后，革命制度党在国内政治领域几乎没有政治对手。缺乏政治竞争的制衡使得革命制度党把注意力转向了抽租和重新收权，地方的经济自主权受到极大侵蚀。结果到了90年代后期，杀鸡取卵式的政策模式引发了一系列的经济、社会危机，并最终导致了革命制度党的下台。这个事例提醒我们，要在长期为威权体制下的强力政党提供持续发展经济的激励，还要谋求在国家政治领域建立正式制度以约束“看得见的手”。

参考文献

邓绍辉，2001：《咸同时期中央与地方财政关系的演变》，《史学月刊》，第3期。

费孝通，1946：《民主、宪法、人权——作之民》，上海生活书店。

贾俊雪、郭庆旺，2008：《政府间财政收支责任安排的地区经济增长效应》，《经济研究》，第6期。

金满楼，2011：《清末财政的急剧扩张诱发了辛亥革命》，《中国报道》，第3期。

刘伟，2003：《晚清督抚政治：中央与地方关系研究》，湖北教育出版社。

潘春阳、何立新、袁从帅，2011：《财政分权与官员腐败：基于1999—2007年中国省级面板数据的实证研究》，《当代财经》，第3期。

沈坤荣、付文林，2005：《中国的财政分权制度与地区经济增长》，《管理世界》，第1期。

吴一平,2008:《财政分权、腐败与治理》,《经济学(季刊)》,第3期。

张晏、龚六堂,2005:《分税制改革、财政分权与中国经济增长》,《经济学(季刊)》,第4期。

周业安、章泉,2008:《财政分权、经济增长和波动》,《管理世界》,第3期。

Altunbas, Yener and John Thornton, 2012, "Fiscal Decentralization and Governance", *Public Finance Review*, Vol. 40, No. 1, pp. 66 - 85.

Arzaghi, Mohammad and J. Vernon Henderson, 2005, "Why Countries are Fiscally Decentralizing", *Journal of Public Economics*, Vol. 89, No. 7, pp. 1157 - 1189.

Bardhan, Pranab and Dilip Mookerjeee, 2000, "Capture and Governance at Local and National Levels", *American Economic Review*, Vol. 90, No. 2, pp. 135 - 139.

Beck, Thorsten, George Clarke, Alberto Groff, Philip Keefer and Patrick Walsh, 2001, "New Tools in Comparative Political Economy: The Database of Political Institutions", *World Bank Economic Review*, Vol. 15, No. 1, pp. 165 - 176.

Besley, Timothy and Anne Case, 1995, "Does Electoral Accountability Affect Economic Policy Choices? Evidence from Gubernatorial Term Limits", *Quarterly Journal of Economics*, Vol. 110, No. 3, pp. 769 - 798.

Besley, Timothy and Michael Smart, 2007, "Fiscal Restraints and Voter Welfare", *Journal of Public Economics*, Vol. 91, No. 3 - 4, pp. 755 - 773.

Blanchard, Oliver and Andrei Shleifer, 2001, "Federalism with and without Political Centralization: China vs. Russia", IMF Staff Papers, Vol. 48, pp. 171 - 179.

Bordignon, Massimo, Floriana Cerniglia and Federico Revelli, 2004, "Yardstick Competition in Intergovernmental Relationships: Theory and Empirical Predictions", *Economics Letters*, Vol. 83, No. 3, pp. 325 - 333.

Cho, In-Koo and David M. Kreps, 1987, "Signaling Games and Stable Equilibria", *The Quarterly Journal of Economics*, Vol. 102, No. 2, pp. 179 - 221.

Davoodi, Hamid and Heng-fu Zou, 1998, "Fiscal Decentralization and Economic Growth: A Cross-Country Study", *Journal of Urban Economics*, Vol. 43, No. 2, pp. 244 - 257.

Eller, Markus, 2004, "The Determinants of Fiscal Decentralization and its Determinants on Economic Growth: Empirical Evidence from a Panel of OECD Countries", Diploma Thesis.

Enikolopov, Ruben and Ekaterina Zhuravskaya, 2007, "Decentralization and Political Institutions", *Journal of Public Economics*, Vol. 91, No. 11 - 12, pp. 2261 - 2290.

Feld, Lars P., Christoph A. Schaltegger and Jan Schnellenbach, 2008, "On Government Centralization and Fiscal Referendums", *European Economic Review*, Vol. 52, No. 4, pp. 611 - 645.

Fissman, Raymond and Roberta Gatti, 2002, "Decentralization and Corruption: Evidence Across-Countries", *Journal of Public Economics*, Vol. 83, No. 3, pp. 325 - 345.

Graf Lambsdorff, Johan, 2005, "Consequences and Causes of Corruption: What Do We Know from a Cross-Section of Countries", working paper.

Hindriks, Jean and Ben Lockwood, 2005, "Centralization and Political Accountability", CEPR Discussion Paper.

Jametti, Mario and Marcelin Joanis, 2011, "Electoral Competition as a Determinant of Fiscal Decentralization", working paper.

Jin, Hehui, Yingyi Qian and Barry Weingast, 2005, "Regional Decentralization and Fiscal Incentives: Federalism, Chinese Style", *Journal of Public Economics*, Vol. 89, No. 9 - 10, pp. 1719 - 1742.

La Porta, Rafael, Florencio Lopez-de-Silanes, Andrei Shleifer and Robert Vishny, 1999, "The Quality of Government", *Journal of Law, Economics, and Organization*, Vol. 15, No. 1, pp. 222 - 279.

Landry, Pierre, 2008, *Decentralized Authoritarianism in China: The Communist Party's Control of Local Elites in the Post-Mao Era*, New York: Cambridge University Press.

Lessmann, Christian and Gunther Markwardt, 2010, "What Have We Learned about the Cause of Corruption from Ten Years of Cross-National Empirical Research", *World Development*, Vol. 38, No. 4, pp. 631 - 646.

Lin, Justin Yifu and Zhiqiang Liu, 2000, "Fiscal Decentralization and Economic Growth in Chi-

na", *Economic Development and Cultural Change*, Vol. 49, No. 1, pp. 1 – 22.

Oates, Wallace, 1972, Fiscal Federalism, New York: Harcourt-Brace.

Qian, Yingyi and Gerard Roland, 1998, "Federalism and the Soft Budget Constraint", *American Economic Review*, Vol. 88, No. 5, pp. 1143 – 1162.

Panizza, Ugo, 1999, "On the Determinants of Fiscal Centralization: Theory and Evidence", *Journal of Public Economics*, Vol. 74, No. 1, pp. 97 – 139.

Persson, Torsten and Guido Tabellini, 2000, *Political Economics: Explaining Economic Policy*, Cambridge: MIT Press.

Ponce-Rodríguez, Raúl A., Charles R. Hankla, Jorge Martinez-Vazquez and Eunice Heredia-Ortiz, 2012, "Rethinking the Political Economy of Decentralization: How Elections and Parties Shape the Provision of Local Public Goods", working paper.

Stegarescu, Dan, 2009, "The Effects of Economic and Political Integration on Fiscal Decentralization: Evidence from OECD countries", *Canadian Journal of Economics*, Vol. 42, No. 2, pp. 694 – 718.

ThieBen, Ulrich, 2003, "Fiscal Decentralization and Economic Growth in High Income OECD Countries", *Fiscal Studies*, Vol. 24, No. 3, pp. 237 – 274.

Treisman, Daniel, 2000, "The Causes of Corruption: A Cross-National Study", *Journalof Public Economics*, Vol. 76, No. 3, pp. 399 – 457.

Treisman, Daniel, 2007, "What Have We Learned About the Causes of Corruption from Ten Years of Cross-National Empirical Research", *Annual Review of Political Science*, Vol. 10, pp. 211 – 244.

Xu, Chenggang and Yingyi Qian, 1993, "Why China's Economic Reforms Differ: The M-FormHierarchyand Entry/Expansion of the Non-State Sector", *Economics of Transition*, Vol. 1, No. 2, pp. 135 – 170.

Xu, Chenggang, 2011, "The Fundamental Institutions of China's Reforms and Development", *Journal of Economic Literature*, Vol. 49, No. 4, pp. 1076 – 1151.

Yilmaz, Serdar, 2000, "The Impact of Fiscal Decentralization on Macroeconomic Performance", in National Tax Association eds. , *Proceedings of the 92nd Annual Conference on Taxation* 1999, Washington, DC, pp. 251 – 260.

Zhang, Tao and Heng-fu Zou, 1998, "Fiscal Decentralization, Public Spending, and Economic Growth", *Journal of Public Economics*, Vol. 67, No. 2, pp. 221 – 240.

Zhang, Xiaobo, 2006, "Fiscal Decentralization and Political Centralization in China: Implications for Growth and Inequality", *Journal of Comparative Economics*, Vol. 34, No. 4, pp. 713 – 726.

Zhuravskaya, Ekaterina, 2010, "Federalism in Russia", in *Russia after the Global Economic Crisis*, Anders Aslund, Sergei Guriev and Andrew Kuchins, Eds. , Peterson Institute.

附　录

实证研究包含的国家列表

阿尔巴尼亚	刚果	匈牙利	墨西哥	斯洛文尼亚
阿根廷	哥斯达黎加	印度	摩尔多瓦	南非
亚美尼亚	克罗地亚	印度尼西亚	蒙古	斯里兰卡
阿塞拜疆	塞浦路斯	伊朗	尼加拉瓜	斯威士兰
巴林岛	捷克	以色列	巴基斯坦	塔吉克斯坦
孟加拉国	多米尼加	约旦	巴拿马	泰国
白俄罗斯	厄瓜多尔	哈萨克斯坦	巴布新几内亚	特立尼达和多巴哥
贝宁	萨尔瓦多	肯尼亚	巴拉圭	突尼斯
玻利维亚	爱沙尼亚	吉尔吉斯斯坦	秘鲁	土耳其
巴西	埃塞俄比亚	韩国	菲律宾	乌干达
保加利亚	斐济	拉脱维亚	波兰	乌克兰
喀麦隆	坎比亚	马达加斯加	罗马尼亚	乌拉圭
智利	格鲁吉亚	马拉维	俄罗斯	委内瑞拉
中国	危地马拉	马来西亚	塞内加尔	赞比亚
哥伦比亚	洪都拉斯	毛里求斯	斯洛伐克	津巴布韦

第五章　晋升锦标赛下的地方官员与财政支出结构

本章构建了一个基于职业生涯考虑的模型，分析了在晋升锦标赛的体制下拥有不完全私人信息的地方官员在地方财政支出方向上的选择。我们发现，在官员自身的私人信息不完全的情况下，事前能力较高的官员倾向于选择容易揭示其能力的“经济性支出”，而能力较低的官员则倾向于选择不容易揭示其能力的“社会性支出”。通过对1994—2005年地市级分项财政支出数据的实证分析，本章发现在个人能力较高的官员任期内，地方财政在基本建设方面的支出比重显著上升，而教育和公检法方面的支出显著下降。这一实证结论与理论模型的结论一致，并且不能被干中学效应和异质性晋升激励解释。这些发现有助于进一步深入理解财政分权体制和官员晋升锦标赛制度下的中国经济运行模式，为今后的改革提供依据。

第一节　引言

有关我国改革开放以来经济快速发展的原因，迄今已有不少研究。除了市场化带来的激励机制的矫正外，中国现行的政治体制也决定了地方政府和官员在促进地方经济发展中所起到的作用。Xu(2011)认为，我国经济高增长的一个重要的原因是地方政府和地方官员之间的相互竞争。在 Li and Zhou (2005) 提出了晋升锦标赛的经验性证据之后,许多学者开始关注地方官员与经济绩效之间的联系。例如,张军和高远(2007)发现异地交流的官员对于流入地的经济增长有积极的影响,尤其是由东部地区往西部地区的官员交流。除了经济总量和增速两个指标外,经济结构也越来越受到重视。徐现祥等(2007)发现,从其他省调入的官员对于流入地的经济增长率会有 1 个百分点的额外贡献,其中第二产业的受益最大,第一产业和第三产业则容易被忽视。Yao and Zhang (2011) 利用地市级官员和经济数据的分析发现,个人绩效更高的官员在其任职期间,当地的经济结构出现了第二产业增速上升,而第一产业、第三产业增速下降的现象。

这些研究结果表明,仅仅考虑地方政府和地方官员的行为对经济总量的影响,对于中国政治与经济体系的理解是远远不够的。有关三次产业的分析在一定程度上给出了经济结构上的一些线索,但有一个问题仍亟待回答:地方政府和官员的行为是如何最终传导到宏观经济之中,又是如何影响经济结构的变化的?不同的地方官员在政策选择上是否存在差异?本章的研究发现,地方官员的个人能力与任职期间当地财政支出的偏向有着显著的关系。这一关系的发现,为解释地方官员与地方经济之间的影响渠道提供了重要的依据。

分税制改革以来,随着财政支出分权程度的提高,地方政府在地方公共品的提供上扮演着越来越重要的角色(贾俊雪和郭庆旺,2008)。在地方政府财政支出结构中,受到较多关注的是以基础设施建设为代表的实物投资。张军等(2007)认为地方政府之间在“招商引资”上的标尺竞争和政府治理的转型是解释我国基础设施投资决定的重要因素,我国经济的快速发展正是得益于良好的基础设施。张卫国等(2010)用政府预算内财政支出扣除了科、教、文、卫支出和行政管理费用之后的部分作为表示地方政府实物投资的一个代理变量,发现地方政府实物投资对经济增长有着显著的影响,且随着时间的推移,实物投资支出占 GDP 的比重在不断扩大。尹恒和朱虹(2011)使用县级财政收支数据,发现县级财政存在严重的生产性支出偏向,在追求经济高速增长的同时未能有效满足当地居民的福利需求。

除实物投资外,教育、医疗等人力资本投资由于存在正的外部性,也需要政府的介入。但事实上,这些方面的投资并未得到政府的足够支持。郭庆旺和贾俊雪(2006)发现,相对于政府公共人力资本投资,政府公共物质资本投资对长期经济增长的正向影响更为显著。因此,政府对于人力资本投资的意愿弱于实物资本的投资。傅勇和张晏(2007)发现,在 1994 年分税制改革之后,地方政府出于政绩考核的需要,财政支出结构呈现"重基本建设、轻人力资本投资和公共服务"的倾向。郑磊(2008)利用中国省级面板数据的研究发现,在中国当前的分权程度和地方官员相对绩效考核的机制下,地方政府为了加快经济增长的竞争政策导致政府的支出结构发生偏向,政府把更多的资源从科、教、文、卫等公共服务投入转移到了基础设施建设等生产性投入。

本章对财政分权与地方财政支出结构的研究有以下两点贡献。首先,虽然目前已有较多的文献对于财政分权体制下的地方政府财政支出结构进行了探讨,但由于我国财税政策的变化多为"全国一盘棋",现有研究也多注重时序上的比较,本章考虑地方政府"一把手"的个人因素,可以同时利用横截面和时序两个维度的变异度进行分析。其次,在地方官员晋升激励和经济增长的关系、地方官员对地方经济增速的影响以及地方财政支出的结构对经济增速的影响三个系列的文献中,目前鲜有对地方官员与财政支出结构的关系的研究。本章的研究利用地市层面的数据,对地方官员的个人能力与任期内财政支出结构的关系进行分析,填补了这一逻辑链上缺少的一环。

本章的研究对于地方官员晋升锦标赛亦有贡献。通过使用晋升锦标赛下具有职业生涯考虑(career concern)的地方官员行为的理论模型,本章考察了不同类型的官员对于不同类型的财政支出的选择。通过理论模型的分析，本章发现，在官员的私人信息不完全的情况下，事前能力更高①的官员更倾向于选择“经济性支出”，例如基础设施方面的投资，而能力较低的官员则倾向于选择“社会性支出”，例如教育方面的投资。导致这一差异的原因，是两类项目对于官员个人真实生产效率揭示程度的不同，事前能力较高的官员对自己的真实生产效率更有信心，因此也更愿意让上级组织部门了解自己的真实生产效率，而能力较低的官员则不愿意这么做。然后，本章使用1994—2005年地市级财政分项支出数据，使用Yao and Zhang (2011)文中得到的官员个人效应作为其个人能力的代理变量，运用双向固定效应模型进行实证分析。我们发现，对于一个城市而言，当地在任“一把手”的能力越高，地方财政在基本建设方面的支出比重也越高，而教育和公检法方面的财政支出比重则越低。

本章余下的内容安排如下：第二节对职业生涯考虑的理论文献做一简要回顾；第三节介绍本章理论模型的具体设定；第四节对理论模型进行分析和求解；第五节为实证分析；第六节为总结性评述。

第二节　文献回顾：职业生涯考虑模型

职业生涯考虑模型最早由Holmstrom (1982)提出。假设代理人(Holmstrom原文中为经理人，本章背景下为地方官员)和委托人(原文中为劳动力市场，本章背景下亦可认为是上级组织部门)起初拥有相同的信息，即双方均不了解自己的类型，代理人在事前是同质的，所有代理人期初所做的决策相同。早期的职业生涯考虑模型关注的是代理人的道德风险问题。即便由于制度因素，委托人和代理人之间无法形成一个有约束力的合同将代理人的收入与实现的产出直接

① 即其先验信息中的期望生产效率较高，具体请参照本章第三节“模型设定”部分。

挂钩，只要实现的产出能够为外部市场所观察，考虑到外部市场会根据产出水平推断其能力进而影响其下一期的工资水平，代理人仍然会做出一定程度的努力，虽然这一努力水平不会高于有效率的努力水平。Gibbons and Murphy (1992)提出了存在职业生涯考虑的情况下的最优合约形式，并利用美国大公司 CEO 调查数据进行了验证。Dewatripont et al. (1999a,1999b)在 Holmstrom (1982)的基础上做了更一般化的拓展，并将这一理论应用于政府部门的激励机制设计。Dewatripont et al. (1999b)指出，与私人部门不同，政府部门的职员通常要面对多重任务，有些任务的结果可以精确度量，有些却比较模糊。在任务模糊的情况下，委托人难以推断代理人的行为，因此不得不削弱代理人的行为自主权。Melbourn et al. (2001)发现，如果代理人用于了解项目信息的研究成本由委托人来承担，代理人在信息揭示方面的投资就会高于最优水平，因此，让代理人自行承担部分研究成本才是最有效率的生产方式。

近年来，这方面的研究开始加入了信息不对称的因素，将职业生涯考虑与信号博弈联系起来。Chung and Eso (2007)构建了一个不对称信息的职业生涯考虑模型。该模型假设代理人在一定程度上了解自己的生产效率，但却并非完全信息，而市场对代理人的生产效率一无所知。这一设定既加入了代理人的事前异质性，又加入了信息的不对称性，把职业生涯考虑与不对称信息模型融合在了一起。Chen (2009)比较了代理人了解和不了解自身能力情况下在风险和无风险项目之间的选择，其中假设风险项目的产出与代理人的个人能力相关，而无风险项目的产出是固定的。Chen (2009)发现，如果代理人和市场均不了解代理人的真实能力，风险项目的投资会低于有效率的水平；但如果代理人确切知道自身能力而市场不知道，对于风险项目的选择可以作为一种信号来显示自己的高能力，因此风险项目的投资会高于有效率的水平。Fu and Li (2010)将这一结论应用于政府部门，讨论了改革政策的选择问题。他们指出，如果政治家知道自身能力而公众并不知道，实行改革政策的结果好坏取决于政治家的个人能力，且政治家的选择和政策的结果均能被公众观察，那么即使对于社会总体而言改革的结果要差于维持现状，政治家也会有激励选择改革，以让公众认为自己拥有更高的能力。在这种情况下，一个具有制衡力量的保守制度可以改进社会福利。

在上述研究职业生涯考虑的文献中，纯粹的道德风险问题已不再是研究人员关注的重点。由于存在不对称信息的假定，研究人员将注意力放在了不同类型代理人的选择差异上，并在这一异质性代理人的设定下分析职业生涯考虑对于社会福利的影响。诚然，Holmstrom（1982）的对称信息假设存在一定的合理性，但其局限性在于最多只能应用于代理人的职业生涯初始阶段，而不能应用于此后的其他时间点。在职业生涯后期出现委托人的更换时，不对称信息的假设，即代理人比新的委托人拥有更多的信息显得更为合理。在本章的理论部分，我们也将采用这一不对称信息的假定。

第三节　模型设定

本章所构建的模型是一个不对称信息的职业生涯考虑模型，在信息结构方面的假设与 Chung and Eso（2007）类似，假设与委托人（组织部门和市场上的其他行为主体）相比，代理人（地方官员）对于自己的生产效率有更为精确但又不完全的私人信息。

假设地方官员的类型是一个连续统的分布 $\theta \in (0,1)$，θ 的概率密度函数为 $f(\theta)$。每名官员的固定的生产效率指标 ω 有两种可能的取值：$\overline{\omega}$ 和 $\underline{\omega}$，其中 $\overline{\omega} > \underline{\omega}$。在第一期期初，官员无法确切观察到自己的生产效率 ω，但他们知道自己的类型 θ，且自己的生产效率是 $\overline{\omega}$ 的概率等于 θ。θ 是地方官员的私人信息，其他人不能观察到官员的 θ 和 ω，但有关 θ 和 ω 的分布是公共信息。

地方官员可以选择两种不同的投资项目 $m \in \{E, S\}$，假设官员对于项目的选择是可观察的。其中一种选择是基础设施建设。这种项目的特点是可以在短期内得到确定的产出。如果组织部门观察到了这类项目的投资，就可以确切推断出该官员的生产效率。参照贾俊雪、郭庆旺（2008）的划分，我们称其为“经济性支出”，用字母 E 表示。另一种选择是非实物投资，例如地方教育的投入、制度建设的投入。这种项目在短期内的产出效果不明显，但对于地方经济的长期发展和居民福利的提高有着潜在的贡献。当组织部门观察到了这类项目的投资时，无法确切推断出该官员的生产效率，我们称其为“社会性支出”，用字母 S 表示。

由于我们假设经济性支出的当期产出是确定的，此处将其标准化为$y(\omega, E) = \omega$，即产出等于地方官员的生产效率，因此官员个人的真实生产率 ω 在第一期结束时完全被揭示。社会性支出的当期产出存在不确定性，设为 $y(\omega, S) = \gamma\omega$，其中 γ 是一个随机变量，取值范围为$[\underline{\gamma}, \bar{\gamma}]$，$0 < \underline{\gamma} < \bar{\gamma} < 1$，其概率分布函数为 $G(\gamma)$，满足 $G(\underline{\gamma}) = 0$，$G(\bar{\gamma}) = 1$，$G'(\cdot) > 0$，$\forall \gamma \in [\underline{\gamma}, \bar{\gamma}]$。为了使模型的分析有意义，本章进一步假设 $\bar{\gamma}\underline{\omega} > \underline{\gamma}\bar{\omega}$，即不同生产效率的地方官员在社会性支出中的潜在当期产出存在一定程度的混同。当 y 落在$[\underline{\gamma}\bar{\omega}, \bar{\gamma}\underline{\omega}]$区间内时，官员的生产效率无法完全被揭示。

由于本章所研究的是一个职业生涯考虑模型，依照 Holmstrom（1982）和 Dewatripont et al.（1999a，1999b），我们假设不存在任何把产出和个人收益相关联的合同，一切收益的支付均在期初发生。由于第一期期初组织部门对于所有官员的信息掌握情况没有差异，本章的分析中不考虑第一期的个人收益所带来的效用。于是，官员的效用取决于第二期的个人收益①，考虑到中国政府机构的特点，我们假设地方官员没有外部工作机会，即官员的效用只取决于组织部门观察

① 在晋升锦标赛的体制下，“收益”可以理解为晋升概率的提高带来的收益。

到第一期的产出之后对其生产效率的信念的更新,官员自身信念的更新没有价值。[①] 特别地,假设地方官员第二期的个人收益正比于 $\hat{\theta}(y,m) = \mathrm{Prob}(\omega = \bar{\omega} \mid y, m)$,其中 $m \in \{E,S\}$ 是财政支出的选择。假设官员是风险规避的,作用于后验概率 $\hat{\theta}$ 的基数效用函数是 $[0,1] \rightarrow R^{+}$ 是一个连续函数,且 $u' > 0, u'' < 0$。

第四节　模型分析与求解

如果官员选择经济性支出,他的生产效率 ω 将在产出实现之后被完全揭示出来,即 $\mathrm{Prob}(\omega = \bar{\omega} \mid y = \bar{\omega}, m = E) = 1$,$\mathrm{Prob}(\omega = \bar{\omega} \mid y = \underline{\omega}, m = E) = 0$。因此,类型为 θ^{i} 的官员选择经济性支出时的期望效用为

$$EU_{E}^{i} = \theta^{i} u(1) + (1 - \theta^{i}) u(0) \tag{5-1}$$

如果官员选择社会性支出,他的生产效率 ω 有一定的概率不能被完全揭示。其中,当产出位于分布的两端时,上级组织部门可以完全确定官员的生产效率,即 $\mathrm{Prob}(\omega = \bar{\omega} \mid y \in [\bar{\gamma}\underline{\omega}, \bar{\gamma}\bar{\omega}], m = S) = 1$,$\mathrm{Prob}(\omega = \bar{\omega} \mid \in [\gamma \underline{\omega}, \underline{\gamma}\bar{\omega}, m = E] = 0$;当产出位于分布的中部时,组织部门无法完全确定官员的生产效率,但会根据贝叶斯法则更新后验信念,即

$$\theta = \mathrm{Prob}(\omega = \bar{\omega} \mid y \in [\underline{\gamma}\bar{\omega}, \bar{\gamma}\underline{\omega}], m = S)$$

$$= \frac{E(\theta) G(\frac{\bar{\gamma}\underline{\omega}}{\bar{\omega}})}{E(\theta) G(\frac{\bar{\gamma}\underline{\omega}}{\bar{\omega}}) + [1 - E(\theta)][1 - G(\frac{\bar{\gamma}\underline{\omega}}{\underline{\omega}})]} \tag{5-2}$$

其中,$E(\theta) = \int_{0}^{1} \theta f(\theta) \mathrm{d}\theta$,为组织部门对 θ 的事前期望。

于是,官员选择社会性支出时的期望收益为

---

① 这一假定与 Chung and Eso (2007)不同。

$$EU_S^i=\theta^i\left[1-G\left(\frac{\bar{\gamma}\,\underline{\omega}}{\bar{\omega}}\right)\right]u(1)+(1-\theta^i)G\left(\frac{\gamma\bar{\omega}}{\underline{\omega}}\right)u(0)$$

$$+\left\{\theta^iG\left(\frac{\bar{\gamma}\,\underline{\omega}}{\bar{\omega}}\right)+(1-\theta^i)\left[1-G\left(\frac{\gamma\bar{\omega}}{\underline{\omega}}\right)\right]\right\}u(\tilde{\theta}) \qquad (5-3)$$

当 $EU_S^i<EU_E^i$ 时,官员会选择经济性支出。将上面两个式子代入,得

$$EU_S^i<EU_E^i$$

$$\Leftrightarrow\theta^i\left[1-G\left(\frac{\bar{\gamma}\,\underline{\omega}}{\bar{\omega}}\right)\right]u(1)+(1-\theta^i)G\left(\frac{\gamma\bar{\omega}}{\underline{\omega}}\right)u(0)+\left\{\theta^iG\left(\frac{\bar{\gamma}\,\underline{\omega}}{\bar{\omega}}\right)+(1-\theta^i)\right.$$

$$\left.\left[1-G\left(\frac{\gamma\bar{\omega}}{\underline{\omega}}\right)\right]\right\}u(\tilde{\theta})<\theta^iu(1)+(1-\theta^i)u(0) \qquad (5-4)$$

$$\Leftrightarrow\left\{\theta^iG\left(\frac{\bar{\gamma}\,\underline{\omega}}{\bar{\omega}}\right)+(1-\theta^i)\left[1-G\left(\frac{\gamma\bar{\omega}}{\underline{\omega}}\right)\right]\right\}u(\tilde{\theta})<\theta^iG\left(\frac{\bar{\gamma}\,\underline{\omega}}{\bar{\omega}}\right)u(1)+(1-\theta^i)$$

$$\left[1-G\left(\frac{\gamma\bar{\omega}}{\underline{\omega}}\right)\right]u(0) \qquad (5-5)$$

$$令\ \hat{\theta}(\theta^i)=\frac{\theta^iG\left(\frac{\bar{\gamma}\,\underline{\omega}}{\bar{\omega}}\right)}{\theta^iG\left(\frac{\bar{\gamma}\,\underline{\omega}}{\bar{\omega}}\right)+(1-\theta^i)\left[1-G\left(\frac{\gamma\bar{\omega}}{\underline{\omega}}\right)\right]} \qquad (5-6)$$

则上式可以写为

$$u(\tilde{\theta})<\hat{\theta}(\theta^i)u(1)+[1-\hat{\theta}(\theta^i)]u(0)\triangleq v[\hat{\theta}(\theta^i)] \qquad (5-7)$$

注意到,$\hat{\theta}[E(\theta)]=\tilde{\theta}$。

由此我们得到:

引理 5-1 $\hat{\theta}(\theta^i)$是关于 θ^i 的递增函数。

证明:$$\frac{d\hat{\theta}}{d\theta^i}=\frac{G\left(\frac{\bar{\gamma}\,\underline{\omega}}{\bar{\omega}}\right)\left\{\theta^iG\left(\frac{\bar{\gamma}\,\underline{\omega}}{\bar{\omega}}\right)+(1-\theta^i)\left[1-G\left(\frac{\gamma\bar{\omega}}{\underline{\omega}}\right)\right]\right\}-\theta^i\left[G\left(\frac{\bar{\gamma}\,\underline{\omega}}{\bar{\omega}}\right)\right]^2}{\left\{\theta^iG\left(\frac{\bar{\gamma}\,\underline{\omega}}{\bar{\omega}}\right)+(1-\theta^i)\left[1-G\left(\frac{\gamma\bar{\omega}}{\underline{\omega}}\right)\right]\right\}^2}=$$

$$\frac{(1-\theta^i)\left[1-G\left(\frac{\gamma\bar{\omega}}{\underline{\omega}}\right)\right]G\left(\frac{\bar{\gamma}\omega}{\underline{\omega}}\right)}{\left\{\theta^i G\left(\frac{\bar{\gamma}\omega}{\underline{\omega}}\right)+(1-\theta^i)\left[1-G\left(\frac{\gamma\bar{\omega}}{\underline{\omega}}\right)\right]\right\}^2}>0 \tag{5-8}$$

引理 5 -2　$v(\hat{\theta}^i)$是关于 $\hat{\theta}^i$ 的递增线性函数。

证明:$v(\hat{\theta}^i)=\hat{\theta}^i u(1)+(1-\hat{\theta}^i)u(0)=u(0)+\hat{\theta}^i[u(1)-u(0)]$　　(5 -9)

$$\frac{\mathrm{d}v}{\mathrm{d}\hat{\theta}^i}=[u(1)-u(0)]>0,\frac{\mathrm{d}^2v}{\mathrm{d}\hat{\theta}^{i2}}=0$$

在引理 5 -2 的基础上,我们可以分析不同类型官员的最优政策选择。

定理 5 -1　存在唯一的 $\theta^*\in[E(\theta),1]$,满足:

(1) $v[\hat{\theta}(\theta^*)]=u(\tilde{\theta})$;

(2)对于 $\theta^i>\theta^*$ 的官员,$EU_S^i<EU_E^i$,这些官员会选择经济性支出;

(3)对于 $\theta^i<\theta^*$ 的官员,$EU_S^i>EU_E^i$,这些官员会选择社会性支出。

证明:(1)根据定义,$v(0)=u(0)$,$v(1)=u(1)$,由假设,$u'>0$,$u''<(0)$,又由引理5 -2,$v'>0$,$v''=0$,因此对于任意 $\theta\in(0,1)$,$v(\theta)<u(\theta)<u(1)=v(1)$。

由于 $\tilde{\theta}=\hat{\theta}[E(\theta)]\in(0,1)$,$v(\tilde{\theta})<u(\tilde{\theta})<v(1)$,由引理 5 -2,$v(\cdot)$是连续的严格递增函数,因此存在唯一的 $\hat{\theta}\in(\tilde{\theta},1)$,满足 $v[\hat{\theta}(\theta^*)]=u(\tilde{\theta})$。由引理 5 -1,$\hat{\theta}^i(\theta^i)$是关于 θ^i 的严格递增函数,因此必然存在 $\theta^*\in(E(\theta),1)$满足 $v[\hat{\theta}(\theta^*)]=u(\tilde{\theta})$。

(2)由于 $\hat{\theta}(\theta^i)$是关于(θ^i)的递增函数,对于 $\theta^i>\theta^*$,$\hat{\theta}(\theta^i)>\hat{\theta}(\theta^*)$。又由于$v(\cdot)$是线性递增函数,对于 $\hat{\theta}(\theta^i)>\hat{\theta}(\theta^*)$,$v[\hat{\theta}(\theta^i)]>v[\hat{\theta}(\theta^*)]=u(\hat{\theta})$,故 $EU_E^i>EU_S^i$。

(3)与(2)同理。

我们用图 5 - 1 来展示不同类型的地方官员对于不同投资项目的选择。图 5 - 1中横轴 $\hat{\theta}(\theta^i)$是对官员属于高生产效率的后验概率。由引理 5 -2,这是关于官员类型 θ^i 的一个单调递增变换。纵轴表示期望效用。当 $\theta^i>\theta^*$ 时,选择经济性支出的期望效用更高；而当 $\theta^i < \theta^*$ 时，选择社会性支出的期望效用更高。一方面，选择社会性支出相当于分散了风险，对于风险厌恶的地方官员来说是一个好的选择；另一方面，由于从社会性支出的产出推断出的后验概率与官员自身类型无关，如果官员对自身生产效率拥有足够的信心，则社会性支出的期望收益仍然会低于经济性支出的期望收益。虽然不同类型的官员的选择不同，但他们的目标是相同的：使上级组织部门认为自身的生产效率更高，从而在政治锦标赛中获得更高的晋升概率。

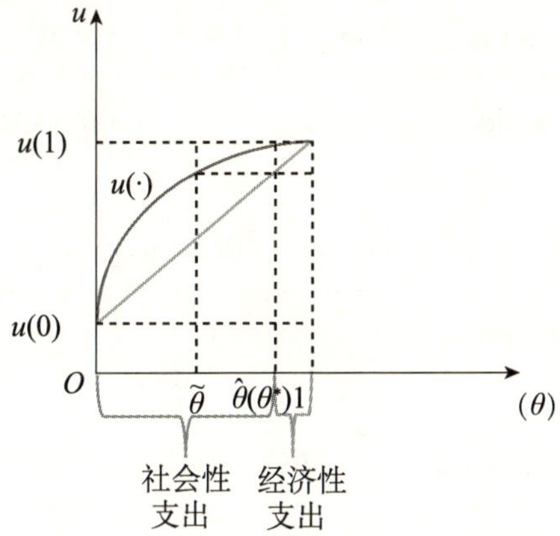

图 5－1　不同类型官员的支出方向选择

由于官员的投资选择是基于类型 θ 而不是生产效率 ω 做出的，上述定理所述的“分离均衡”亦基于类型 θ。由于存在事前不确定性，在官员基于类型 θ 做出选择之后，会有部分高生产效率的官员选择社会性支出，也会有部分低生产效率的官员选择经济性支出。

基于定理 5－1，选择经济性支出投资的官员的平均生产效率为

$$E(\omega \mid m = E) = \frac{\int_{\theta^*}^{1} [\theta\bar{\omega} + (1-\theta)\underline{\omega}] f(\theta) \mathrm{d}\theta}{\int_{\theta^*}^{1} f(\theta) \mathrm{d}\theta} \qquad (5-10)$$

选择经济性支出投资的官员的平均生产效率为

$$E(\omega \mid m = E) = \frac{\int_0^{\theta^*} [\theta\bar{\omega} + (1-\theta)\underline{\omega}] f(\theta) \mathrm{d}\theta}{\int_0^{\theta^*} f(\theta) \mathrm{d}\theta} \tag{5-11}$$

定理 5 -2 $E(\omega|m=S) > E(\omega|m=S)$，即选择投资经济性支出的官员的平均生产效率更高。

证明：

$$E(\omega|m = E) - E(\omega|m = S)$$

$$= \frac{\int_{\theta^*}^1 [\theta\bar{\omega} + (1-\theta)\underline{\omega}] f(\theta) \mathrm{d}\theta}{\int_{\theta^*}^1 f(\theta) \mathrm{d}\theta} - \frac{\int_0^{\theta^*} [\theta\bar{\omega} + (1-\theta)\underline{\omega}] f(\theta) \mathrm{d}\theta}{\int_0^{\theta^*} f(\theta) \mathrm{d}\theta}$$

$$= \frac{\int_{\theta^*}^1 [\theta(\bar{\omega} - \underline{\omega}) + \underline{\omega}] f(\theta) \mathrm{d}\theta}{\int_{\theta_*}^1 f(\theta) \mathrm{d}\theta} - \frac{\int_{\theta}^{\theta^*} [\theta(\bar{\omega} - \underline{\omega}) + \underline{\omega}] f(\theta) \mathrm{d}\theta}{\int_0^{\theta^*} f(\theta) \mathrm{d}\theta}$$

$$= \frac{\int_{\theta^*}^1 [\theta(\bar{\omega} - \underline{\omega})] f(\theta) \mathrm{d}\theta}{\int_{\theta^*}^1 f(\theta) \mathrm{d}\theta} - \frac{\int_0^{\theta^*} [\theta(\bar{\omega} - \underline{\omega})] f(\theta) \mathrm{d}\theta}{\int_0^{\theta^*} f(\theta) \mathrm{d}\theta}$$

$$= (\bar{\omega} - \underline{\omega}) \left[\frac{\int_{\theta^*}^1 \theta f(\theta) \mathrm{d}\theta}{\int_{\theta^*}^1 f(\theta) \mathrm{d}\theta} - \frac{\int_0^{\theta^*} \theta f(\theta) \mathrm{d}\theta}{\int_0^{\theta^*} f(\theta) \mathrm{d}\theta} \right]$$

$$= (\bar{\omega} - \underline{\omega}) [E[\theta \mid \theta \in (\theta^*, 1)] - E[\theta \mid \theta \in (0, \theta^*)]] > 0 \tag{5-12}$$

因此，选择投资经济性支出的官员的平均生产效率更高。

由于实证研究中我们只能观察到事后的结果而无法了解官员对于自身能力的先验信息，定理 5 -2 的结论为实证检验提供了可能性。下一节中，我们将利用中国地市级官员的资料和财政数据来检验这一命题。

第五节　实证检验

一、数据来源与描述

本章的实证部分利用了1994—2005年地市级官员的资料和地方财政支出数据。之所以选择这一时期，是因为考虑到1994年是我国现行分税制改革的起始年，而2007年后财政预算决算科目进行了较大的调整，使得2007年的新科目设置方式与原先的科目设置方式存在着较大的差异，其数据无法一一对应。由于数据来源的局限，作者亦未能获得2006年的地市级财政分项支出数据。

官员个人能力的度量来自Yao and Zhang (2011)，其中的官员资料来源于《中国城市年鉴》，各省、自治区统计年鉴以及各媒体的报道，覆盖了18个省、自治区241个城市的市委书记和市长，并参照Li and Zhou (2005)，使用下列方法将地方官员匹配至自然年度：

(1)如果一个城市当年没有发生过市委书记或者市长的更替，则不需要进行处理。

(2)如果一个城市当年发生了官员更替，则选取当年在任时间超过6个月的官员作为当年在任官员；这一原则对于市委书记和市长分别适用。

(3)如果一个城市当年发生多次官员更替，且没有任何一位官员任期超过6个月，则选取任期最长的那一名官员作为当年在任官员；这一原则对于市委书记和市长分别适用。

Yao and Zhang (2011)基于对地方真实GDP增速的分解得到官员的个人固定效应的估计值，其基本回归方程为：

$$y_{ct} = X_{ct}\beta + \theta_i + \psi_c + \gamma_t + \varepsilon_{ict} \qquad (5-13)$$

其中，y_{ct}为城市 j 在年度 t 的经济增速，θ_i 为在任市委书记和市长的个人贡献部分，体现了官员个人对地方经济所做出的贡献。本章以 θ_i 的估计值的大小作为官员个人发展地方经济的能力的代理变量。根据 Yao and Zhang (2011)，只有通过调动相互连通的城市中任职的官员的个人能力才能相互比较，因此本章实际使用的是一个连通的子样本，这一样本包括了 85 个城市。① 图 5－2 用地图展示了这些城市的地理位置分布，其中白色表示不在样本中的城市，浅灰色表示在样本中但不在联通子样本中的城市，黑色表示本章所使用的连通子样本中的城市。

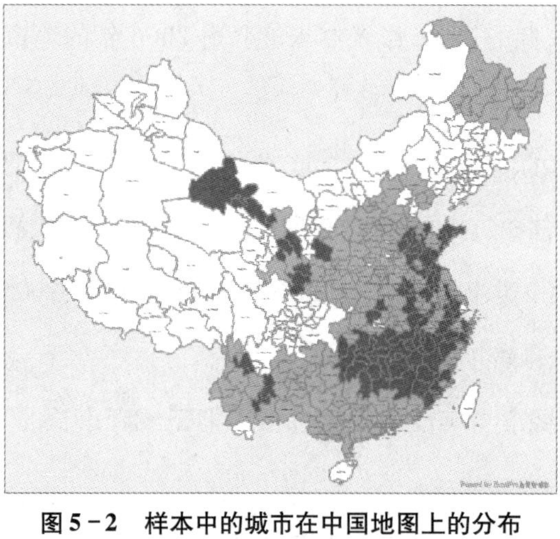

图 5－2　样本中的城市在中国地图上的分布

地方政府财政支出的数据来自各年度《全国地市县财政统计资料》。本章所使用的变量包括：基本建设支出、教育事业费（1998 年起）、文教卫生事业费（1997 年及以前）和公检法支出。根据郭庆旺和贾俊雪（2006）以及贾俊雪和郭庆旺（2008），本章将基本建设支出作为“经济性支出”的代表，这种财政支出可以在短期内形成确实的产出，从而促进地方经济的增长，也可以折射出地方官员

① 有关官员能力识别的局限，参见 Yao and Zhang (2011) 的详述。

在经济发展方面的能力；而教育和公检法方面的支出是“社会性支出”，这类支出尽管对于国家和地方的经济社会长期发展和居民福利的改进有着深远的作用，但在短期内并不一定能够实现确定的产出。

二、数据分析与回归结果

本章采用双向固定效应模型，具体模型设定为

$$\text{Fis}_{ct}^{p} = \alpha_0 + \delta \text{Rank}_{ct} + X_{ct}\beta + \alpha_c + \gamma_t + \varepsilon_{gt} \qquad (5-14)$$

其中，Fis_{ct}^{p}为城市 c 在年度 t 中分项支出 p 占地方财政支出的比重，包括 Edu_{ct}、Insti_{ct}和 Infra_{ct}三个指标，分别代表教育、公检法和基本建设支出占当年地方财政支出的比重。Rank_{ct}为官员的个人能力的相对指标，根据 Yao and Zhang (2011)，该指标将官员的个人能力从小到大排序，最小值取为 0，最大值取为 1。[①] X_{ct}为一组与城市和时间相关的控制变量，包括城市年末总人口、人均 GDP 以及 GDP 增速。α_c 为城市固定效应，γ_t 为年度固定效应。

表 5-1　分项支出占地方财政支出比重统计指标

	城市—年份数	均数	标准差
基本建设支出	767	0.053	0.0502
教育支出	874	0.212	0.0623
公检法支出	874	0.066	0.0150

被解释变量的统计性描述如表 5-1 所示，其随时间变化的趋势如图 5-3 所示。不难发现，占地方财政支出比例较大的教育支出的比重随时间推移呈现下降的趋势，而基本建设支出则呈现随时间上升的趋势。需要注意的是，由于教育支出的指标定义在 1997 年前后发生了变化，导致 1994—1997 年和 1998 年起

① 根据 Yao and Zhang (2011)，官员个人绩效的原始值表示的是官员个人因素对于地方 GDP 增速的贡献值，例如 0.02 表示当地 GDP 增速中有 2 个百分点可以归结于官员个人的因素。然而，当这一指标用作解释变量时，对其系数的理解过于复杂，在此我们对这一指标进行非参数化处理，变成一个排序变量。直接使用 θ_1，也可以得到类似的结果。

的数据不能完全对应,前者的数值更高一些,但分段来看这一下降的趋势仍然存在。我们会在稳健性检验部分处理这一问题。

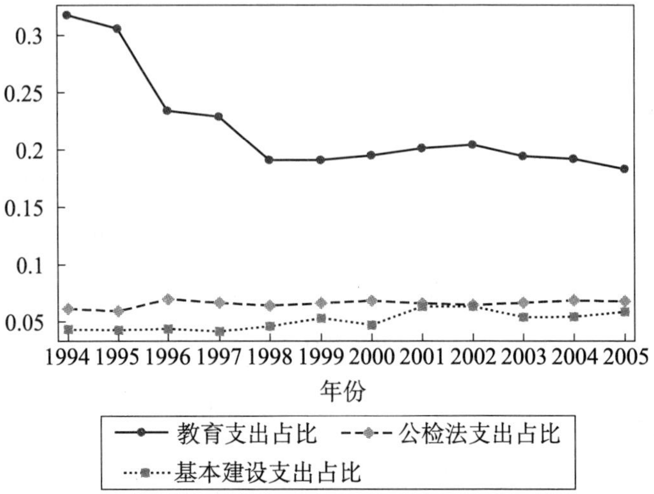

图5-3　分项支出占地方财政支出比重变化趋势

资料来源:历年《全国地市县财政统计资料》。

在中国的政治制度下,每个城市有市委书记和市长两名主要的地方官员。在官员数据中对于两名官员的个人能力都可以得到,本章也将每个城市每一年度的市委书记和市长作为两个观察值堆叠起来,作为样本进行回归,回归结果列于表5-2。

从回归结果中我们发现,个人能力越高的官员,其任期内地方财政在基本建设方面的支出比重越高;能力最高和最低的官员相比,其在任期内的基本建设支出占地方财政支出比重相差3.3个百分点;与此相反,能力越高的官员在教育和公检法方面的支出比重越低,能力最高和最低的官员相比,其在任期内的教育和公检法支出占地方财政支出比重分别相差3.2和0.7个百分点。这三个回归系数均在1%水平下显著。从系数和三个被解释变量的均值的相对大小来看,基本建设支出的正效应比教育和公检法支出的负效应更为明显。

由此，我们验证了上一节中定理 5 - 2 的结论，即在平均意义上，生产效率较高的地方官员更倾向于选择经济性支出，而生产效率较低的官员则倾向于选择社会性支出。

表 5 - 2　使用市委书记和市长作为样本的回归结果

	(1)	(2)	(3)
	基本建设支出占地方财政支出比重	教育支出占地方财政支出比重	公检法支出占地方财政支出比重
官员个人能力	0.0334***	-0.0324***	-0.00638***
	(0.00724)	(0.00565)	(0.00215)
人均 GDP	-0.00404*	0.00116	0.00196***
	(0.00241)	(0.00244)	(0.000646)
人口	6.68e-05***	-7.94e-05***	1.77e-05**
	(2.22e-05)	(1.97e-05)	(7.56e-06)
真实 GDP 增速	0.0654***	-0.00341	-0.0150***
	(0.0172)	(0.00900)	(0.00370)
截距项	0.00174	0.358***	0.0677***
	(0.0123)	(0.0118)	(0.00401)
城市固定效应	控制	控制	控制
年份固定效应	控制	控制	控制
样本容量	1495	1707	1707
R 平方	0.668	0.892	0.681

注：括号内为 White 稳健标准误，*** $p<0.01$，** $p<0.05$，* $p<0.1$。

三、稳健性检验

本部分我们将做两项稳健性检验。首先，我们将市委书记和市长分开进行回归，以判断两者的个人能力的影响是否有差异。从表 5 - 3 和表 5 - 4 所示的结果来看，两个回归中官员个人能力的系数和表 5 - 2 的结果基本相符。相对而言，市委书记的个人能力对财政支出结构的影响要弱于市长。这一差异可能与两者在城市管理中的分工有关。

表 5-3　只使用市委书记的回归结果

	(1) 基本建设支出占地方财政支出比重	(2) 教育支出占地方财政支出比重	(3) 公检法支出占地方财政支出比重
官员个人能力	0.0275**	-0.0339***	-0.00409
	(0.0122)	(0.00907)	(0.00339)
人均 GDP	-0.00421	0.00110	0.00186**
	(0.00353)	(0.00352)	(0.000934)
人口	7.25e-05**	-7.79e-05***	1.65e-05
	(3.23e-05)	(2.82e-05)	(1.13e-05)
真实 GDP 增速	0.0765***	0.00507	-0.0174***
	(0.0254)	(0.0123)	(0.00553)
截距项	0.00100	0.357***	0.0680***
	(0.0177)	(0.0169)	(0.00593)
城市固定效应	控制	控制	控制
年份固定效应	控制	控制	控制
样本容量	760	867	867
R 平方	0.659	0.891	0.681

注：括号内为 White 稳健标准误，*** $p<0.01$，** $p<0.05$，* $p<0.1$。

表 5-4　只使用市长的回归结果

	(1) 基本建设支出占地方财政支出比重	(2) 教育支出占地方财政支出比重	(3) 公检法支出占地方财政支出比重
官员个人能力	0.0432***	-0.0349***	-0.00982***
	(0.0103)	(0.00793)	(0.00306)
人均 GDP	-0.00404	0.00139	0.00223**
	(0.00353)	(0.00358)	(0.000963)
人口	6.05e-05*	-7.86e-05***	1.93e-05*
	(3.28e-05)	(2.95e-05)	(1.07e-05)
真实 GDP 增速	0.0547**	-0.00861	-0.0126**
	(0.0233)	(0.0131)	(0.00505)
截距项	0.00156	0.359***	0.0675***
	(0.0182)	(0.0174)	(0.00572)
城市固定效应	控制	控制	控制
年份固定效应	控制	控制	控制
样本容量	735	840	840
R 平方	0.684	0.894	0.684

注：括号内为 White 稳健标准误，*** $p<0.01$，** $p<0.05$，* $p<0.1$。

其次，由于衡量教育支出的指标在1998年做了一定的改动，前后数据的可比性受到了一定的影响。虽然这一影响的水平效应可以被时间固定效应吸收，但其对于官员个人能力的效应的影响可能未被完全吸收。为此，我们将样本分为1994—1997年和1998—2005年两段分别进行回归，得到的结果如表5－5所示。

表5－5　教育支出分时期回归

	(1) 教育支出占地方财政支出比重(1994—1997)	(2) 教育支出占地方财政支出比重(1998—2005)
官员个人能力	−0.0232**	−0.0171***
	(0.0111)	(0.00469)
人均 GDP	0.0603***	−0.00113
	(0.0113)	(0.00236)
人口	8.54e−07	−0.000101***
	(0.000102)	(1.59e−05)
真实 GDP 增速	−0.000599	0.000535
	(0.0121)	(0.00730)
截距项	0.242***	0.221***
	(0.0491)	(0.0118)
城市固定效应	控制	控制
年份固定效应	控制	控制
样本容量	427	1280
R 平方	0.941	0.909

注：括号内为 White 稳健标准误，*** $p<0.01$，** $p<0.05$，* $p<0.1$。

我们发现，将观察期分为两段之后，官员个人能力的系数仍然为负向显著，但与之前的结果相比，回归系数绝对值变小。这一差距产生的原因，除了将数据分为两段之后每个时期内变量的变异度降低之外，亦可能是1997年以前和1998年开始的指标所包括的内容不尽相同所造成的。通过比较两个时期的系数，我们发现后一时期系数的绝对值小于前一时期，这也许是由于官员的个人影响力随着市场化的推进而减弱所造成的。在现有的数据下，我们无法对此做进一步的分析。无论如何,我们仍然发现了教育支出比例与官员个人能力之间的显著的负向关系,因此,我们认为上述关系是稳健存在的。

四、其他可能的解释

Yao and Zhang (2011)所估计的地方官员个人效应是基于官员个人的经济绩效,并非真实的官员个人能力。事实上,个人能力是一个抽象的概念,地方官员的真实能力是否为他自己所了解尚不能确定①,更不用说为其他人所观察。研究者所能做的只能是通过地方官员的经济绩效进行事后的推测。然而,根据经济绩效事后推测得到的地方官员的个人能力,可能包含了地方官员对于经济政策的选择所导致的经济绩效的差异,因此上文得到的结果可能存在反向因果的问题,即并非官员个人能力的差异导致了政策选择上的差异,而是政策选择的不同导致了经济绩效的差异,从而导致事后估计的个人能力的差异。但是,不同的政策选择对于经济绩效有着不同的效应(郭庆旺和贾俊雪,2006),在官员面临以经济绩效为考核指标的晋升激励的情况下,他们都应选择更多的经济性支出,以在短期内实现更高的经济增速。然而,我们却发现,地方官员的政策选择呈现出了异质性。这其中必有原因。除了上文所叙述的官员能力的差异外,本节中我们将检验另外两个假说:干中学效应和异质性晋升激励。

所谓干中学效应,是指地方官员在任职初期并不了解怎样的政策选择才是最优的,随着任职时间的增加,其累积的经验帮助其选择更有效率的政策。为了检验这一假说,我们在(5-14)式的回归中加入地方官员在一个城市的任职年数。如果存在干中学效应,我们应该能够发现官员个人能力和任职年数的系数

① 例如 Holmstrom (1982)就假设代理人在期初也不了解自己的真实能力。

符号相反。表5－6的第(1)列至第(3)列展示了这一回归的结果。从这一结果来看,官员的任职年数对于财政支出结构并无显著影响,而控制了任期之后,个人能力的系数也并无多大变化。这说明,在财政支出偏向上并不存在干中学效应。

所谓异质性激励,是指不同的地方官员所面临的晋升激励并不相同,因此他们在各自的激励下所做出的最优政策选择亦不相同。影响晋升激励强度的因素有很多,限于数据,本节中我们考察官员年龄这一因素。在我国存在着官员强制退休制度,Yao and Zhang (2011)也发现,地市级官员的晋升概率在53岁之后逐渐下降,到了60岁则必须退休。我们猜测,年龄较大的官员的晋升激励更强,因为他们必须争取尽快晋升,以避免被迫退休的命运。因此,年龄较大的官员应该更倾向于短期内能够实现的经济性支出。

我们在干中学效应的回归中进一步加入官员的年龄作为控制变量①,回归结果列于表5－6的第(4)列至第(6)列。我们发现,官员年龄的系数并不显著,而控制了官员年龄之后,官员个人能力系数的显著性有所下降,但符号仍然与之前的一致。② 因此,我们可以认为异质性激励也没有对政策的选择造成显著的影响。

表5－6　替代假说的检验

	(1) 基本建设支出占地方财政支出比重	(2) 教育支出占地方财政支出比重	(3) 公检法支出占地方财政支出比重	(4) 基本建设支出占地方财政支出比重	(5) 教育支出占地方财政支出比重	(6) 公检法支出占地方财政支出比重
官员个人能力	0.0334 ***	－0.0335 ***	－0.00633 ***	0.0212	－0.0138 *	－0.00937 **
	(0.00725)	(0.00562)	(0.00215)	(0.0187)	(0.00705)	(0.00391)
人均GDP	－0.00425 *	0.000570	0.00211 ***	－0.000338	0.00688 ***	0.00304 ***
	(0.00245)	(0.00245)	(0.000654)	(0.00327)	(0.00263)	(0.000892)

① 由于数据限制,这一回归的时间范围是2001—2005年。

② 系数大小和显著性的差异亦可能是由于样本时间范围缩小而导致的。

（续表）

	(1)	(2)	(3)	(4)	(5)	(6)
	基本建设支出占地方财政支出比重	教育支出占地方财政支出比重	公检法支出占地方财政支出比重	基本建设支出占地方财政支出比重	教育支出占地方财政支出比重	公检法支出占地方财政支出比重
人口	5.28e-05*	-3.02e-06	1.41e-05	2.53e-05	0.000161***	-1.70e-05
	(2.90e-05)	(2.32e-05)	(1.09e-05)	(7.81e-05)	(3.48e-05)	(3.27e-05)
真实 GDP 增速	0.0665***	-0.000993	-0.0155***	-0.00871	0.0146*	-0.0149***
	(0.0173)	(0.00917)	(0.00370)	(0.0179)	(0.00837)	(0.00421)
官员任职年数	-0.000538	0.000335	0.000147	-0.000346	-0.000427	-2.80e-05
	(0.000453)	(0.000331)	(0.000123)	(0.000624)	(0.000344)	(0.000145)
官员年龄				0.000218	3.59e-05	2.34e-05
				(0.000296)	(0.000155)	(7.18e-05)
截距项	0.00999	0.327***	0.0689***	0.0501	0.0633***	0.0807***
	(0.0147)	(0.0127)	(0.00518)	(0.0429)	(0.0207)	(0.0158)
城市固定效应	控制	控制	控制	控制	控制	控制
年份固定效应	控制	控制	控制	控制	控制	控制
样本容量	1479	1691	1691	747	796	796
R 平方	0.667	0.890	0.684	0.813	0.941	0.887

注:括号内为 White 稳健标准误，*** $p<0.01$，** $p<0.05$，* $p<0.1$。

通过以上检验,我们认为这两个替代假说并不能成立,且在排除了这两者的因素之后,本章理论模型所述的官员能力与财政支出结构之间的关系仍然存在。因此,我们确信官员个人能力和政策选择之间的关系是稳健的。

第六节　总结性评述与政策建议

本章构建了一个职业生涯考虑模型,分析了在晋升激励下能力不同的地方官员在财政支出方向上的不同选择。当地方官员对自身能力拥有不完全的私人信息时,事前能力较高的官员倾向于选择经济性支出,以期望组织部门能够尽快了解他们的生产效率;反之,事前能力较低的官员倾向于选择社会性支出。因此,从事后观察到的支出项目选择和个人生产效率的关系来看,生产效率更高的地方官员在平均意义上会倾向于选择经济性支出。随后,本章利用 1994—2005 年地市级官员和财政支出的数据验证了这一效应的存在。

通过理论和实证的分析，我们发现即使在一国之内、相同制度安排下，不同能力的地方官员在财政支出偏向上也存在着不同的选择。虽然我们使用的职业生涯考虑的理论框架与锦标赛理论框架（Lazear and Rosen，1981）有所不同，但我们所定义的地方官员的激励机制与晋升锦标赛理论类似：地方官员希望让上级组织部门认为自己具有更高的能力，从而提升其获得晋升的概率。在这样的目标下，不同能力的官员有着不同的最优政策选择。由于本章关注的焦点是职业生涯考虑和异质性的官员，为了突出这一焦点，模型中略去了现实世界中的一些同样重要的问题。例如，本章假设官员必须在两种投资中选择一种而不允许他们不作为，从而略去了道德风险问题而集中关注不同能力的官员的自选择问题。

随着国民整体教育水平的提高及政府对地方官员的各类培训的加强，地方官员中高学历拥有者的比例不断提高。这一趋势对于政府管理能力的提高起到了一定的促进作用，但高学历的官员也会形成较高的对自身能力的认识，从而更多地倾向于经济性财政支出，而忽视了必要的社会性财政支出。与此同时，在经济性和社会性支出的事权分配上，本章所研究的这段时期又呈现出分权化的现象（贾俊雪和郭庆旺，2008），即地方政府对财政支出结构的决定权越来越大。这两方面因素的结合，可以在一定程度上解释近年来地方财政支出结构的趋势性变化。

在我国当前的发展阶段下，为了实现国民收入的进一步提高，政府部门仍然需要选拔优秀的官员以提高地方政府的执政能力。但是，我们也不能因此忽视了社会性支出的重要性。根据上述理论与实证结果，本章提出两点政策建议：第一，在考核经济增速和财政收入的同时，有必要制定出针对地方政府社会性支出绩效的具体考核指标，使得地方政府的财政支出结构向当地居民福利最大化的方向靠拢，同时也较好地反映地方官员在社会福利方面的执政能力。第二，虽然当地政府对于地方的社会经济状况最为了解,但在现有激励制度没有得到根本改变的情况下,如果社会性支出的绩效难以考核的话,适当降低这方面支出的分权程度对于改进居民福利也有一定的促进作用。在地区间人口流动日益频繁的社会背景下,在教育、医疗、社会保障等有关国民福利的领域适当降低分权程度,也有利于打破地区之间的隔阂,促进不同地区之间的平衡发展。

参考文献

傅勇、张晏,2007:《中国式分权与财政支出结构偏向:为增长而竞争的代价》,《管理世界》,第3期。

郭庆旺、贾俊雪,2006:《政府公共资本投资的长期经济增长效应》,《经济研究》,第7期。

贾俊雪、郭庆旺,2008:《政府间财政收支责任安排的地区经济增长效应》,《经济研究》,第6期。

徐现祥、王贤彬、舒元,2007:《地方官员与经济增长:来自我国省长、省委书记交流的证据》,《经济研究》,第9期。

尹恒、朱虹,2011:《县级财政生产性支出偏向研究》,《中国社会科学》,第1期。

张军、高远,2007:《官员任期、异地交流与经济增长:来自省级经验的证据》,《经济研究》,第11期。

张军、高远、傅勇、张弘,2007:《中国为什么拥有了良好的基础设施?》,《经济研究》,第3期。

张卫国、任燕燕、侯永建,2010:《地方政府投资行为对经济长期增长的影响——来自中国经济转型的证据》,《中国工业经济》,第8期。

郑磊,2008:《财政分权、政府竞争与公共支出结构——政府教育支出比重的影响因素分析》,《经济科学》,第1期。

Chen, Ying, 2009, "Career Concerns, Project Choice, and Signaling", http://dx. doi. org/10. 2139/ssrn. 1523430.

Chung, Kim-Sau and Peter Eso, 2007, "Signaling with Career Concerns", *Discussion Papers 1443*, Northwestern University, Center for Mathematical Studies in Economics and Management Science.

Dewatripont, Mathias, Ian Jewitt and Jean Tirole, 1999a, "The Economics of Career Concerns, Part I: Comparing Information Structures", *Review of Economic Studies*, Vol. 66, No. 1, pp. 183 – 198.

Dewatripont, Mathias, Ian Jewitt and Jean Tirole, 1999b, "The Economics of Career Concerns, Part II: Application to Missions and Accountability of Government Agencies", *Review of Economic Studies*, Vol. 66, No. 1, pp. 199 – 217.

Fu, Qiang and Ming Li, 2010 "Reputation-Concerned Policy Makers and Institution Design", http://dx. doi. org/10. 2139/ssrn. 1602802.

Gibbons, Robert and Kevin J. Murphy, 1992, "Optimal Incentive Contracts in the Presence of Career Concerns: Theory and Evidence", *Journal of Political Economy*, Vol. 100, No. 3, pp. 468 – 505.

Holmstrom, Bengt, 1982, "Managerial Incentive Problems: A Dynamic Perspective", *Essays in Economics and Management in Honor of Lars Wahlbeck*, Helsinki: Swedish School of Economics. Reprinted in *Review of Economic Studies*, Vol. 66 , No. 1999, pp. 169 – 182.

Lazear, Edward P. and Sherwin Rosen, 1981, "Rank-Order Tournaments as Optimum Labor Contracts", *Journal of Political Economy*, Vol. 89, No. 5, pp. 841 – 864.

Li, Hongbin and Li-An Zhou, 2005, "Political Turnover and Economic Performance: The Incentive Role of Personnel Control in China", *Journal of Public Economics*, Vol. 89, pp. 1743 – 1762.

Milbourn, Todd T. , Richard L. Shockley and Anjan V. Thakor, "Managerial Career Concerns and Investments in Information", *The RAND Journal of Economics*, Vol. 32, No. 2, pp. 334 – 351.

Xu, Chenggang, 2011, "The Fundamental Institutions of China's Reform and Development", *Journal of Economic Literature*, Vol. 49, No. 4, pp. 1076 – 1151.

Yao, Yang and Muyang Zhang, 2011, "Subnational Leaders and Economic Growth: Evidence from Chinese Cities", CCER working paper, No. E2011006.

下篇　地方政府与中国经济结构问题

第六章　地方政府竞争和结构失衡

本章从地方政府竞争的角度对中国以低消费、高储蓄为特点的经济结构失衡提出了一个理论解释。在政治锦标赛的框架下,地方政府成为生产型政府,在财政支出方面表现为更偏好于投资生产性的公共品,挤压其他非生产性但和民生福利紧密相关的支出项目。生产型政府一方面会加大自身部门的储蓄(投资)倾向,另一方面通过生产性公共品对企业部门形成补贴,从而进一步加大企业部门的可支配收入以及企业部门的再投资倾向,最终导致低消费和高储蓄的经济结构。当国内储蓄率增长过快而国内投资因为金融抑制和投资回报率下降等原因无法跟上时,国内就会形成净储蓄,即经常账户盈余。

第一节　引言

在过去的30年里,我国的GDP年均增长率超过9%(国家统计局,2011),但是,自2000年以来,我国遇到了结构失衡的问题。学术界已经对我国结构失衡的原因提出了一些解释,本章则试图从地方政府竞争这一角度来解释中国结构失衡的三个方面:(1)国民储蓄率上升;(2)企业和政府储蓄率上升;(3)净储蓄(经常项目盈余)上升。

我国政府体制的一大特征是地方政府官员之间的政治锦标赛(周黎安,2004、2007;Xu,2011),其核心是GDP的竞争。在政治锦标赛下,地方政府演变为“生产型政府”,即重生产、轻分配的政府。表现在支出结构上,就是偏向于投资生产性的公共品,挤压其他非生产性但和民生福利紧密相关的支出项目。这样的支出结构虽然在客观上促进了生产和就业,但是也导致了企业利润的增加速度大于劳动收入的增加速度,其直接影响就是增大了企业部门的可支配收入占比,减小了居民部门的可支配收入占比。进一步地,企业部门在此基础上会对“生产型政府”未来的生产性公共品投资做出期望估计,从而愿意拿出更大部分的生产增加值用于资本再形成。这样,一方面企业部门生产增加值越来越大,另一方面企业部门储蓄倾向(即企业储蓄/企业部门生产增加值)也提高,从而导致企业部门储蓄占国内生产总值比例的提高。[①] 在可支配收入份额降低的条件下,居民消费占GDP的比例就会下降,且居民储蓄占国民总储蓄的比例也会下降。最后,政府部门会在政绩激励下加大自身投资或者通过资本转移直接补贴企业部门投资,进而导致政府部门储蓄倾向加大,在政府可支配收入份额不变的条件下就会导致政府储蓄率提高。而政府收入份额的加大也会进一步加大政府储蓄率。

本章在一个世代交叠模型中加入地方政府间的政治锦标赛这一因素来刻画上述过程,并得出主要结论:随着政治锦标赛政治激励的加强,国内生产总值会增加,居民部门储蓄率会降低,政府部门和企业部门各自的储蓄率都会提高,且国民总储蓄率会提高,国民总消费率会降低;另外,当政治激励导致国民储蓄率足够高时,金融摩擦和资本边际回报下降会导致投资增速无法跟上储蓄增速,这样就会出现净储蓄即经常账户盈余,且净储蓄会随着政治激励强度加大而提高。

① 关于某一部门储蓄倾向和储蓄率的定义,参照此处企业部门的相关定义。

在现实中,“生产型政府”的表现非常明显,尤其以地方政府为甚。为了发展当地经济,地方政府往往采取各种措施和政策吸引企业落户和投资。政府首长更像是地方经济的CEO,最重要的工作便是招商引资,而不是为当地居民提供公共产品和服务。为了吸引资金、鼓励生产,地方政府往往会对生产者开出一系列优惠条件,如在基础设施方面做到“三通一平”、“七通一平”甚至“九通一平”,再如税收优惠、地方银行配套贷款、帮助招聘工人等。政府的这些行为,事实上已经超出了传统意义上公共品提供的范畴,使得地方政府变成了“生产型政府”。张军等(2007)就通过实证检验得到结论:中国地方政府在“招商引资”上的标尺竞争导致其在财政支出方面更加热衷于基础建设和生产性投资,反而偏离了公共财政型政府的本质。

从全国的数据上,我们也可以看出“生产型政府”的表现。首先是政府财政收入和支出的增速长期超过经济总量增速。根据《中国统计年鉴》的数据,中央和地方的财政总收入和支出分别从1994年的0.52万亿元、0.58万亿元上升到2009年的6.85万亿元、7.63万亿元,名义值增长约12倍,年均增速为18.6%。同期的名义GDP从4.8万亿元上升至34.3万亿元,上升幅度约为6.1倍,年均增速为14.0%。其次是财政支出结构的变化,体现为地方财政在基础设施建设方面的支出的增加。根据《中国统计年鉴》的数据,全国各地政府用于基础设施建设的财政支出的增速超过了财政支出增速约2个百分点,而这已经是建立在全国财政支出增速超过GDP增速4.6个百分点的基础之上。与此形成鲜明对比的是:农业支出占财政支出的比例从1994年的9.2%下降至2003年的最低点7.1%,此后虽然有所回升,但在2006年也仅回升到7.9%;科、教、文、卫支出占财政支出的比例由1994年的22.07%下降到2006年的18.37%;抚恤和社会福利救济费支出占财政支出的比例虽然在此期间有所上升,但是幅度相当小,仅从1.64%上升到2.11%。

各类文献对于中国经济的内外部失衡现象的解释大体可以分为三类。[①] 第一类认为，我国的结构失衡是人口和结构转型的必然结果。姚洋(2011)认为，我国从20世纪90年代初期开始了人口的双转型，即劳动人口占比的增加和农村向城市的人口转移，由此造就了丰富的劳动力供给，提高了企业利润，增加了出口，同时也抑制了消费。与此相关联，Feenstra et al. (1999)认为中国的人口结构变化以及社会保险的低覆盖率促发了国内居民的高储蓄率，从而导致经常账户盈余。李稻葵、李丹宁(2006)认为中国低廉的劳动力以及从亚洲其他国家流转进我国的加工制造业，是造成我国经常账户盈余的主要因素。李稻葵、刘霖林、王红领(2009)则从中国工业化发展的角度来解释国内的低消费率。工业化的一般规律是农业占比随着工业化的加深而下降，工业占比先上升后下降，服务业占比持续上升，所以在整个工业化过程中我们往往会看到劳动报酬占GDP的比例会随时间的推移呈现出U形。这个规律也适用于国内总消费水平。白崇恩、钱震杰(2009)通过对1995—2003年全国劳动收入份额的进一步分析，也在一定程度上验证了产业结构变化降低这一期间全国劳动收入份额的推测。

第二类从金融抑制的角度解释我国的内外失衡。Song et al. (2011)认为，中国的金融体系存在严重的所有制偏好，国有企业的效率虽然低于民营企业，但它们可以更容易地得到银行贷款。但是，国有企业无法吸纳全部储蓄，中国因此出现净储蓄。徐建炜、姚洋(2010)把金融业纳入比较优势的分析范围，他们的经验研究表明，中国相对于美国的金融业比较劣势(或制造业比较优势)可以解释1990年以来中国对主要欧美国家贸易盈余的17%。

第三类从政府对经济的扭曲角度给出了解释。Huang and Tao(2010)认为，我国商品市场基本实现了市场化，但是要素市场(包括劳动力、资本、土地、环

---

① Wei and Zhang(2011)认为，中国较高的性别比(男性/女性)加强了男性在婚姻市场上的竞争，从而导致男性及其家庭储蓄率的提高。他们的研究不属于下列三类解释。

境、能源)还存在着很大程度的价格扭曲,从而大大增加了企业的生产成本,并最终导致了内外部经济失衡。Yu(2007)认为中国政府鼓励出口的一系列政策,其中包括汇率控制和出口退税等,是导致我国经常账户盈余的重要原因。李扬、殷剑峰(2007)在对中国1992—2003年资金流量表的分析基础上得到结论:中国国民储蓄率上升的主要原因应该归结于政府和企业部门储蓄率的上升;政府对于企业的各种补助是造成企业利润率和再投资率上升的主要原因;政府直接投资水平的上升以及对全社会收入分配结构再调整的忽视,一起造成了政府储蓄率的上升。Chen and Yao(2011)利用省级的面板数据研究了政府基础设施投资对居民消费占GDP比例的影响,发现两者呈现显著的负相关关系。

以上三类解释在逻辑上并不是互相排斥的,在某种程度上可以说是互为补充。它们虽然都有一定的解释能力,但是又都有所不足。人口双转型可以解释我国居民和企业储蓄率的上升,但是不能解释政府储蓄率为什么很大。工业化进程虽然可以得到劳动收入占GDP比例的U形规律,却无法解释为什么我国的消费率会如此之低(日本和韩国虽然出现过U形规律,但它们在最低点的消费率仍然高于我国目前的消费率),也不能解释为什么企业和政府储蓄率会呈稳定上升趋势。汇率低估和鼓励出口政策虽然可以部分解释中国经常账户盈余,却无法解释内部结构失衡。最后,要素价格扭曲理论无法推导出企业和政府储蓄持续上升的结论。从传承关系来看,本章是对第三类文献的完善。具体而言,我们的工作对现有文献做出下面两项贡献:首先,我们给出了政府经济扭曲政策的一个成因,并同时解释了国民储蓄率、企业和政府储蓄率以及净储蓄率三者的上升;其次,我们发展了政治锦标赛的理论,发现了它对经济的扭曲作用。

本章余下的内容安排如下:第二节通过对国民账户相关数据的进一步整理来分析并探讨我国的结构失衡现象以及所带来的不利影响;第三节给出理论模

型的基本设置;第四节详细分析和求解模型,给出模型的关键性结论,并对模型结论进行简短说明;第五节总结全文。

第二节　结构失衡现象

我国的结构失衡具体表现为最终消费占 GDP 比例的持续下降以及资本形成率和净出口率的持续稳定上升。与世界其他国家比较来看,根据世界银行发布的世界发展报告,中国在 1990—2009 年年均居民消费率为 41.90%,在 56 个中低收入发展中国家里位列倒数第二,同时期 30 个高收入 OECD 成员国的年均居民消费率为 56.64%。[①] 简单来说,我国结构失衡现象的最主要表现就是最终消费率偏低、资本形成率和净出口率偏高,如图 6-1 所示。[②] 但是,对于 GDP 结构中的消费和储蓄,我们还可以做进一步的分解。具体来说,借助中国统计年鉴“支出法国内生产总值结构”分栏,我们可以将最终消费分解为居民最终消费和政府最终消费;另外,借助中国统计年鉴中的资金流量表,我们可以将国内经济主体大致分为三个部门:企业部门[③]、政府部门和居民部门,那么国民储蓄就可以分解为企业储蓄、政府储蓄和居民储蓄。

首先,我们来看一下最终消费的分解情况。通过对现有数据的整理,可以发现居民消费占最终消费的比重由 1978 年的 78.6% 下降到 2010 年的 71.3%;政府消费占最终消费的比重由 1978 年的 21.4% 上升到 2010 年的 28.7%(见图 6-2)。

① http://data.worldbank.org/data-catalog,世界银行 WDI&GDF 数据库。

② http://www.stats.gov.cn/,中国国家统计局历年中国统计年鉴。本章中如无特殊交代,所引数据全部来自中国国家统计局。

③ 企业部门包含非金融企业部门和金融结构部门。

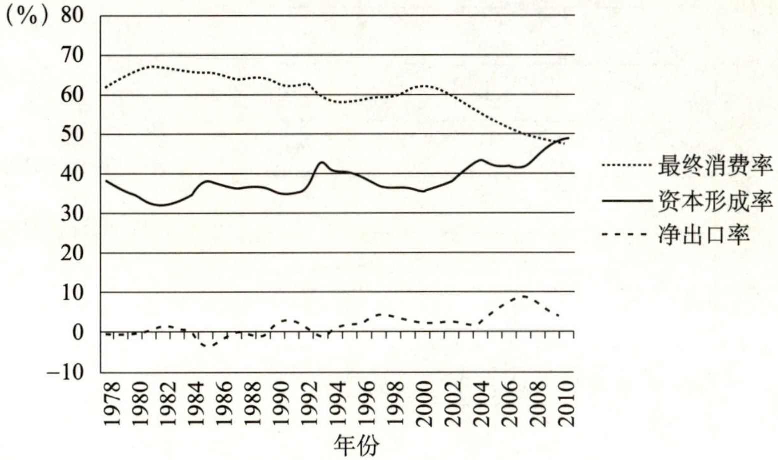

图 6-1　支出法 GDP 构成

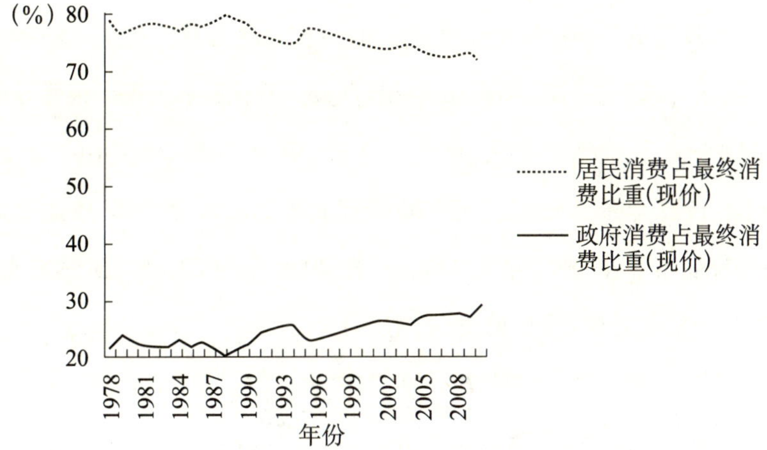

图 6-2　最终消费构成

再结合最终消费率的下降,可知居民消费占国内生产总值的比重也在下降,即从 1978 年的 48.8% 下降到 2010 年的 33.8%;另一方面政府消费占国内生产总值的比重则是先升后降,从 1978 年的 13.2% 上升到 2001 年的 16%,之后略有下降,到 2010 年降至 13.6%(图 6-3)。所以可以认为我国最终消费率下降的直接原因就是居民最终消费率的下降。

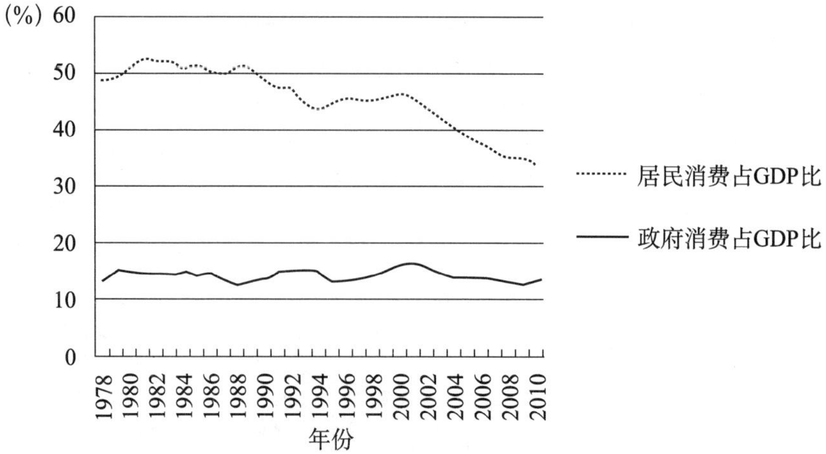

图 6－3　居民消费和政府消费

虽然居民部门消费占比下降如此明显，但是通过对我国资金流量表的分析计算，可以发现造成我国国民储蓄率上升的最主要动力其实是企业储蓄率和政府储蓄率的上升，而居民储蓄率则长期相对稳定，并且没有表现出很明显的变化趋势。具体来说，企业储蓄率从 1992 年的 13.3% 上升到 2008 年的 21.6%；政府储蓄率从 1992 年的 5.9% 上升到 2008 年的 8.2%，并在 2007 年达到最高值 10.7%；居民储蓄率在 1992 年为 21.1%，在 2008 年为 22.5%，虽然略有上升，但是可以认为是相对稳定的(见图 6－4)。

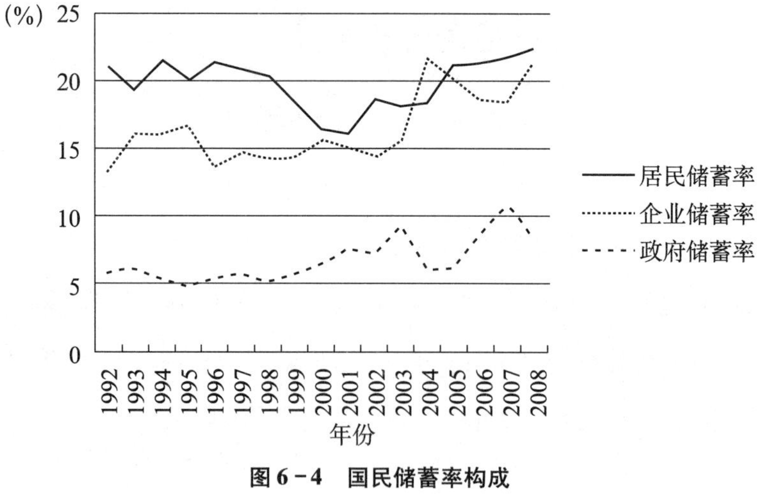

图 6－4　国民储蓄率构成

综上所述，居民消费和居民储蓄都在下降，那么居民部门可支配收入必然也在下降。还是通过对中国资金流量表的数据整理（见表6－1），我们可以发现作为GDP结构中最终消费主体的居民部门，不仅在初次分配中可支配收入比例下降，而且在此基础上的再分配也没有改善这一状况，而居民部门的消费倾向从1992年开始虽然有所上升但是仍然不能抵消可支配收入下降所造成的影响，所以体现在居民最终消费率上就是持续下降。① 这一局面在2005年之后更加严重，因为在2005年之后，居民部门的消费倾向开始下降，伴随着持续下降的可支配收入比例，导致了更加明显的低最终消费率。与此相对应的则是企业部门和政府部分可支配收入占比的提升，企业部门将绝大部分可支配收入用于再投资（图6－5）②，政府部门则将越来越大比例的可支配收入用于投资或者资本转移③，所以才导致企业储蓄率和政府储蓄率的持续上升（见图6－6）。

表6－1　各部门在国民收入初次以及再次分配占比情况

单位：%

	居民部门		政府部门		企业部门	
	初次分配	最终分配	初次分配	最终分配	初次分配	最终分配
1992	68.39	69.23	15.53	19.22	15.78	11.55
1993	67.74	67.76	16.83	19.32	15.43	12.91
1994	67.68	66.8	16.4	18.61	15.92	14.59
1995	68.75	67.94	15.35	17.42	15.91	14.65
1996	67.23	69.29	15.53	17.15	17.24	13.57
1997	65.71	68.13	16.17	17.51	18.12	14.37
1998	65.61	68.14	16.87	17.53	17.53	14.33
1999	64.98	67.11	16.95	18.58	18.07	14.31
2000	64.36	64.81	16.69	19.54	18.94	15.65
2001	63.53	63.78	18.36	21.08	18.11	15.14
2002	65.28	65.18	17.48	20.49	17.25	14.32
2003	63.2	62.28	17.98	21.85	18.82	15.47

① 根据中国统计年鉴资金流量表的记录方式，初次分配后再经过经常转移就形成最终分配，经常转移包含5个部分：收入税、社会保险缴款、社会保险福利、社会补助、其他经常转移。需要特别说明的是，这里的经常转移不同于政府部门的资本转移项目，后者是政府部门对企业部门的直接补贴。

② 企业的初次分配收入＝增加值－劳动者报酬－财产收入净额－生产税净额。

③ 政府的资本转移全部到了企业部门，而企业部门则进一步将此资本转移用于资本形成。

（续表）

	居民部门		政府部门		企业部门	
	初次分配	最终分配	初次分配	最终分配	初次分配	最终分配
2004	57.67	57.84	17.84	20.38	24.49	21.78
2005	59.59	59.41	17.48	20.55	22.93	20.04
2006	59.02	58.73	18.59	22.75	22.39	18.52
2007	57.91	57.52	19.52	24.06	22.57	18.42
2008	57.22	57.12	17.52	21.28	25.26	21.6

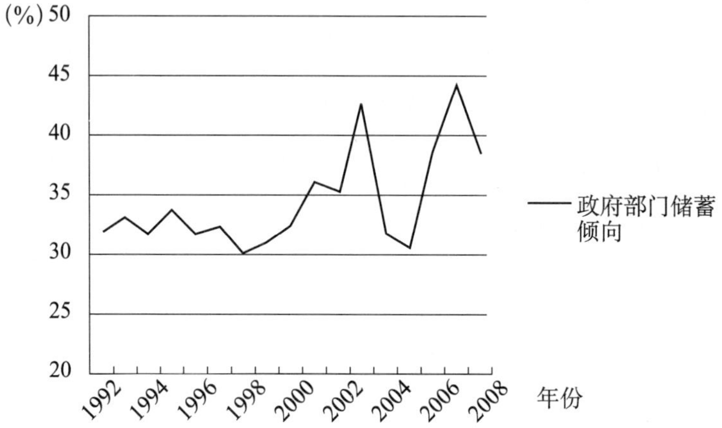

图 6－5　企业部门再投资率[①]

图 6－6　政府部门储蓄倾向

① 企业部门在投资率＝企业部门可支配收入（企业储蓄）/（企业部门增加值－生产税净额－净向外经常转移）×100%。

现象如此，问题却不仅限于此。我国经济结构失衡带来的不利影响是多方面的，主要体现在以下两个层面上。

首先，我国的资本形成率已经长期保持高水平且随时间呈明显上升趋势，但是由于国民储蓄率太高导致我国仍然剩余不少净储蓄。一个国家的净储蓄多不是问题，问题是能否把储蓄投资到高回报的项目上。然而，我国经常项目盈余的投资效率不高。经常项目盈余主要以官方外汇储备的形式存在，而出于安全考虑，官方外汇储备的投资对象主要是各国（主要是美国和欧洲国家）回报率极低的政府债券。比如，美国政府国债的年利率是2%左右，而我国国内的贷款基准利率远高于此，民间借贷的利率更高，因此，我们的净储蓄没有得到很好的利用。在维持固定汇率的前提下，大量经常项目盈余还造成了国内巨大的通货膨胀压力。由于我国的贸易结算主要适用美元，为了维持和美元的固定汇率，央行就不得不大量买进美元，从而增加人民币基础货币的投放。为了抑制通货膨胀，央行不得不发行央行息票对冲货币投放，从而承担大量利息支出。对冲成本决定了央行的对冲操作是有限度的，而且，由于对人民币升值的预期，海外热钱不断涌入，更加剧了央行的压力。

其次，居民收入和消费比例的下降意味着民众福利没有和经济增长同步提高，反过来，企业和政府的收入增长速度则高于GDP增长速度；如果这种趋势持续下去，势必违反经济增长的初衷，而且会加剧收入分配的不平等，深化社会矛盾。

综上所述，我们认为中国经济结构失衡的最重要也是最主要的表现，就是最终消费占GDP比重的持续下降以及巨额经常项目盈余，而直接原因就是居民部门可支配收入占比下降以及企业部门和政府部门储蓄倾向加强。最近十几年来，我国的经济结构失衡现象越来越突出，其所带来的问题也越来越严重，这就势必要求我们弄清楚到底是哪些深层次原因导致了我国的经济结构失衡问题。

第三节　模型设定

考虑一个典型的世代交叠(over lapping generation,OLG)模型:任意个体在自身的第一期工作(每个人固定提供一单位劳动),然后将该期的收入分成消费和储蓄,该个体第二期的消费则是前一期的储蓄所带来的回报。[①] 所有个体都享有同样的效用函数,即:

$$U_t = \frac{(c_{1t})^{1-\frac{1}{\theta}} - 1}{1 - \frac{1}{\theta}} + \beta \frac{(c_{2t+1})^{1-\frac{1}{\theta}} - 1}{1 - \frac{1}{\theta}} \tag{6-1}$$

其中,β 为折现因子;θ 为跨期替代弹性,并假设 $\theta > 1$。在此情况下个人储蓄是储蓄回报率的非递减函数。

虽然每个个体都固定提供一单位劳动,但是不同个体的劳动方式却是不同的,具体来说,社会上存在两类型人。第一类人没有企业家资质(可以认为是普通工人农民),他们可以选择参加自家小生产(自己替自己打工)或者被企业家雇佣参与到大规模生产中,该类型个体总数为 N;第二类人具有企业家资质,而且这种资质可以通过父辈传递到子辈,具有企业家资质的个体可以雇佣普通工人为其企业工作,该类型个体总数为 l。

地区经济结构的组成部分还有地方政府。假设地方政府由一个领导官员负责,每一期地方政府获得税收 τY_t,然后根据政府自身效用最大化原则将税收分

① 因为是在无限期背景下分析经济失衡问题,所以模型框架要么是 OLG 要么是拉姆齐,前者的优势在于可以清晰明了地得到个人储蓄函数的显性解析式(无论是稳态路径上还是收敛过程中)。在 OLG 框架的基础上结合效用函数(6-1)式,就可以得到社会储蓄函数、投资函数以及经常账户的显性表达式。另外,当企业家的资本回报率大于一般居民的储蓄回报率时,企业家的储蓄倾向大于一般居民的储蓄倾向,即个人在第二期的资金回报率越高,那么个人在第一期的储蓄倾向也就越大,这一结论也完全依靠于 OLG 框架以及(6-1)式,因为该结论比较直接,所以本章并没有特意推导。

配于消费和生产性公共品投资。① 实际生活中地方政府提供的公共品既包括明显的生产性公共品，也包括生产意义不那么明显的公共品，我们在这里将不考虑对后者的投资，因为生产性公共品能够在短期内直接通过乘数效应创造产值，还能帮助地方政府在招商引资中建立优势地位，相比之下非生产性的公共物品则需要更长的时间周期才能体现作用，所以地方官员基于政治前途考虑，会更偏好于对自身而言外部性更大的生产性公共品投资。从官员的行为动机来看，领导官员的效用来自两部分，第一部分是消费所带来的效用②，第二部分是政治锦标赛的结果所带来的效用。任意一期内政治锦标赛中获得胜利的地方官员将获得一个政治奖励（升迁可以理解为政治奖励的一种），而政治锦标赛获胜的条件就是该地区的总产量高于其他所有同层级地区。另外，为了将一个有限期任职的官员的效用函数写成无限期的形式③，假设任意时期末该官员都有 η 的概率离开政界或者说从观察样本中消失，那么任意一个官员的期望在职期限就是 $1+1/\eta$ 期。

对于两种生产方式，自家小生产满足生产函数 $y_{Ht}=G_t^{\lambda\gamma}n_{Ht}$，其中，$G_t$ 代表生产型公共品水平，n_{Ht}为劳动投入，并假设 $0<\lambda<1$ 且 $0<\gamma<1$。由于该生产方式的实质是自己替自己打工而不涉及雇佣其他人，所以 $n_{Ht}=1$，即 $y_{Ht}=G_t^{\lambda\gamma}$。另外，大规模生产方式可以利用私人资本也可以雇佣其他劳动力，所以生产函数为 $y_{Ft}=G_t^{\gamma}k_{Ft}^{\alpha}n_{Ft}^{1-\alpha}$，此生产函数不同于前者生产函数的地方在于：首先，大规模生产能更有效地利用生产性公共品，体现为 $0<\lambda<1$；其次，大规模生产方式可以利用

---

① 这里的政府消费的实际消费主体也可以是居民部门，那么这种消费形式实际上是政府买单的居民消费。但在本章中将不会对此做分别处理，因为不会影响到本章的主要结论。另外，政府支出中有不小一部分属于“资本转移”，而此项实际就是对企业部门投资的资助，为了使模型简化，我们在这里不特别加上这一项，而是将其归入政府直接性的生产性投资中。

② 根据上文交代，无论政府消费的实际消费主体是政府本身还是居民，我们假设二者在最优化条件下应该在边际上同等程度地给政府领导官员带来效用，所以不做区分处理。

③ 写成无限期形式是为了便于求均衡解。

私人资本,即生产函数中含有 k_{Ft} 这一项;最后,该生产方式可以雇佣其他劳动力,即 n_{Ft} 是一个内生选择变量而并非为一个固定值。在本模型中,我们假设私人资本折旧率为0,对于私人资本折旧率的设定丝毫不会影响到本章的主要结论,这一点从后面的数学证明过程中可以明显看到。

对于不具有企业家资质的个体而言,在(自身)第一期可以选择自己替自己打工,即自家小生产方式获得回报 $y_{Ht}=G_t^{\lambda\gamma}$,也可以选择替大企业打工获得回报 w_t[①],在后面我们将会证明无论其选择哪一种劳动方式,所获得的(税后)回报都是一样的,即有 $w_t=(1-\tau)\ y_{Ht}$。在获得劳动回报后,个体可以将其中的一部分用于当期消费 c_{1t}^W,其余部分 s_t^W 储存在银行或其他金融机构并获得固定的总回报率 R,所以一般劳动者的跨期预算约束为 $c_{1t}^W+c_{2t}^W/R=w_t$,再结合目标函数(6-1)式便可以得到一般居民的最优储蓄函数 $s_t^W=\zeta^W w_t$,其中 $\zeta^W=(1+\beta^{-\theta}R^{1-\theta})^{-1}$,$R$ 代表存款利率。对于一个企业家而言,他在(自身)第一期以企业经理的形式参与到自家企业生产中,提供一单位劳动力或企业家能力并获得回报 $m_t=\varphi\Pi_t$,其中 Π_t 为该企业在当期的生产利润(总产出扣除掉税收部分以及雇佣的劳动报酬部分),φ 为企业经理获得的利润占比($\varphi<1$),其余部分的企业利润归老企业家(年轻企业家的父辈)所得,这个假设也保证了经理人和企业所有者目标一致的原则。年轻企业家在第一期期末的储蓄 s_t^E 既可以存储在银行,也可以投资于自家企业资本形成,另外该企业家还可以从银行获得贷款 l_t^E,两者之和即为下一期该企业的总资本量 $K_{Et+1}=s_t^E+l_t^E$。

银行或其他金融中介结构从一般工人或者年轻企业家手中获得存款,之后要么贷款给国内企业,要么购买外国债券。本模型假设银行或其他金融中介机构处于一个完全竞争的金融市场上,所以存款利率等于贷款利率,即无论是贷款

① 在本模型中企业给工人的劳动回报都是税后工资,这样的设定并不会影响到本章结论。

给国内企业还是用于购买国外债券，单位资金回报率都为 R。另外，我们假设由于政策因素或者信息不完全因素，银行不能完全自由地贷款给国内企业，具体来说，银行会根据企业家的私有资本来按比例划定贷款上限，即满足 $Rl_t^E \leq \sigma_t \cdot (s_t^E + l_t^E)$，参数 σ_t 可以理解为金融市场的发达程度，本模型中视为外生变量。实际上我们可以这样理解这个借贷约束条件，因为上文假设私人资本不会折旧，所以即使企业家的生产过程并没有给他带来任何利润（显然，利润为负的情况下年轻企业家是不会通过向银行贷款而继续从事企业生产的），在第二期时企业家的资本至少还有 $s_t^E + l_t^E$，而由于信息不对称使得银行相信企业家的资本只有 σ_t 部分是值得信任的、可以视为可靠的还贷资本金。

最后，我们来具体刻画地方政府的目标函数。考虑一个两地区竞争模型，多地区竞争模型的情形类似且不会改变本章的主要结论。在两地区模型中，假设某一期 P 地区领导官员在没有因为意外概率 η 离职，且该地区的产量又高于另一个地区 Q 的产量，则该领导人将获得政治奖励 V_t。需要说明的是，这个 V_t 应该理解为两地区竞争中胜者和败者的奖励差额，而不仅仅是胜者获得的奖励，其中也应该包含败者受到的处罚部分。另外，我们假设政治锦标赛的奖惩力度会以一个外生的速率加强，即满足 $V_t = (1+\mu) V_t$[①]，因为在不同时间段上只有当奖惩大小和经济发展程度相匹配时，政治锦标赛鼓励地方官员发展生产的这一机制才能起到作用。在本模型中，为了简化处理，我们将这一增长率设为外生。G_t 代表 t 期时地区内的生产性公共品水平，g_t 代表 t 期时地方政府对于地方生产性公共品的投资，另外我们假设生产性公共品没有折旧，所以前者是一个存量概念，而后者是一个流量概念。最后，对一些指标做解释说明：令 p_s 代表地区 P 在 s 时期的政治锦标赛中获胜的概率。那么，一个代表性地区 P 的领导人在面对

① 可以这样理解，如果政治锦标赛的最后一位会被撤职，那么显然这一效果应该和经济发展水平保持一致，所以随着经济发展，政治锦标赛的奖惩力度也应该越来越大。

两地区锦标赛时最优化问题为：①

$$\underset{\{g_0,g_1,g_2,\cdots\}}{\text{Max}}:c_0+p_0V_0+\sum_{t=1}^{\infty}(1/1+\rho)^t(1-\eta)^t(c_t+p_tV_t) \qquad (6-2)$$

$$s.t: c_t=\tau Y_t-g_t \qquad (6-3)$$

$$G_{t+1}=G_t+g_t \qquad (6-4)$$

$$Y_t=y_{Ft}+(N-n_{Ft})y_{Ht} \qquad (6-5)$$

其中，小写字母代表人均或企业平均水平，大写字母代表经济总体水平，所以 Y_t 代表的就是地区内当期总产出水平。另外，地区 P 在政治锦标赛中获胜的概率 p_t 满足以下条件：

$$p_t=\text{prob}(Y_t^P+\varepsilon_t^P>Y_t^Q+\varepsilon_t^Q) \qquad (6-6)$$

ε 既可以理解为生产过程中的随机干扰项，也可以理解为统计误差。在本模型中，假设任意时期、任意地区的误差项 ε 都服从同一分布 $F(\varepsilon)$②，且不同时期或者不同地区间的误差项独立不相关。

第四节　模型求解和主要结论

我们采用逆推式的两步法来求解企业最优化问题：(1)在给定当期资本投入量的基础上(上期的投资水平决定了当期生产过程中的资本投入量)，企业主会如何选择劳动投入量以及决定工资水平，并由此求出企业利润表达式。(2)在已知不同资本投入量而带来的利润回报的基础上，企业主会如何在上一期决定最优的投资水平。

首先，对于一个企业经理而言，在给定企业资本总量 k_{Et} 的条件下，通过选择

① 线性消费效用函数是(6-1)式效用函数在趋近于正无穷大时的形式，之所以选择线性形式，是因为这样就可以完全抽离出地方政府因政治激励而做出的生产性投资。

② F 代表累计概率函数，f 代表概率密度函数。

工资率 w_t 和雇用工人数 n_{Ft} 来达到企业利润最大化。在一个劳动力相对富足的环境下,企业主不会开出高于 $(1-\tau)y_{Ht}=(1-\tau)G_t^{\lambda\gamma}$ 的工资,同时也不能开出低于 $(1-\tau)y_{Ht}=(1-\tau)G_t^{\lambda\gamma}$ 的工资,所以最终均衡时必有 $w_t=(1-\tau)y_{Ht}=(1-\tau)G_t^{\lambda\gamma}$ 。那么,企业最优化问题可以写成:

$$\Pi_t(k_{Ft})=\max_{n_{Ft}}\{(1-\tau)G_t^{\gamma}k_{Ft}^{\alpha}n_{Ft}^{1-\alpha}-w_t n_{Ft}\} \tag{6-7}$$

$$s.t: w_t=(1-\tau)y_{Ht}=(1-\tau)G_t^{\lambda\gamma} \tag{6-8}$$

解得:

$$n_{Ft}=k_{Ft}G_t^{\frac{(1-\lambda)\gamma}{\alpha}}(1-\alpha)^{\frac{1}{\alpha}} \tag{6-9}$$

(6-9)式代入到 $y_{Ft}=G_t^{\gamma}k_{Ft}^{\alpha}n_{Ft}^{1-\alpha}$ 可得:

$$y_{Ft}=k_{Ft}G_t^{\frac{(1-\lambda+\alpha\lambda)\gamma}{\alpha}}(1-\alpha)^{\frac{1-\alpha}{\alpha}} \tag{6-10}$$

同理可以得出利润表达式:

$$\Pi_t(k_{Ft})=\alpha(1-\tau)y_{Ft}=\rho_{Ft}k_{Ft} \tag{6-11}$$

ρ_{Ft} 可以看成是企业部门的资本回报率,具体形式为:

$$\rho_{Ft}=\alpha(1-\tau)(1-\alpha)^{\frac{1-\alpha}{\alpha}}G_t^{\frac{(1-\lambda+\alpha\lambda)\gamma}{\alpha}} \tag{6-12}$$

由(6-12)式可以明显看到企业部门的利润率是地方生产性公共品的增函数。

企业利润中有一部分要拿出来作为企业经理人的劳动报酬,即 $m_t=\varphi\rho_{Ft}k_{Ft}$,所以企业主的可得利润是 $(1-\varphi)\rho_{Ft}k_{Ft}$,此时企业主的可支配收入是 $(1-\varphi)\rho_{Ft}k_{Ft}+k_{Ft}$,但是其中有一部分要还贷给银行 Rl_{t-1}^{E} ,所以站在年轻企业主的角度来说(即 $t-1$ 期的经理人的角度),他现在每一块钱的存款都可以在未来给自己带来 $(1-\varphi)\rho_{Ft}+1$ 的回报率,同样也适用于来自银行的贷款,那么只有在 $(1-\varphi)\rho_{Ft}+1>R$ 的条件下,年轻的经理人才有动力在下一期继续做企业。

根据(6-12)式,可知存在 $\bar{G}$,当 $G_{t+1}>\bar{G}$ 时有 $(1-\varphi)\rho_{Ft+1}+1>R$,在这种情形下(准确说是在预料到这种情形下),年轻企业家的储蓄形式就不会是将存款放在银行等金融机构,而是选择以投资自家企业的方式来处理储蓄。

当然,从后面的模型分析可以知道,G_t 的大小和地方政府投资生产性公共品的激励大小 V_t 相关,在 V_t 足够大的情况下,必然满足 $G_t > \bar{G}$ 。

进一步地,年轻的企业家如果在(自身)第一期将储蓄 s_t^E 投资于自家企业,另外还通过银行获得借款 l_t^E ,那么下一期该企业家的收入即为 $[(1-\varphi)\rho_{Ft+1}+1](s_t^E+l_t^E)-Rl_t^E$ 。用消费量来表示,即:

$$c_{1t}^E = m_t - s_t^E \tag{6-13}$$

$$c_{2t}^E = [(1-\varphi)\rho_{Ft+1}+1](s_t^E+l_t^E)-Rl_t^E \tag{6-14}$$

又因为在 $G_{t+1} > \bar{G}$ 时,即 $(1-\varphi)\rho_{Ft+1}+1 > R$ 时,企业家必定会尽量多地从银行获得贷款,即满足 $l_t^E = \sigma \cdot s_t^E/(R-\sigma)$,再将(6-13)式和(6-14)式代入到(6-1)式,可得企业家的储蓄倾向函数:

$$\zeta_t^E = \left(1+\left[\frac{R[(1-\varphi)\rho_{Ft+1}+1-\sigma]}{R-\sigma}\right]^{1-\theta}\beta^{-\theta}\right)^{-1} \tag{6-15}$$

类似于非企业家储蓄倾向的定义,记 ζ_t^E 为企业家的储蓄倾向,则 $s_t^E = \zeta_t^E m_t$。

结合以上内容,可得到跨期私人投资转移方程为:

$$k_{Ft+1} = \frac{R}{R-\sigma}\varphi\rho_{Ft}\zeta_t^E k_{Ft} \tag{6-16}$$

因为当 $G_{t+1} > \bar{G}$ 时,有 $(1-\varphi)\rho_{Ft+1}+1 > R$,所以当 $G_{t+1} > \bar{G}$ 时, $\zeta_t^E > \zeta^W = (1+\beta^{-\theta}R^{1-\theta})^{-1}$,即:

$$k_{Ft+1} \geqslant \frac{R\varphi\rho_{Ft}}{(R-\sigma)(1+\beta^{-\theta}R^{1-\theta})}k_{Ft} \tag{6-17}$$

(6-17)式结合(6-12)式可知,存在 $\hat{G}$ 当 $G_t > \hat{G}$ 时必有 $k_{Ft+1} \geqslant k_{Ft}$ 。综上,令 $G^* = \max(\bar{G},\hat{G})$ 则当 $G_t > G^*$ 时,有 $k_{Ft+1} \geqslant k_{Ft}$,最后结合(6-9)式和(6-10)式可知,同时成立的还有 $n_{Ft+1} \geqslant n_{Ft}$ 以及 $y_{Ft+1} \geqslant y_{Ft}$ 。至此,便可以得到以下两个命题:

命题6-1 当地区内生产性公共品数量足够高，即 $G_t > G^*$ 时，年轻企业家在 t 期的储蓄方式是将未消费的资本全部再投资于自家企业，并且通过银行获取可借贷资金的上限水平 $l_t^E = \sigma \cdot s_t^E/(R - \sigma)$；进一步地，在此条件下，企业家的储蓄倾向会高于普通居民的储蓄倾向，即 $\zeta_t^E > \zeta^W$，且企业家的储蓄倾向会随着未来地方生产性公共品水平的提高而提高，即 $\partial\zeta_t^E/\partial G_{t+1} > 0$。

命题6-1的前半部分可以通过前面的模型推导得出。对于命题6-1的后半部分可以这样理解：当企业资本回报率相对较高或者银行借贷相对受限时，企业家只能通过缩减自身当期消费从而通过自身储蓄来提供下一期的生产投资，此时企业家的储蓄倾向就会大于一般工人的储蓄倾向，而且企业家的储蓄倾向会随着未来企业部门资本期望回报率的提高而提高。又根据(6-12)式，企业单位资本回报率实际上是当期生产性公共品 G_t 的增函数，所以上述事实在 G_t 足够大时等价成立。

通过上面的分析，我们可以知道，地方政府在当期的储蓄部分 g_t 可以对总产出起到两方面的影响：首先，可以直接增加资本和劳动的边际生产效率，这一点可以通过两种生产方式的生产函数形式明显得到；其次，政府通过加大生产性公共品的投资，还可以吸引企业家加大自身部分的资本投资力度（同时加大劳动力雇佣），这一点可以通过命题6-1得到。两方面结合起来都可以拉动地区总产出，而且还会进一步改变收入分配格局。

命题6-2 当地方生产性公共品水平足够高，即 $G_t > G^*$ 时，随着生产性公共品 G_t 的增大，地区总产出会增加，企业部门收入占GDP的比例越来越高，居民部门收入占GDP的比例越来越低。

可以这样理解命题6-2，随着生产性公共品的增加，企业会增加雇佣劳动力，也会增加自身资本投资，所以劳动力会逐渐从自家小生产方式转变为大规模生产方式，而后者相对于前者更注重资本投入，相应的劳动收入占比也会越来越小。另一方面,根据(6-12)式我们也可以发现,当 $G_t > G^*$ 时,企业部门资本回报率 $(1-\varphi)\rho_{Ft}+1$ 高于普通工人储蓄的回报率 R,且随着 G_t 的增加,ρ_{Ft}的增长速度快于普通工人劳动工资 w_t 的增长速度,两者相结合导致企业家收入和普通居民收入之比越来越大。

以上两个命题都建立在这样一个基础之上,即地区内生产性公共品的水平要足够高,即要满足 $G_t > G^*$。那么,当生产性公共品的初始水平不及 G^* 时,地方政府是否有动力通过连续的公共投资将其提高到 G^* 之上?进一步地,当生产性公共品水平达到 G^* 后,地方政府是否仍会持续投资呢?下面一个命题对这些问题给出了回答。

命题 6-3 随着政治激励的逐步加强,地方生产性公共品的水平会越来越高,即当 $G_0 < G^*$ 时,地方政府会在有限期内通过公共投资将地方生产性公共品水平提高到 G^*,并在之后的过程中不断投资生产性公共品。

命题 6-3 向我们揭示了这样一个发展过程:刚开始的时候地方生产性公共品的提供水平很低,比如说 $G_t < G^*$,在这样的条件下,当地即使具有开办企业的条件也不会选择投资开办企业,因为此时办企业的资本回报率还不及银行存款的回报率,所以当地的生产方式完全是自家小生产模式;之后随着政治激励的不断加强,地方政府也会不断加大地方生产性公共品的投入力度,最终当 $G_t > G^*$ 时,地方上就会出现现代化的大规模生产方式。进一步地,在此之后,政治激励如果还在不断加强,那么相应的地方生产性公共品供应还会不断提高,办企业的资本回报率也会相应提高,从而促使企业主加大资本投入和扩大招工,从而将劳动力从第一产业吸引到第二产业。另外,结合命题 6-1 和命题 6-2 的内容,可以发现与整个发展过程同步发生变化的还有企业部门和居民部门的可支配收入份额比,以及企业部门的储蓄倾向。最后结合命题 6-1、命题 6-2、命题 6-3 就可以得到命题 6-4。

命题 6-4 随着政治激励的逐步加强，会出现以下结果：地区总产出增加、企业部门收入占比上升、居民部门收入占比下降、企业部门储蓄倾向加大、政府部门储蓄倾向加大、企业储蓄率上升、政府储蓄率上升、国民储蓄率上升。

由命题 6-2 和命题 6-3 可知在整个发展过程中虽然总产出会不断增加，但是企业部门收入占比会越来越高，居民部门收入占比会越来越低，另外结合命题 6-1 可知，当生产性公共品积累到一定程度时，企业部门的储蓄倾向会越来越高，且高于居民部门的储蓄倾向，再结合收入分配比例的转变就可以得到：企业部门储蓄率越来越高，居民部门储蓄率越来越低①，两者之和越来越高。最后，随着政治激励的加强，政府部门的储蓄（投资）倾向也会越来越强②，再结合政府部门的可支配收入占比始终保持不变，政府储蓄率会越来越高。综合以上内容，国民储蓄率也会越来越高。

最后，我们来求解地区净储蓄的表达式。净储蓄等于该地区的储蓄和投资之差，储蓄可以分成政府储蓄、居民储蓄和企业储蓄（我们将企业家的储蓄视为企业储蓄），投资可以分成企业投资和政府投资。在我们的模型中，政府储蓄永远等于政府投资，所以净储蓄就等于居民储蓄和企业储蓄之和，然后再与企业投资的差。值得注意的是，因为是 OLG 模型，所以社会上的非政府储蓄是年轻一代居民与企业家的储蓄和年老一代居民与企业家的储蓄之和，具体来说，此时的非政府储蓄可以写成 $S_t = Y + S_t^0$，因为个人只活两期，所以个人年老时的储蓄就等于年轻时的储蓄的相反数，那么 $S_t = S_t^Y - S_{t-1}^Y$。进一步地，年轻一代的储蓄 S_t^Y 既包含一般年轻居民的储蓄 $\zeta^w G_t^{\lambda\gamma} N$ 还包括年轻企业家的储蓄 S_t^E。另外，企业投资可以认为是两期资本存量之差，即满足 $I_{Ft} = k_{Ft+1} - k_{Ft}$，结合上文的内容可

---

① 现实数据显示，虽然居民部门可支配收入占比在下降，但是居民部门储蓄率反而略有提升，这是因为现实中居民储蓄倾向在较大幅度地提升。本模型中因为居民储蓄倾向固定，所以在收入占比减小时储蓄率必然减小。

② 因为本模型中政府部门保持平衡的财政收支，所以政府储蓄就等于政府投资。

知，$k_{Ft+1}=\sigma S_t^E/(R-\sigma)$，最后结合（6－11）和（6－15）便可以得到净储蓄的最终表达式（经过整理和化简）：

$$CA_t = \zeta^W N(G_t^{\lambda\gamma} - G_{t-1}^{\lambda\gamma}) - \frac{\sigma}{R-\sigma}[\zeta_t^E \varphi\alpha(1-\tau)y_{Ft} - \zeta_{t-1}^E \varphi\alpha(1-\tau)y_{Ft-1}] \tag{6-18}$$

因为 $\zeta_t^E<1$，所以当 σ（代表金融市场发达程度）相较而言足够小时，C_{At} 就是 G_t 的增函数。① 随着地方生产性公共品的增加，总产出会加速增大，从而带动总储蓄增加，而金融摩擦的存在使得总投资的增速跟不上地方储蓄的增速，并最终形成净储蓄，即经常账户盈余。

命题 6－5 随着政治激励的逐步加强，地区会出现净储蓄，且净储蓄值会越来越大。

第五节 总结

本章从地方政府竞争的角度对中国以低消费、高储蓄为特点的经济结构失衡提出了一个理论解释。在政治锦标赛的框架下，地方政府成为生产型政府，在财政支出方面表现为更偏好于投资生产性的公共品，挤压其他非生产性但和民生福利紧密相关的支出项目。生产型政府一方面会加大自身部门的储蓄（投资）倾向，另一方面通过生产性公共品对企业部门形成补贴，从而进一步加大企业部门可支配收入以及企业部门的再投资倾向，最终导致低消费和高储蓄的经济结构。当国内储蓄增长过快而国内投资因为金融抑制和投资回报率下降等原因无法跟上时，就会形成净储蓄，即经常账户盈余。

---

① 即金融市场发展程度跟不上实体经济发展程度的情形。将（6－18）式对 G_t 求导，就可得到 CA_t 是 G_t 的增函数。

上述分析表明,结构失衡来自体制结构问题,要做结构调整就必须进行体制改革。事实上,结构的严重失衡就是重启改革议程的契机。

首先,要削弱乃至废除 GDP 挂帅的政绩考核模式。其次,要建立真正的公共财政,强化政府的公共性质,强调民众的参与程度。民众的参与虽然不能解决政府的所有问题,但至少可以降低政府支出中生产性支出的比例。一个公共财政型政府和一个生产型政府的不同之处在于,后者的目标是单一的,即经济增长,而前者的目标是多样的。在多样的目标下如何进行取舍,是公共财政型政府必须面对的难题,其他国家的历史经验表明,更多的民主是解决这个难题的必由之路。民主化不一定需要政党政治,民众对政治过程的参与才是根本性的,"政治过程"就是民众就有关自身利益的公共事务,包括对市场的干预进行辩论和协商的过程。

世界范围内的经验表明,许多发展中国家曾经在威权体制加混合经济的模式下实现了一个阶段的高速增长,但最终却陷入了"中等收入"陷阱,其特点是收入分配极度不平等、政治动荡和经济停滞。相反,少数能够较好地完成民主化转型的国家(如韩国)不仅实现了收入的平等分配和政治稳定,而且维持了持续的增长。中国应该吸收正反两方面的经验,以结构调整为契机,启动政治过程民主化进程。

参 考 文 献

白重恩、钱震杰,2009:《国民收入的要素分配:统计数据背后的故事》,《经济研究》,第 3 期。

方红生、张军,2009:《中国地方政府扩张偏向的财政行为:观察与解释》,《经济学(季刊)》,第 3 期。

李稻葵、李丹宁,2006:《中美贸易顺差:根本原因在哪里?》,《国际经济评论》,第 5 期。

李稻葵、刘霖林、王红领,2009:《GDP 中劳动份额演变的 U 型规律》,《经济研究》,第 1 期。

李扬、殷剑峰,2007:《中国高储蓄问题探究——基于1992—2003年中国至今流量表的分析》,《经济研究》,第6期。

徐建炜、姚洋,2010:《国际分工新形态:金融市场与全球失衡》,《世界经济》,第3期。

张军、高远、傅勇、张弘,2007:《中国为什么拥有了良好的基础设施?》,《经济研究》,第3期。

周黎安,2004:《晋升博弈中政府官员的激励与合作——兼论我国地方保护主义和重复建设问题长期存在的原因》,《经济研究》,第6期。

周黎安,2007:《中国地方官员的晋升锦标赛模式研究》,《经济研究》,第7期。

Chen, Binkai, and Yao Yang, "The Cursed Virtue: Government Infrastructural Investment and Household Consumption in Chinese Provinces", *Oxford Bulletin of Economics and Statistics*, 2011, 73(6), pp. 856 - 877.

Feenstra, R. , Hai Wen. , Woo, W, and Yao Shunli, "Discrepancies in International Data: An Application to China-Hong Kong Entrepot Trade", *American Economic Review Papers and Proceedings*, 1999, 89(2), pp. 338 - 343.

Huang Yiping, and Tao Kunyu, "Factor Market Distortions and the Current Account Surplus in China", *Asian Economic Papers*, 2010, 9(3), pp. 1 - 36.

Song Zheng, Storesletten , Kjetil, and Zilibotti , Fabrizio, "Growing Like China", *American Economic Review*, 2011, 101(1), pp. 196 - 233.

Wei, S. , and Zhang, X. , 2009, "The Competitive Saving Motive: Evidence from Rising Sex Ratios and Saving Rates in China", *Journal of Political Economy*, 119(3), pp. 511 - 564.

Wei, S. , and Zhang, X. , 2011, "Sex Ratios, Entrepreneurship, and Economic Growth in the People's Republic of China", NBER Working Papers 16800, NBER.

Xu, C. , "The Fundamental Institutions of China's Reforms and Development", *Journal of Economic Literature*, 2011, 49(4), pp. 1076 - 1151.

Yao Yang, "The Relationship between China's Export-led Growth and Its Double Transition of Demographic Change and Industrialization", *Asian Economic Papers*, 2011, 10(2), pp. 52 - 76.

Yu Yongding, "Global Imbalances and China", *Australian Economic Review*, 2007, 40(1), pp. 3 - 23.

附　录

一、命题 6－1 的证明

当 $G_t > \bar{G}$ 时可知 $G_{t+1} > \bar{G}$，所以必然满足：

$$(1-\varphi)\rho_{Ft+1} > R \qquad (6-A1)$$

再结合 $\theta>1$ 就可以得到：

$$\zeta tE > \zeta W \qquad (6-A2)$$

最后观察（6－15）式可知 $\partial\zeta_t^E/\partial\rho_{Ft+1} > 0$，另外通过（6－12）式可知 $\partial\rho_{Ft+1}/\partial G_{t+1} > 0$

综上可得：

$$\partial\zeta_t^E/\partial G_{t+1} > 0 \qquad (6-A3)$$

二、命题 6－2 的证明

由模型设定可知地区总产出的表达式 $Y_t = y_{Ft} + (N-n_{Ft})y_{Ht}$，再结合(6－8)和(6－9)式可得：

$$y_{Ft} = \frac{n_{Ft}y_{Ht}}{1-\alpha} \qquad (6-A4)$$

将(6－A4)式代入到总产出表达式，可得：

$$Y_t = (N + n_{Ft}\frac{\alpha}{1-\alpha})y_{Ht} \qquad (6-A5)$$

由(6－9)式可知 n_{Ft} 是 G_t 的增函数，且 y_{Ht} 也是 G_t 的增函数，所以地区总产出 Y_t 就是地区生产性公共品 G_t 的增函数。

在整个过程中，普通劳动者总收入为 $(1-\tau)Ny_{Ht}$，结合(6－A5)可知其收入占总产出的比例会随着 n_{Ft} 的递增而递减，而 n_{Ft} 又是 G_t 的增函数，所以普通劳动者的收入占比会随着 G_t 的增大而减少。另外，企业家收入和普通居民收入之和占总产出的比例固定为 $1-\tau$，所以当普通居民收入占比下降时，企业家收入占比也相应就提高了。

三、命题 6－3 的证明

我们首先证明在均衡条件下必然成立的一个等式 $\frac{\partial Y_t}{\partial G_t}=\frac{\partial p_t}{\partial G_t}$

因为 $p_t=\text{prob}(Y_t^P+\varepsilon_t^P>Y_t^Q+\varepsilon_t^Q)=\text{prob}(Y_t^P-Y_t^Q>\varepsilon_t^Q-\varepsilon_t^P)$，另外由于任意时期、任意地区的误差项 ε 都服从同一分布 $F(\varepsilon)$，且不同时期或者不同地区间的误差项独立不相关，所以我们不妨令 $\bar{\varepsilon}=\varepsilon^Q-\varepsilon^P:\bar{F}(\cdot)$，相应的概率密度函数记为 $\bar{f}(\cdot)$。由于对称性，显然有 $\bar{F}(0)=1/2$，不妨设 $\bar{f}(0)=1$。根据上面的内容，我们就可以得到 $p_t=\bar{F}(Y_t^P-Y_t^Q)$，所以：

$$\frac{\partial p_t}{\partial G_t}=\bar{f}(Y_t^P-Y_t^Q)\cdot\frac{\partial Y_t}{\partial G_t}=\frac{\partial Y_t}{\partial G_t} \qquad (6-A6)$$

后一个等式运用到以下知识：在均衡解下，地区的同质性导致地区最优解的对称性，所以就有 $Y_t^P=Y_t^Q$。

下面我们就来证明随着政治激励的不断加强，地区生产性公共品的总量也会不断增加。

首先，证明前半部分，即在有限期内生产性公共品必然能达到 G^* 水平。如果不成立，那么命题 6－3 只可能存在以下两种情况：(1) 存在一个时间 T 满足 $G_T+i=G_T$，任意 $i\geqslant 0$，即从 T 期开始，地方政府将不再投资生产性公共品，且 $G_T<G^*$；(2) 虽然 G_t 一直在增大，但是任意有限期内都满足 $G_t<G^*$。无论是哪一种情况，对(6－2)式中的 G_T 求导都必然会满足以下不等式：

$$1\geqslant\sum_{i=1}^{\infty}\left(\frac{1-\eta}{1+\rho}\right)^i\cdot\left(\tau\cdot\frac{\partial Y_{T+i}}{\partial G_{T+i}}+V_{T+i}\cdot\frac{\partial p_{T+i}}{\partial G_{T+i}}\right) \qquad (6-A7)$$

(6 - A7)式结合(6 - A6)式得：

$$1 \geqslant \sum_{i=1}^{\infty}\left(\frac{1-\eta}{1+\rho}\right)^{i} \cdot (\tau + V_{T+i}) \cdot \frac{\partial Y_{T+i}}{\partial G_{T+i}} \tag{6 - A8}$$

若此时符合情况(1)则有 $\partial Y_{T+i}/\partial G_{T+i} = \partial Y_{T}/\partial G_{T} = \lambda\gamma N G_{T}^{\lambda\gamma-1}$，又因为 $V_{t+1} = (1+\mu)V_{t}$ 即政治激励在不断加强，所以(6 - A8)式可以写成：

$$1 \geqslant \sum_{i=1}^{\infty}\left(\frac{1-\eta}{1+\rho}\right)^{i}\lambda\gamma N G_{T}^{\lambda\gamma-1}\tau + \sum_{i=1}^{\infty}\left[\frac{(1-\eta)(1+\mu)}{1+\rho}\right]^{i} V_{T} \cdot \lambda\gamma N G_{T}^{\lambda\gamma-1} \tag{6 - A9}$$

因为 $G_{T} < G^{*}$，所以 $G_{T}^{\lambda\gamma-1} > (G^{*})^{\lambda\gamma-1}$，那么在 $1+\mu$ 足够大的条件下(6 - A9)式右边第二项必然会大于1，即(6 - A9)不成立，矛盾。

若(6 - A8)是发生在情况(2)下，即 G_{t} 一直在增大但是任意有限期内都满足 $G_{t} < G^{*}$，那么必然存在 $G' = \sup(G_{t})_{t=0}^{\infty}$ 且满足 $G' \leqslant G^{*}$，那么就有：

$$\partial Y_{T+i}/\partial G_{T+i} = \lambda\gamma N G_{T+i}^{\lambda\gamma-1} \geqslant \lambda\gamma N (G')^{\lambda\gamma-1} \geqslant \lambda\gamma N (G^{*})^{\lambda\gamma-1} \tag{6 - A10}$$

(6 - A8)式成立的条件下就必然有以下不等式：

$$1 \geqslant \sum_{i=1}^{\infty}\left(\frac{1-\eta}{1+\rho}\right)^{i}\lambda\gamma N (G^{*})^{\lambda\gamma-1}\tau + \sum_{i=1}^{\infty}\left[\frac{(1-\eta)(1+\mu)}{1+\rho}\right]^{i} V_{T} \cdot \lambda\gamma N (G^{*})^{\lambda\gamma-1} \tag{6 - A11}$$

那么在 $1+\mu$ 足够大的条件下(6 - A11)式右边第二项必然会大于1，即(6 - A11)不成立，矛盾。

综上可知在有限期内生产性公共品必然能达到 G^{*} 水平。

其次，我们再来证明命题6 - 3 的后半部分，即当生产性公共品水平达到 G^{*} 后，地方政府仍会继续投资生产性公共品。如若不然，则存在一个时间 T 满足 $G_{T+i} = G_{T}$，任意 $i \geqslant 0$，即从 T 期开始地方政府将不再投资生产性公共品，且 $\infty > G_{T} > G^{*}$。同样的，对(6 - 2)式中的 G_{T} 求导，则(6 - A8)式依然应该成立，但是和上面的证明过程不同的是，此时总生产函数 Y_{T+i} 的形式将发生变化，在上面的证明过程中，因为 $G_t < G^*$，所以有 $Y_t = NG_t^{\lambda\gamma}$，现在 $G_t > G^*$，总生产函数就应该满足（6－A5）式，再结合（6－9）式和（6－16）式就可以得到：

$$Y_{T+i} = [N + k_{FT}G_T^{\frac{(1-\lambda)\gamma}{\alpha}}(1-\alpha)^{\frac{1}{\alpha}}\frac{\alpha}{1-\alpha}\prod_{t=T}^{T+i-1}\frac{R}{R-\sigma}\varphi\rho_{Ft}\zeta_t^E]G_T^{\lambda\gamma}$$

（6－A12）

结合（6－12）式和（6－15）式，令 $A(G_T) = \frac{R}{R-\sigma}\varphi\rho_{FT}\zeta_T^E$，则（6－A12）式可化简为：

$$Y_{T+i} = [N + k_{FT}G_T^{\frac{(1-\lambda)\gamma}{\alpha}}(1-\alpha)^{\frac{1}{\alpha}}\frac{\alpha}{1-\alpha}(A(G_T))^i]G_T^{\lambda\gamma} \quad (6-A13)$$

因为 $G_T > G^*$ 所以 $A(G_T) > 1$ 且 $A'(G_T) > 0$，那么就有 $\partial Y_{T+i}/\partial G_{T+i} > \partial Y_T/\partial G_T$，则（6－A8）成立时必然有以下不等式：

$$1 \geqslant \sum_{i=1}^{\infty}\left(\frac{1-\eta}{1+\rho}\right)^i\frac{\partial Y_T}{\partial G_T}\tau + \sum_{i=1}^{\infty}\left[\frac{(1-\eta)(1+\mu)}{1+\rho}\right]^i V_T \cdot \frac{\partial Y_T}{\partial G_T} \quad (6-A14)$$

因为 G_T 是一个有限常数，所以 $\partial Y_T/\partial G_T$ 也是一个有限常数，那么在 $1+\mu$ 足够大的条件下（6－A14）式右边第二项必然会大于1，即（6－A14）不成立，矛盾。综上可知，当生产性公共品水平达到 G^* 后，地方政府仍会继续投资生产性公共品。

第七章　地方政府基础设施投资与中国居民消费

基于中国1978—2008年省级面板数据，本章对政府基础设施投资与居民消费之间的关系进行了实证研究，发现政府基础设施投资比例越高，居民消费率越低。在短期内，基础设施投资占政府支出的比重上升1个百分点将导致居民消费率下降约0.3个百分点，在长期内将导致居民消费下降约0.5个百分点。本章进一步研究了政府基础设施投资影响居民消费率的机制，发现基础设施投资主要有利于资本密集型行业，使得国民收入结构由居民向企业倾斜，进而导致居民消费率下降。本章识别了基础设施投资影响居民消费的两个具体机制，首先，基础设施投资提高了资本密集的第二产业占GDP的比重，进而导致劳动收入份额下降，居民消费率下降；其次，基础设施投资还将引导工业企业选择更加资本密集型的技术，导致工业内部资本份额上升，劳动份额下降，居民消费率下降。

第一节　引言

改革开放以来，我国经济迅速发展，投资、消费、净出口被称为拉动我国经济增长的“三驾马车”。但是，2000年以来，“三驾马车”的步伐开始出现不一致，投资和出口表现强劲,而消费需求却持续萎靡不振,结构性矛盾日益突出。短短数年,最终消费率(消费/GDP)由2000年的62.3%急剧下降到2008年的48.6%,居民消费率由2000年的46.4%下降到2008年的35.3%[①],内需不足已经构成我国经济又好又快发展的重要制约因素。同一时期,我国国民收入分配结构不断由居民向企业和政府倾斜,居民收入占国民收入的比例由1999年的67.2%快速下降到2007年的57.5%[②],图7-1描述了1992—2007年我国国民收入分配结构与居民消费率的演变历程。

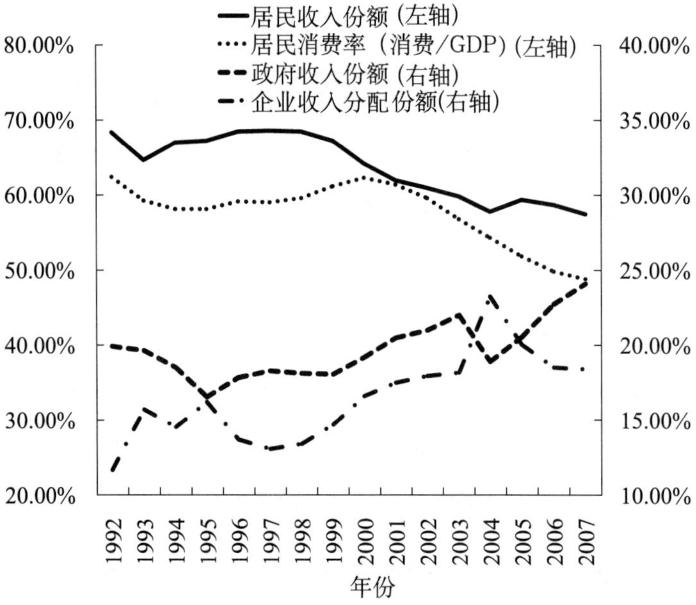

图7-1　国民收入分配结构与居民消费(1992—2007)

从图7-1中不难看出,自20世纪末以来,我国居民收入占国民收入的份额持续下降,政府和企业收入的份额相应上升,居民消费率则不断降低。中国国民收入分配结构不合理与消费需求疲软的关系如何?Kuijs(2005)基于跨国数据

① 《中国统计年鉴》,2009。

② 《中国统计年鉴》,2000—2009。

的比较研究发现，企业收入占比过高是中国高储蓄、低消费的主要原因。Aziz 和 Cui（2007）则将我国居民消费率下降的原因归结为我国居民收入占比的降低。李扬和殷剑峰（2007）利用中国资金流量表数据对我国储蓄率上升的原因进行了更为细致的分解，发现政府部门占国民收入分配比例的上升和政府储蓄率的提高是中国储蓄率上升的重要动因。白重恩、钱震杰（2009a）利用更新的资金流量表数据和省际收入法 GDP 数据重新考察了中国储蓄率上升的原因，发现国民收入结构由居民向企业和政府倾斜是中国内需不足的重要原因。

然而，国民收入分配结构向企业和政府倾斜的原因何在？Kuijs（2005）认为快速工业化是企业收入份额上升的重要原因。Aziz 和 Cui（2007）认为金融市场不完备是企业高储蓄的主要原因。李稻葵等（2009）基于跨国数据的研究发现，劳动收入份额下降是经济发展不同阶段的产物。龚刚、杨光（2010）则从劳动力无限供给的角度分析了劳动收入份额下降的原因。白重恩、钱震杰（2009b）基于分解的方法发现，产业结构变迁是劳动收入份额下降最直接的解释因素，然而，他们并没有对产业结构快速转变背后的根本原因进行深入分析。

本章将研究地方政府通过基础设施投资来影响产业结构，进而影响居民消费率的机制。事实上，各级政府始终是我国经济中重要的投资主体。1995—2005 年，资本形成占政府支出的比例高达 30%—50%，占 GDP 的比例达20%—24%[①]，而这些政府投资大部分流向了基础设施。现有文献对基础设施投资的关注主要集中于讨论它对经济增长的作用（如郭庆旺、贾俊雪，2006；傅勇、张晏，2007 等），认为基础设施投资有利于促进经济增长。然而，本章的研究将表明，政府基础设施投资对居民消费需求的负影响可能抵消基础设施投资带来的正收益。

本章的理论逻辑如下：财政分权导致地方政府为吸引投资、促进当地经济

① 《中国统计年鉴》，2009。

增长而竞争。为吸引更多的投资，地方政府需要提供道路、水、电等方面的优质基础设施。部分基础设施投资可以促进企业的有效生产和流通（如道路），而其他的基础设施投资则等价于直接补贴企业（如电力等）。政府基础设施投资对企业的影响是非平衡的，对基础设施依赖程度更高的第二产业（如制造业、建筑业等）将在政府基础设施投资中获得更大的收益。同时，由于第二产业是地方政府的主要税收来源，基础设施投资也会更加偏向第二产业。因为第二产业的资本密集度高于其他产业，其比例的上升将导致劳动收入占总收入份额的下降，进而导致消费率下降。另外，由于部分基础设施投资实际上构成了对资本投资的直接补贴，这会降低资本成本，引导企业选择更加资本密集型的技术，导致第二产业内部资本密集度提高，这将进一步降低劳动份额和居民消费率。我们将利用中国 1978—2008 年的省级面板数据对上述理论进行检验。

本章余下的内容安排如下：第二节给出了政府基础设施、产业结构、劳动收入份额和居民消费之间关系的描述性统计；第三节基于缩减模型对基础设施投资和居民消费之间的关系进行了计量检验；第四节基于结构模型对基础设施投资影响居民消费的两个机制进行了实证检验；第五节为结论性评述。

第二节　描述性统计

本章所使用的数据主要来自国家统计局的《中国统计年鉴》1978—2008 年各省数据和中经网的统计数据库。考虑到数据的一致性和可比性，我们使用的数据是经济普查、人口普查后经调整的数据，同时剔除了前后数据不可比的四川省、重庆市和数据质量问题较大的西藏自治区，获得中国 28 省 31 年的省级面板数据。本章所涉及的主要变量和定义如表 7－1 所示。

表 7-1 变量定义与说明

变量	变量含义	定 义	数据来源
hhcon_ratio	居民消费率	居民消费/地区 GDP	1978—1989 年的数据来自《新中国五十年统计资料汇编(1949—1998)》;1990—2008 年的数据来自中经网统计数据库
Infras_ratio	基础设施投资比重	基础设施投资/地方政府支出	1978—1998 年的数据来自《新中国五十年统计资料汇编(1949—1998)》;1999—2008 年的数据来自历年《中国统计年鉴》
Labor_share	劳动份额	劳动收入/地区收入法 GDP	1993—2004 数据来自《中国国内生产总值核算:历史资料(1952—2004)》;2005—2008 年的数据来自历年《中国统计年鉴》
Profit_indus	工业利润比	工业企业利润/工业总产值	中经网统计数据库
Sec_ratio	第二产业比重	第二产业 GDP/地区 GDP	1978—1989 年的数据来自《新中国五十年统计资料汇编(1949—1998)》;1990—2008 年的数据来自中经网统计数据库
Per-capita GDP	人均真实 GDP	人均真实 GDP(2000 年不变价)	同上
Per-capita GDP^2	人均真实 GDP 平方	人均真实 GDP 平方	同上
Share of SOE employment	国有企业职工比例	国有企业职工/职工总人数	同上
Trade/GDP	贸易依存度	进出口总额/地区 GDP	同上
Gov'n revenue/GDP	政府财政收入比	政府财政收入/地区 GDP	同上

基于 1978—2008 年省级面板数据,本部分将对政府基础设施投资、产业结构与居民消费之间的关系进行初步描述。图 7-2 给出了基础设施投资比重与居民消费率之间的关系,其中图 7-2(a)为基础设施投资比重与居民消费率绝对量之间的关系,图 7-2(b)则是在控制了时间和地区因素后基础设

施投资比重与居民消费率残差之间的关系。从图 7－2(a)中我们似乎没有观察到二者的关系，然而从图 7－2(b)可以看出，在控制了经济周期因素的影响后，某一省内的基础设施投资比重与居民消费率之间呈现出非常显著的负相关关系。换言之，在地区内部，基础设施投资比重越高，居民消费率就越低，这与本章的理论预期相符。

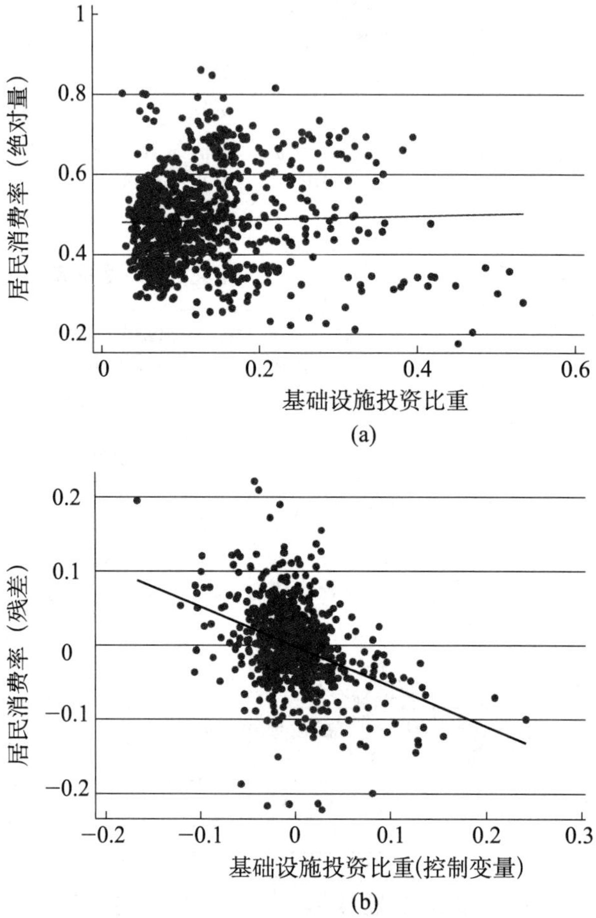

图 7－2　基础设施投资与居民消费率

图 7－3 描述了基础设施投资比重、第二产业比重、劳动份额和居民消费率之间的关系。从图中可以看出，基础设施投资占政府支出的比重越高，第二产业

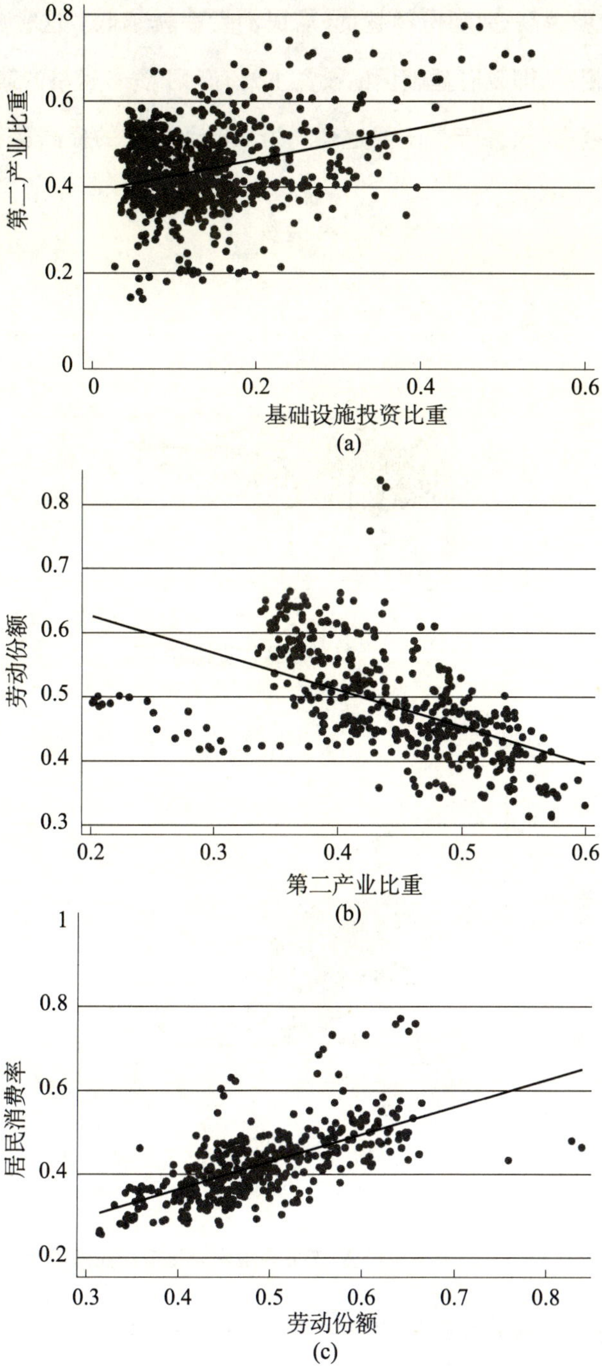

图 7－3　基础设施投资比重、第二产业比重、劳动份额与居民消费率

占 GDP 的比重就越高;劳动份额越低,居民消费率就越低。这种相关关系与本章的理论假说相符,即政府基础设施投资主要有利于资本密集的第二产业,政府基础设施投资越多,第二产业比重越高。第二产业比重的提高将导致劳动份额下降,居民消费率下降。

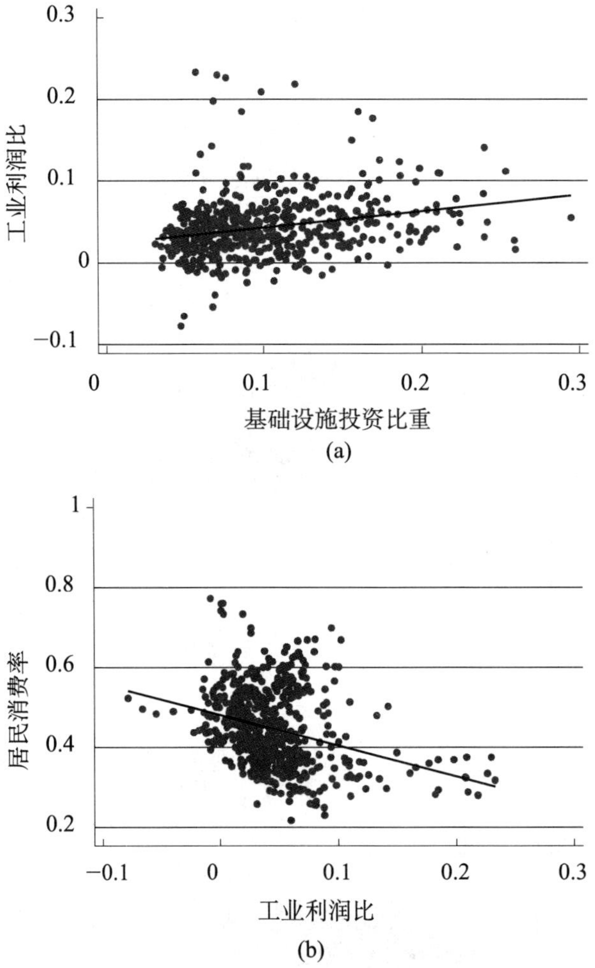

图 7－4　基础设施投资、工业企业利润比与居民消费率

图 7－4 进一步描述了基础设施投资与工业内部结构的关系。从图 7－4 中可以看出,基础设施投资占政府支出的比重越高,工业企业利润占工业总产值的

比重就越高,居民消费率越低。这种相关关系初步支持了本章的理论假说,基础设施投资主要补贴了资本投资,引导工业企业选择更为资本密集型的技术,导致资本份额上升,劳动份额下降,居民消费率下降。

总体而言,描述性统计结果与本章理论假说相符,下文将对基础设施投资、产业结构与居民消费率之间的关系进行更为严格的实证检验。第三节将基于缩减模型(reduced form)直接检验基础设施投资与居民消费之间的关系。第四节将基于结构模型(structural form)检验基础设施投资影响居民消费的机制。

第三节　基础设施投资与居民消费

前文分析表明,政府基础设施投资主要有利于提高物质资本生产效率,导致产业结构向资本密集部门倾斜,使得国民收入分配结构由居民向企业倾斜,居民消费率下降。为检验基础设施投资与居民消费率的关系,我们构建如下计量模型:

$$\text{hhcon\_ratioit} = \alpha_0 + \alpha_1 \text{Infras\_ratioit} + \beta X_{it} + u_i + \gamma_t + \varepsilon_{it} \qquad (7-1)$$

其中,hhcon_ratioit 为 i 省 t 年的居民消费率(居民消费/地区 GDP);Infras_ratioit 为 i 省 t 年政府基础设施投资占政府支出的比重;u_i 为 i 省的省份虚拟变量;γ_t 为 t 年的年度虚拟变量;ε_{it} 为残差项;α_1 是实证研究所关注的待估计参数,度量了基础设施投资比重对居民消费率的影响,根据本章的理论假说,我们预期 α_1 为负;X_{it}为计量分析的控制变量,β 是这些变量的系数。以现有文献为基础,我们在研究中所选择的控制变量包括:

(1)经济发展程度。居民储蓄率和消费率可能与经济发展程度紧密相关。Horioka(2007)对日本经济发展过程中居民储蓄率的基本事实进行了总结,发现日本居民储蓄率呈现先上升后下降的规律,转折点出现在1971—1973年的石油危机前后。Park and Rhee(2005)发现韩国的储蓄率呈现相似特征,但转折点出现在20世纪90年代前后。李稻葵等(2009)、龚刚和杨光(2010)基于跨国数据的分析发现,劳动收入份额在经济发展过程中呈现先下降后上升的U形规律。我们据此推测,居民消费率在经济发展过程中可能也会呈现先下降后上升的形态。鉴于此,我们在回归方程中引入人均GDP及其平方项。若GDP的系数为负,其平方项系数为正,则支持了上述理论。

(2)经济转型。中国经济的一个核心特征是我们正处于经济转型过程中,经济转型最令人瞩目的变化就是经济的非国有化。Lin(2003)指出,国有企业是政府推行重工业优先发展战略的产物,因此,国有企业比例越高,意味着劳动份额越低,居民消费率越低。然而,白重恩、钱震杰(2009b)却发现,国有企业改制和垄断是我国劳动份额下降的重要影响因素。我们以国有企业职工占职工总人数的比例作为经济转型的表征,对上述理论进行实证检验。

(3)对外开放。1978年以来,中国对外开放政策对中国经济产生了深远的影响。2006年,中国的贸易依存度已经超过了70%,大大推动了中国的制造业以及与贸易相关的金融贸易和服务业的发展。根据比较优势理论,对外开放将使发展中国家或地区专业化生产符合其比较优势的劳动密集型产品,这将提高劳动份额和居民消费率。我们以贸易依存度(进出口总额/GDP)作为对外开放程度的表征,并预期其系数为负。

(4)政府干预。中国地方政府在经济生活中始终扮演着重要的角色。本章使用政府财政收入占GDP的比重作为政府干预程度的代理变量。

表 7－2　政府基础设施投资和居民消费:标准回归

	标准双向固定效应模型	混合 OLS 模型	随机效应模型	滞后 1 期标准双向固定效应模型	滞后 3 期标准双向固定效应模型	5 年平均标准双向固定效应模型
	(1)	(2)	(3)	(4)	(5)	(3)
Infras_ratio	－0. 310 ***	－0. 219 ***	－0. 315 ***	－0. 318 ***	－0. 275 ***	－0. 498 ***
	0. 043	0. 058	0. 042	0. 042	0. 041	0. 115
Per-capita GDP	－0. 125 ***	－0. 239 ***	－0. 133 ***	－0. 110 ***	－0. 099 ***	－0. 186 ***
	0. 016	0. 016	0. 016	0. 016	0. 017	0. 041
Per-capitaGDP^2	0. 022 ***	0. 045 ***	0. 023 ***	0. 020 ***	0. 021 ***	0. 035 ***
	0. 003	0. 003	0. 003	0. 003	0. 003	0. 008
Share of SOE	－0. 104 **	0. 148 ***	－0. 070	－0. 097 **	－0. 091 *	－0. 106
employment	0. 048	0. 034	0. 046	0. 047	0. 048	0. 107
Trade/GDP	0. 062 ***	0. 091 ***	0. 064 ***	0. 051 ***	0. 040 ***	0. 081 ***
	0. 011	0. 013	0. 011	0. 011	0. 011	0. 030
Gov'n	－0. 692 ***	－0. 651 ***	－0. 703 ***	－0. 651 ***	－0. 586 ***	－0. 761 ***
revenue/GDP	0. 042	0. 052	0. 041	0. 041	0. 040	0. 092
常数项	0. 574 ***	0. 533 ***	0. 597 ***	0. 880 ***	0. 885 ***	0. 943 ***
	0. 049	0. 031	0. 040	0. 050	0. 051	0. 106
R^2	0. 882	0. 679	0. 610	0. 882	0. 885	0. 898
样本容量	777	777	777	779	753	158

注:＊＊＊、＊＊、＊分别表示在 1%、5%、10% 的水平上显著。

表 7－2 报告了基于计量方程(7－1)式的不同回归模型的结果。第(1)列汇报了标准双向固定效应模型的结果。从回归结果中可以看出,所有的解释变量都高度显著且符合直觉。基础设施投资的系数完全符合预期,政府基础设施投资占比提高一个百分点,居民消费率下降 0. 31 个百分点。人均 GDP 与居民消费率呈现 U 形关系,其转折点出现在 28000 元左右。人均 GDP 与居民消费率之间的 U 形关系可能主要反映了产业结构变迁的影响:在经济发展初期,经济中以农业为主,劳动份额比较高,居民消费率也相应比较高;随着工业化的不断推进,劳动份额不断下降,居民消费率下降;在经济发展后期,服务业比重开始不断上升(比如北京的服务业比重已经占到其 GDP 的 70% 以上),劳动份额又开

始回升,居民消费率相应上升。人均 GDP 与居民消费呈现 U 形关系与李稻葵(2009),龚刚、杨光(2010)等基于跨国数据的研究结果相一致。

在其他控制变量中,国有企业职工比例越高,居民消费率越低,这与 Lin(2003)的理论一致,即国有企业是重工业优先发展战略的产物,大部分国有企业均为资本密集型,因此国有企业份额上升将降低劳动收入,进而降低居民消费率。同时,开放程度越高(贸易依存度越高)的地区居民消费率越高。这一点与我国对外贸易的基本事实相一致:我国的对外贸易主要集中于劳动密集型部门,对外开放将提高经济中劳动密集型部门的比例,进而提高劳动份额和居民消费率。对外开放对居民消费率的影响程度看上去似乎不大,贸易依存度提高 1 个百分点,居民消费率仅提高 0.06 个百分点。然而,如 Xu(2008)所指出,中国的出口是高度集中的,9 个沿海省份贡献了中国出口额的 90%。考虑到中国的出口集中于沿海省份的现实,在其他条件相同的前提下,这些省份的居民消费率将远远高于其他内陆地区。最后,政府收入比对居民消费率的影响是负向的,政府财政收入占 GDP 比重上升一个百分点,居民消费率将下降 0.69 个百分点。

表 7 - 2 中其他各列主要用于检验双向固定模型的稳健性。第(2)和第(3)列分别报告了混合 OLS 模型和随机效应模型的回归结果。除国有企业职工比例以外,所有回归结果都与双向固定模型相一致,且系数估计值也比较相近。国有企业职工比例在混合 OLS 模型中的系数显著为正,在随机效应模型中为负,但不再显著。这说明国有企业职工比例和居民消费率都与省级虚拟变量相关,国企职工比例更高的地区居民消费率更高。考虑到基础设施投资对居民消费率的影响可能存在滞后性,第(4)列和第(5)列分别汇报了将所有解释变量滞后 1 期和滞后 3 期的回归结果。从回归结果中不难看出,使用滞后变量的结果与使用当期变量的结果在显著性和量值上都非常相近。为了控制经济周期因素的影响,第(6)列汇报了经 5 年平均后双向固定效应模型的回归结果。5 年平均的回

归结果表明，几乎所有解释变量的系数值都变得更大。特别地，政府基础设施投资对居民消费率的影响变得更强了，政府基础设施投资提高1个百分点，居民消费率将下降近0.5个百分点，这说明政府基础设施投资对居民消费率的长期影响要比短期影响更大。

在标准双向固定效应模型中，如果居民消费率在时间维度上具有较强的持续性（比如居民消费率满足一阶自回归过程），计量结果可能面临伪回归的威胁。此外，基础设施建设可能存在内生性问题：基础设施投资和居民消费率可能同时被某些不可观察的因素所决定。为解决面板数据回归的伪回归和内生性的问题，Arellano and Bond（1991），Blundell and Bond（1998）发展了GMM估计技术，其基本思想是通过控制被解释变量的滞后变量解决伪回归问题，同时利用解释变量的滞后变量作为工具变量解决内生性问题。本章将使用GMM方法处理基础设施投资可能存在的内生性问题和伪回归问题，具体计量模型如下：

$$hhcon\_ratioit = \alpha_0 + \alpha_1 hhcon\_ratioit_{-1} + \alpha_2 Infras\_ratioit + \beta X_{it} + u_i + \gamma_t + \varepsilon_{it} \tag{7-2}$$

表7-3　政府基础设施投资和居民消费：GMM估计

	模型1	模型2	模型3	模型4
	(1)	(2)	(3)	(4)
$Hhcon\_ratio_{t-1}$	0.823***	0.859***	0.352***	0.446***
	0.025	0.026	0.161	0.092
Infras_ratio	-0.067***	-0.042**	-0.333***	-0.263*
	0.023	0.018	0.106	0.136
Per-capita GDP	-0.019***	-0.016**	-0.094***	-0.046
	0.007	0.006	0.033	0.043
Per-capita GDP^2	0.003***	0.003***	0.009	0.001
	0.001	0.001	0.006	0.004
Share of SOE employment	-0.032	-0.013	-0.118	0.002
	0.023	0.026	0.121	0.139
Trade/GDP	0.007	0.014**	0.100**	0.107**
	0.005	0.006	0.051	0.052

（续表）

	模型 1	模型 2	模型 3	模型 4
	（1）	（2）	（3）	（4）
Gov'n revenue/GDP	-0.097**	-0.060	-0.451**	-0.257
	0.042	0.044	0.193	0.183
常数项	0.103***	0.066***	0.428***	0.245
	0.021	0.023	0.145	0.150
AR(2) P 值	0.286	0.269	0.502	0.477
SarganP 值	0.008	0.014	0.429	0.311
模型	差分 GMM	系统 GMM	差分 GMM	系统 GMM
样本容量	746	775	108	136

注：***、**、* 分别表示在 1%、5%、10% 的显著性水平上显著。

表 7-3 报告了 GMM 回归结果。第（1）列和第（2）列分别汇报了基于原始样本的差分 GMM 和系统 GMM 回归结果。回归结果表明，所有解释变量对居民消费率影响的方向与标准双向固定模型完全相同，尽管系数值和显著性有一定变化。可惜的是，尽管 GMM 模型都通过了 AR（2）的检验，但它们无法通过 Sargan 过度识别性检验，其主要原因是长时期面板数据中工具变量过多。考虑到过度识别性问题，与 Casselli，Esquivel and Lefort（1996）等文献相一致，我们在对所有变量进行 5 年平均后再进行 GMM 估计。5 年平均的方法一方面可以解决过度识别性问题，另一方面可以控制经济周期因素的影响，第（3）列和第（4）列分别汇报了基于 5 年平均的回归结果。整体而言，回归结果的显著性也有所下降，但政府基础设施建设对居民消费率的负向影响依然显著，尽管在系统 GMM 回归中显著性也有所下降。对回归结果的进一步分析发现，在差分 GMM 和系统 GMM 中，基础设施投资对居民消费率的长期影响分别为 0.50 和 0.48，与基准模型中长期影响的估计结果（0.50）非常相近，这进一步说明了本章估计结果的稳健性。

第四节　基础设施投资、产业结构与居民消费：影响机制及其检验

前文研究发现基础设施投资对居民消费率有很强的负面影响，但是，其影响机制如何？在引言中，我们讨论了政府基础设施投资影响居民消费的两个可能渠道。一方面，政府基础设施投资有利于对基础设施依赖度更高的第二产业的发展，产业结构向第二产业倾斜将导致劳动份额下降，居民消费率降低；另一方面，基础设施投资将降低物质资本投资成本，引导企业选择资本密集型技术，导致工业部门内部资本份额上升，劳动份额下降，居民消费率下降。第二节的描述性统计初步支持了上述理论机制，本节将对这种传导机制进行更为严格的实证检验。

一、基础设施投资比重、第二产业比重、劳动份额与居民消费率

对于第一种渠道，我们构建的计量模型如下：

$$\text{Sec\_ratioit} = \alpha_{03} + \alpha_{13}\text{Infras\_ratioit} + \beta X_{3it} + u_{3i} + \gamma_{3t} + \varepsilon_{3it}, \qquad (7-3)$$

$$\text{Labor\_shareit} = \alpha_{02} + \alpha_{12}\text{Sec\_ratioit} + \beta X_{2it} + u_{2i} + \gamma_{2t} + \varepsilon_{2it}, \qquad (7-4)$$

$$\text{Hhcon\_ratioit} = \alpha_{01} + \alpha_{11}\text{Labor\_shareit} + \beta X_{1it} + u_{1i} + \gamma_{1t} + \varepsilon_{1it}, \qquad (7-5)$$

其中，labor_ratioit 为 i 省 t 年的劳动份额（劳动收入/地区收入法 GDP）；Sec_ratioit 为 i 省 t 年的第二产业增加值占地区 GDP 的比重；u 和 γ 分别为省份和年份的虚拟变量；α 和 β 为待估计的系数，ε 为 $i.\ i.\ d.$（独立同分布）的误差项。计量模型主要刻画基础设施投资影响第二产业比重，从而影响劳动份额，进而影响居民消费率的机制：（7－3）式用于检验基础设施影响第二产业比重的机制；（7－4）式用于检验第二产业比重影响劳动份额的机制；（7－5）式用于检验劳动份额影响居民消费率的机制。

考虑到残差之间可能存在的相关性，我们使用结构模型对（7－3）式至

(7-5)式进行估计。表7-4报告了结构方程的回归结果,其中第(1)列至第(3)列报告了SURE模型的结果,第(4)列至第(6)列报告了考虑产业结构和劳动收入份额内生性的3阶段最小二乘结果。第(3)列和第(6)列为方程(7-3)式的回归结果,考察政府行为对产业结构的影响。由于方程(7-3)式主要研究政府行为在产业结构变迁中所扮演的角色,我们在该回归方程中引入刻画政府行为的两个变量:基础设施投资占地方政府支出的比重和政府财政收入占地区GDP的比重。回归结果显示,政府基础设施投资提高了第二产业比重,与我们的理论预期相符;同时,政府规模对第二产业比重的影响为负,可能是因为政府规模扩大意味当地税负的提高,阻碍了当地的工业发展。

表7-4 第二产业比重和居民消费率

	SURE模型			3SLS模型		
	(1)	(2)	(3)	(4)	(5)	(6)
	居民消费率	劳动份额	第二产业比重	居民消费率	劳动份额	第二产业比重
Labor_share	0.137***			0.591**		
	0.029			0.277		
Sec_ratio		-0.363***			-1.350***	
		0.102			0.412	
Infras_ratio			0.145***			0.161***
			0.037			0.036
Gov'n revenue/GDP			-0.272***			-0.253***
			0.088			0.083
Per-capita GDP	-0.061***	0.023	0.017	-0.071***	0.031	0.017
	0.015	0.026	0.013	0.021	0.027	0.013
Per-capita GDP^2	0.007***	0.001	-0.011***	0.005***	-0.009	-0.011***
	0.002	0.004	0.002	0.003	0.006	0.002
Share of SOE employment	-0.073*	0.035	0.095***	-0.071*	0.145	0.094***
	0.040	0.070	0.034	0.053	0.086	0.034
Trade/GDP	0.036***	0.010	0.038***	0.038***	0.050	0.037***
	0.010	0.019	0.009	0.014	0.025	0.009
Constant	0.391***	0.384***	0.283***	0.275***	0.714***	0.353***
	0.043	0.083	0.034	0.091	0.156	0.037
R^2	0.929	0.782	0.941	0.883	0.723	0.941
样本容量	392	392	392	392	392	392

注:***、**、*分别表示在1%、5%、10%的水平上显著。

在其他控制变量中，人均 GDP 与产业结构的关系呈现较弱的倒 U 形关系，即随着经济发展，第二产业比重呈现先上升后下降的趋势。同时，国有企业职工比重越高，第二产业比重越高，这是因为传统国有企业主要集中于制造业部门，在国有企业不断私有化以后，剩下的国有企业绝大部分都属于第二产业。与此同时，对外开放程度越高，第二产业比重也越高，这反映了中国的对外贸易主要集中于制造业部门的事实。

方程(7－4)式主要检验产业结构与劳动份额之间的关系。为考察产业结构对劳动份额的总体影响，我们在回归方程中剔除政府行为的相关变量。回归结果显示，在所有解释变量中，只有第二产业比重是显著的，且第二产业比重越高，劳动份额越低，与我们的理论预期相符。SURE 模型回归结果显示，第二产业比重上升 1 个百分点，劳动收入份额将下降 0.36 个百分点。3 阶段最小二乘回归结果则发现，产业结构对劳动份额的影响更大，这可能说明了第二产业比重的内生性是值得关注的。

方程(7－5)式主要检验劳动份额与居民消费率之间的关系。SURE 回归结果表明，劳动份额上升 1 个百分点，将导致居民消费率上升 0.14 个百分点；3 阶段最小二乘的估计结果则更大，说明劳动份额的内生性可能是重要的。同时，与缩减模型结果相似，我们发现人均 GDP 与居民消费率之间依然呈现 U 形关系。另外，国有企业规模越大，居民消费率越低；对外开放程度越高，居民消费率越高，与缩减模型回归结果一致，进一步说明本章结果的稳健性。

二、基础设施投资比重、工业利润比与居民消费率

对于第二个渠道，我们构建的计量模型如下：

$$\text{Hhcon\_ratioit} = \alpha_{01} + \alpha_{11}\text{Indus\_profitit} + \beta X_{1it} + u_{1i} + \gamma_{1t} + \varepsilon_{1it} \quad (7-6)$$

$$\text{Indus\_profitit} = \alpha_{02} + \alpha_{12}\text{Infras\_ratioit} + \beta X_{2it} + u_{2i} + \gamma_{2t} + \varepsilon_{2it} \quad (7-7)$$

其中，Indus_profitit 为 i 省 t 年的工业利润比，定义为国有及规模以上工业企业利润占工业总产值的比重。由于缺乏工业部门内部收入分配的数据，我们使用工业利润比作为资本份额的代理变量，其主要理由是工业利润是资本收入最重要的组成部分，而工业总产值与工业增加值关系相对稳定，因此工业利润比与工业内部资本份额应该具有相对稳定的线性关系，是工业内部收入分配的一个合理代理变量。其他变量定义与(7－3)式至(7－5)式。

计量模型主要刻画基础设施投资影响工业内部收入分配（工业利润比），进而影响居民消费率的机制：方程(7－7)式用于检验基础设施投资比重影响工业利润比的机制；方程(7－6)式用于检验工业利润比影响居民消费率的机制。为更好地研究工业企业内部收入分配对居民消费率的影响，我们在计量模型中对第二产业比重进行了控制。

考虑到残差之间可能存在的相关性，我们依然使用结构模型对方程(7－6)式和(7－7)式进行估计。表7－5报告了结构方程的回归结果，其中第(1)列和第(2)列报告了 SURE 模型的结果，第(3)列和第(4)列报告了考虑工业利润比内生性的3阶段最小二乘结果。第(2)列和第(4)列为方程(7)式的回归结果，考察政府行为对工业内部收入分配的影响。回归结果显示，在控制了三大产业结构后，政府基础设施投资提高了工业利润比，即基础设施投资越多，资本收入份额越高，与我们的理论预期相符；同时，政府规模对工业利润比的影响为正，即政府干预有利于资本所有者。

表7－5　工业利润比和居民消费率

	SURE 模型		3SLS 模型		3SLS 模型	
	(1)	(2)	(3)	(4)	(5)	(6)
Profit_indus	−0.331***		−1.490**		−0.438*	
	0.057		0.667		0.255	
Infras_ratio		0.106**		0.120***		0.410***
		0.040		0.039		0.156

（续表）

	SURE 模型		3SLS 模型		3SLS 模型	
	(1)	(2)	(3)	(4)	(5)	(6)
Gov'n revenue		0.006		0.140 ***		0.576 ***
/GDP		0.058		0.043		0.163
Sec_ratio	-0.395 ***	0.132 ***	-0.223 **	0.108 ***	-0.288 ***	0.182
	0.045	0.035	0.115	0.034	0.104	0.136
Per-capita	-0.057 ***	0.030 ***	-0.026	0.034 ***	0.038	0.264 ***
GDP	0.015	0.011	0.027	0.011	0.064	0.045
Per-capita	0.004	-0.005 ***	-0.001	-0.006 ***	-0.008	-0.035 ***
GDP^2	0.003	0.002	0.004	0.002	0.008	0.007
Share of SOE	-0.174 ***	0.046	-0.108	0.044	-0.097	0.158
employment	0.045	0.034	0.071	0.034	0.079	0.131
Trade/GDP	0.066 ***	-0.010	0.056 ***	-0.010	0.057 ***	-0.032
	0.011	0.008	0.016	0.008	0.017	0.033
常数项	0.647 ***	-0.041	0.756 ***	-0.051	0.724 ***	-0.232
	0.052	0.039	0.064	0.039	0.071	0.136
R^2	0.890	0.601	0.806	0.597	0.788	0.538
样本容量	554	554	554	554	582	582

注：***、**、* 分别表示在 1%、5%、10% 的水平上显著。

在其他控制变量中，第二产业比重对工业利润比的影响显著为正，可能反映了第二产业的规模效应。人均 GDP 与工业利润比呈现倒 U 形关系，可能体现了落后国家从传统农业社会向现代工业社会转型过程中，工业企业发展的特征。国有企业职工比例和对外开放程度对工业企业利润比没有显著影响。

方程(7-6)式刻画了工业内部收入分配结构对居民消费率的影响。回归结果表明，在控制了第二产业比重后，工业利润比上升将导致居民消费率下降，与理论预期相符。SURE 模型表明，工业利润比上升 1 个百分点，居民消费率下降 0.33 个百分点，3 阶段最小二乘回归估计结果则更大。有趣的是，在 3 阶段最小二乘回归结果中，人均 GDP 与居民消费率之间的关系不再显著，这在一定程度上说明了经济发展对居民消费率的影响主要是通过产业结构变迁的渠道来实现的。国有企业职工比重对居民消费率的影响依然为负，但在3阶段最小二乘回归中不再显著；对外开放对居民消费率的影响为正，与前文结果一致，说明了本章主要结果的稳健性。

考虑到工业利润比作为资本收入份额的代理变量可能存在一定的不足，我们使用（国有及规模以上工业企业利润/所有工业企业增加值）作为资本份额的代理变量，对模型结果进行稳健性检验。表7－5的第（5）列和第（6）列汇报了在使用新的代理变量的情形下，3阶段最小二乘回归的结果。回归结果进一步支持了本章的理论假说，即基础设施投资提高了工业部门内部资本份额，进而降低了居民消费率。其他控制变量对居民消费率的影响方向并未受到代理变量的影响，说明了本章结果的稳健性。

第五节　结论性评述

本章基于中国1978—2008年的省级面板数据，对政府基础设施投资与居民消费率之间的关系进行了实证研究，发现政府基础设施投资比重越高，居民消费率越低。本章认为，基础设施投资主要有利于资本密集型行业，使得国民收入结构由居民向企业倾斜，进而导致居民消费率下降。具体而言，本章识别了基础设施投资影响居民消费率的两个机制：首先，基础设施投资提高了资本密集型第二产业占GDP的比重，进而导致劳动份额下降，居民消费率下降；其次，基础设施投资还将引导工业内部企业选择更加资本密集型的技术，导致工业内部资本份额上升，劳动份额下降，居民消费率下降。

本研究为思考政府基础设施投资的作用提供了一个新的视角。现有文献主要关注基础设施投资对经济增长的直接推动作用，却忽视了基础设施投资对不同部门的影响存在明显差异这一事实。如罗布津斯基定理所指出，对基础设施投资依赖程度越高的部门，其在基础设施投资中受益越大，而这些部门往往是资本密集型的，因为它们会更加密集地使用公共交通设施，对电力等基础能源的消费量也更大。因此，政府基础设施投资将引导企业进行更为资本密集型的投资，对经济结构形成扭曲。

本章研究结果对当前中国不平衡的发展方式有重要的意义。一个直接的政策意义是，提高我国居民消费率要求政府支出由基础设施投资向教育、医疗、养老等方面倾斜，大量的政府基础设施投资将降低居民消费率，而教育、医疗、养老等方面的支出则有利于提高居民消费率。一个更为间接但更重要的政策意义在于，当前的财政分权体制对经济增长的影响需要更加细致的评估。大量理论和实证研究表明，财政分权有利于经济增长，其主要作用机制是地方政府之间的竞争。地方政府通过提供更好的基础设施、更低的土地价格来吸纳投资，以提高本地的经济增长率和税收收入。然而，我们的研究表明，地方政府之间的竞争将扭曲经济结构，导致产业结构向资本密集型的第二产业和重工业倾斜，这将降低居民消费率，导致内需不足，进而阻碍长期经济增长。

参考文献

白重恩、钱震杰，2009a：《国民收入的要素分配：统计数据背后的故事》，《经济研究》，第3期。

白重恩、钱震杰，2009b：《谁在挤占居民的收入——中国国民收入分配格局分析》，《中国社会科学》，第5期。

傅勇、张晏，2007：《中国式分权与财政支出结构偏向：为增长而竞争的代价》，《管理世界》，第3期。

郭庆旺、贾俊雪，2006：《政府公共资本投资的长期经济增长效应》，《经济研究》，第7期。

李扬、殷剑峰，2007：《劳动力转移过程中的高储蓄、高投资和中国经济增长》，《经济研究》，第

6 期。

李稻葵、刘霖林、王红领,2009:《GDP 中劳动份额演变的 U 型规律》,《经济研究》,第 1 期。

龚刚、杨光,2010:《从功能性收入看中国收入分配的不平等》,《中国社会科学》,第 1 期

Arellano, M. , and Bond, S. 1991,"Some Tests of Specification for Panel Data: Monte Carlo Evidence and an Application to Employment Equations", *Review of Economic Studies*, Vol. 58, pp. 277 – 297.

Aschauer, D. A,1989,"Is Public Expenditure Productive", *Journal of Monetary Economics*, Vol. 23, pp. 177 – 200.

Aziz, J. and Li, C. , 2007,"Explaining China's Low Consumption: the Neglected Role of Household Income", IMF working paper,07/181.

Blanchard, O. J. and Giavazzi, F. , 2005,"Rebalancing Growth in China: A Three-handed Approach", MIT Department of Economics Working Paper No. 05 – 32, Available at SSRN: http://ssrn. com/abstract = 862524.

Blundell, Richard and Stephen Bond, 1998, "Initial Conditions and Moment Restrictions in Dynamic Panel Data Models", *Journal of Econometrics*, Vol. 87, No. 1, pp. 115 – 143.

Caselli, Francesco, Gerardo Esquivel and Fernando Lefort, 1996,"Reopening the Convergence Debate: A New Look at Cross-country Growth Empirics", *Journal of Economic Growth September*, Vol. 1, No. 3, pp. 363 – 389.

Cesar A. C. and Luis S. , 2004,"The Effects of Infrastructure Development on Growth and Income Distribution", Worldbank working paper.

Chamon, M. and Prasad, E. , 2010,"Why are Saving Rates of Urban Households in China Rising?" *American Economic Journal-Macroeconomics*, Vol. 2,No. 1, pp. 93 – 130.

D'emurger, S. ,2001. ,"Infrastructure Development and Economic Growth: An Explanation for Regional Disparities in China?", *Journal of Comparative Economics*, Vol. 29, No. 1,pp. 95 – 117.

Esfahani H. S. and Ramirez, M. T. ,2003,"Institutions, Infrastructure and Economic Growth", *Journal of Development Economics*, Vol. 70, pp. 443 – 477.

Fernald, J. G. ,1999, "Roads to Prosperity? Assessing the Link Between Public Capital and Productivity", *American Economic Review*, Vol. 89, No. 3, pp. 619 – 638.

Giles, J. and Yoo, K. ,2007, "Precautionary Behavior, Migrant Networks, and Household Consumption Decisions: An Empirical Analysis Using Household Panel Data From Rural China", *The Review of Economics and Statistics*, Vol. 89, No. 3, pp. 534 – 551.

Horioka, 2007, "Aging, Savings, and Public Pensions in Japan" ,*Asian Economic Policy Review*, Vol. 2, No. 2, pp. 303 – 319.

Jin, Hehui, Qian,Yingyi and Weingast, Barry, 2005, "Regional Decentralization and Fiscal Incentives: Federalism, Chinese style" ,*Journal of Public Economics*, Vol. 89, No. 9 – 10, pp. 1719 – 1742.

Kuijs,L. ,2005. "Investment and saving in China", Policy Research Working Paper, No. 3633, Washington: World Bank.

Kraay, Aart, 2000, "Household Savings in China" ,*The World Bank Economic Review*, pp. 545 – 570.

Lin, Justin, 2003, "Development Strategy, Viability and Economic Convergence", *Economic Development and Cultural Change*, Vol. 51, No. 2, pp. 277 – 308.

Meng, Xin, 2003, "Unemployment, Consumption Smoothing and Precautionary Saving in Urban China", *Journal of Comparative Economics*, Vol. 31, No. 3,pp. 465 - 485.

Modigliani, F. and Cao, S. L. ,2004, "The Chinese Saving Puzzle and the Life Cycle Hypothesis", *Journal of Economic Literature*, Vol. 42, No. 1, pp. 145 – 170.

Morrison, C. and Schwartz, A. , 1996, "State Infrastructure and Productive Performance", *American Economic Review*, Vol. 86, No. 5, pp. 1095 – 1111.

Munnell, A. H. ,1992, "Infrastructure Investment and Economic Growth", *Journal of Economic Perspectives*, Vol. 6 , No. 4, pp. 189 – 198.

Parkand Rhee, 2005, "Developing an Occupational Stress Scale for Korean Employees", *Korean J Occup Environ Med.* , Vol. 17, No. 4, pp. 297 – 317.

Qian, Y. and Roland, G. ,1998, "Federalism and the Soft Budget Constraint", *American Economic*

Review, Vol. 88, No. 5, pp. 1143 – 1162.

Roller, L. and Waverman, L. , 2001, "Telecommunications Infrastructure and Economic Development: A Simultaneous Equations Approach", *American Economic Review*, Vol. 91, No. 4, pp. 909 – 923.

Wei, Shang-Jin, and Zhang, Xiaobo, 2009, "The competitive saving motive: evidence from rising sex ratios and savings rates in China", Working Paper 15093, National Bureau of Economic Research.

Xu, Chenggang, 2008, "The institutional foundations of China's reform and development", Manuscript, Department of Economics, the University of Hong Kong.

第八章　产业政策、企业退出与区域动态效率演变

本章研究以开发区和企业补贴为代理变量的政府产业政策和市场竞争对企业退出行为的影响,并进一步考察产业跨区域动态效率演变。理论与经验证据表明,生产率水平是决定企业能否在市场竞争中取胜的重要因素,退出企业与非退出企业生产率水平存在显著差异。实证研究发现,政府设立经济开发区等政策性区域和对企业的直接补贴等产业政策有明显的保护作用,使得低效率企业能够在市场中生存;而在集聚程度高的地方和有明显优势产业的地方,企业间竞争程度会更大,市场机制能发挥更大的作用,只有生产率更高的企业才能生存下来。这种政府与市场对于企业的微观作用同样反馈到产业的跨区域动态效率演变。政府保护和市场竞争会对产业的空间布局和动态效率演变产生重要影响,但其在产业升级与竞争力提升方面的效果和作用机制都还有待进一步的探讨。

第一节　引言与文献综述

企业进入、成长、退出问题是企业经济和产业经济研究的重要问题,很多理论和经验研究对此均有深入探讨。相对于企业退出,企业进入对于政策和市场

环境变化的敏感度更高,企业存活比企业进入更难,影响机制也更为复杂(Geroski,1995;Audretsch et al. ,1999)。因此,文献上更多关注于企业存活(退出)行为的研究(Audretsch et al. ,2000)。研究的角度主要包括两个:企业退出对于产业发展动态的影响;企业退出行为的影响因素。很多研究讨论了企业退出行为的影响因素,主要认为企业规模、企业年龄、研发、区位地理等企业信息(Sutton,1997;Caves,1998)和市场竞争、市场需求、技术变化、体制因素等外部环境信息(Wagner,1994;Cefisand and Marsili,2005、2006)决定了企业能否在市场中生存下来。经验研究方面,Nystr · m(2007)用瑞典的数据研究了地理区位对于企业退出的影响,Renski(2011)也研究了类似的问题;Doms et al. (1995)等文献讨论了企业年龄和规模等信息对于企业退出行为的影响;Stough et al. (1998)则发现经济集聚竞争对于企业存活有很大的影响;Raspe and Van Oort (2008)和Brixy and Grotz(2007)则从市场创新环境、行业要素密集度的角度分析企业退出行为,认为竞争加剧会降低企业存活概率。

企业进入和退出,进而到产业动态效率演变,在贸易理论和产业经济的研究范畴内,都受到政府制度建设和市场竞争环境的影响。产业政策是政府干预经济的一种重要方式,是否需要实行合适的产业政策,在学术界和政府决策部门均有较大的争论。相对而言,发展中国家更加热衷于实行产业政策,希望能保护弱势产业,实现产业升级(Krueger and Tuncer,1982;Greenwald and Stiglitz,2006)。这在20世纪60年代的"进口替代"风潮中体现得尤为明显。学术界对于日本、韩国和拉美国家产业政策实施效果等做过一些详细的探讨,一般认为,拉美国家产业政策的实施效果是失败的,它并没有带来产业升级和经济的持续增长,如Amirkhalkhali and Dar(1995)对哥伦比亚的研究,Altenburg and Meyer-Stamer(1999)对于整个拉美的研究。与之相对应,20世纪50年代,产业政策的成功对日本经济的起飞起到了至关重要的作用,而韩国对于汽车、电子等行业的保护性措施也取得了非常好的效果。[①] Harrison and Rodríguez-Clare(2010)对这些研究成果做了非常详细的综述。但是,结论仍然是难有统一的观点(Rodrik,1999)。与发展中国家强调产业政策不同,英美等发达国家一般都不太热衷于产业政策,而更强调维持市场竞争的竞争政策,认为竞争能够汰弱存强,促进产业升级与效率演变。学术界也相应产生了一批关于竞争效率与过度竞争研究的文献。最近几年,大量研究成果开始从资源配置效率的视角来评估产业政策和集聚竞争的效果问题。如 Baily et al. (1992)和 Hopenhayn(1992)从国际贸易研究角度提出资源配置效率问题,Melitz(2003)、Bernard et al. (2003)在理论上讨论了企业竞争如何导致产业效率演变,Hsien and Klenow(2009)从实证上比较了中国、印度、美国的资源配置效率问题,Awokuse(2005)研究了日本出口导向型经济与配置效率的问题。

联系到中国最近几十年的产业发展,一直有政府产业政策和市场竞争机制两股力量的作用。本章的研究中,在产业政策方面,我们重点关注经济开发区等政策性区域和对企业的直接补贴,希望考察产业政策对于企业退出行为和产业的动态效率演变。在政府指导的同时,市场集聚竞争机制对于我国企业与产业发展也发挥了至关重要的作用,如珠三角、长三角等几大重要经济集聚区,大量特色专业性区域的形成等。与经济发展实践中各种现象和发展模式层出不穷相比,我们从理论上对现实产业发展的评估和关注显然是不够的。无论是学术界还是政府部门,我们对于产业升级、产业效率动态演变等问题都缺乏基本的、有效的评估研究,随意性较强,只有很少的文献对这些问题做了一些非常基本的探讨(Aghion et al. ,2012;Du et al. ,2010)。

---

① 当然,同时有研究认为,到了20世纪80年代以后,日本经济的成功却恰恰是因为缺乏相应的产业政策。另外需要指出的是,产业政策包括很多种方式,如产业发展目录、补贴、出口退税、税收优惠、贸易自由化等。每种类型的产业政策都有大量的相关研究成果,如 Abdulnasser(2002)对日本贸易自由化的研究,Ahmad and Kwan(1991)对于非洲的研究,Aitken and Harrison(1999)对于委内瑞拉的研究,Brander and Spencer(1985)对于出口补贴与市场占有关系的讨论等。

以现有文献研究为基础,本章以设立经济开发区等政策性区域和对企业的直接补贴作为政府产业政策的代理变量,以经济集聚程度和相对比较优势作为市场竞争的代理变量,研究政府产业政策和市场竞争对企业退出行为的影响,并进一步考察产业跨区域动态效率演变。研究发现,生产率水平是决定企业能否在市场竞争中取胜的重要因素,退出企业与非退出企业的生产率水平存在显著差异;企业退出行为在跨产业和跨地区之间存在明显的差异。政府设立经济开发区等政策性区域和对企业的直接补贴等产业政策有明显的保护作用,使得低效率企业能够在市场中生存;而在集聚程度高的地方和有明显优势产业的地方,企业间竞争程度会更大,市场机制能发挥更大的作用,只有生产率更高的企业才能生存下来。这种政府与市场对于企业的微观作用同样反馈到产业的跨区域动态效率演变上。政府保护和市场竞争会对产业的空间布局和动态效率演变产生重要影响,但其在产业升级与竞争力提升方面的效果和作用机制都还有待进一步的探讨。

本章余下的内容安排如下:第二节是数据与典型事实描述;第三节是对企业退出行为的影响因素和产业动态效率演变进行实证检验;第四节是主要结论与扩展。

第二节　数据与典型事实描述

一、数据说明与企业 TFP 计算

本章使用的基础数据是由国家统计局维护的中国工业企业数据库。中国工业企业数据库由国家统计局建立,其样本范围为全部国有工业企业以及规模以上非国有工业企业。本章以 1998—2007 年的数据为分析样本,共2224380个观测值,576143 家企业。该数据库在学术界有非常广泛的应用,产生了一大批关

于中国的高质量研究成果，这些研究成果发表在 *American Economic Review*（Song et al.，2011）、*Quarterly Journal of Economics*（Hsieh and Klenow，2009）等顶尖国际期刊上。与现有关于法国、哥伦比亚等的同类数据相比，中国企业的进入退出明显更为频繁。从表 8－1 可以看到，在 576143 家样本企业中，26135 家企业有全部 10 年的数据，占比 5.14%；130921 家企业只有 1 年数据，占比 25.75%；企业的平均有报告数据的年限为 3.86 年。为更好地描述企业进入退出行为，我们定义 t 年有数据记录的企业的状态，如果该企业在 $t-1$ 年没有数据记录，则定义该企业在 t 年为新进入企业；如果该企业在 $t+1$ 年没有数据记录，则定义该企业在 t 年为退出企业[①]。

表 8－1　样本企业报告数据年限统计

报告数据年限（年）	1	2	3	4	5	6	7	8	9	10
企业数量（家）	130921	87478	69962	78649	35954	28859	22559	14308	13598	26135
占比（%）	25.75	17.21	13.76	15.47	7.07	5.68	4.44	2.81	2.67	5.14

表 8－2 更为详细地描述了这种企业进入退出行为。可以发现，中国企业的进入退出比例非常高，且波动很大，如果只是对经济总量指标进行研究，而忽略背后的这种企业进入退出动态，显然是不够的。这也是本章研究的基本出发点。

表 8－2　企业进入退出行为描述

年份	1998	1999	2000	2001	2002	2003	2004	2005	2006	2007
企业数量（家）	127030	132439	129924	143136	151526	166081	225906	226256	253685	283409
进入企业数量（家）		30602	27352	45543	31849	39326	101952	42574	55213	59717
百分比（%）		23.11	21.05	31.82	21.02	23.68	45.13	18.82	21.76	21.07
退出企业数量（家）	25193	29867	32331	23459	24771	42127	42224	27784	29993	
百分比（%）	19.83	22.55	24.88	16.39	16.35	25.37	18.69	12.28	11.82	

本章从生产率的角度研究企业进入退出行为，并考察其对产业跨区域动态

① 由于中国工业企业数据库没有包括规模（销售额 500 万元）以下的非国有企业，本章定义的“退出企业”并不一定是退出市场，而可能只是退出了工业库的统计范围。

效率演变的影响。企业全要素生产率(TFP)是最为基本的一个指标变量,需要对此做详细探讨。中国工业企业数据库作为一个由中国国家统计局收集的数据库,它的优点是样本大、指标多、时间长。但是,它毕竟不是一个由学术机构发布的数据库,因此在很多方面还不太符合学术研究的严格要求,其缺陷包括样本匹配混乱、指标存在缺失、指标大小异常、测度误差明显和变量定义模糊等严重问题(聂辉华等,2012)。针对这些问题,Brandt et al.(2012)对该数据库做了较为详细的整理,他们的研究也成为处理该数据库的代表性成果。本章将主要从企业全要素生产率计算方面对本数据库进行详细的分析和讨论,相关的处理过程主要包括构建面板数据、处理资本变量、构建价格指数、计算企业全要素生产率四个步骤(Yang and He,2013)。具体过程可以参考 Yang and Chen(2013)。

二、企业退出行为与我国制造业生产率演变

以企业层面 TFP 为基础,我们计算年度 TFP。正如前文指出,理论上,各行业之间的技术选择是不可比的,这使得计算整体的 TFP 非常困难。对于这个问题,文献上有两种处理方法,最常用的就是由企业层面 TFP 直接加权得到整体的 TFP,如 Brandt et al.(2012)和 Hsieh and Klenow(2009),权重可以是工业总产值、职工人数等。另一种方法是对不同行业假设不同的替代弹性,在 CES 函数假设下给出行业权重,再计算年度 TFP。本章沿袭第一种方法计算制造业年度 TFP,权重采用从业人数变量。[①] 这种计算方法得到的 TFP 绝对值没有含义,但在年度之间有一定的可比性。该方法不处理行业权重问题,如果行业之间的生产技术不可比,这实际上假设 1998—2007 年期间,各行业的相对地位没有变化,显然,这不符合实际情况。如果考虑到要素在跨行业之间的优化配置,即生产要素从低生产率行业流向高生产率行业,该计算结果对 TFP 会产生低估。表 8-3

① 我们还以工业总产值和工业增加值作为权重,分析类似的问题,结论稳健。

列出了退出企业和非退出企业 TFP 计算结果[①]，包括以企业从业人数加权计算和简单平均计算两种方法的计算结果。相对于全样本计算结果，我们更关注退出企业和非退出企业的生产率差异。很显然，退出企业的生产率水平要显著低于非退出企业，生产率对于企业是否能在市场中生存下来也许发挥了较为重要的作用。此外，从图 8－1 的结果来看，退出企业和非退出企业的生产率差异在不断缩小，这可能表明企业之间的竞争在加剧。

表 8－3 企业进入退出行为与生产率演变

	加权平均			简单平均		
	退出企业	非退出企业	全样本企业	退出企业	非退出企业	全样本企业
1998	1. 84	2. 67	2. 52	1. 97	2. 69	2. 54
1999	2. 07	2. 61	2. 47	2. 14	2. 59	2. 48
2000	1. 98	2. 68	2. 52	1. 90	2. 69	2. 49
2001	2. 04	2. 64	2. 52	2. 14	2. 62	2. 54
2002	2. 08	2. 67	2. 56	2. 15	2. 65	2. 57
2003	2. 35	2. 68	2. 56	2. 36	2. 64	2. 57
2004	2. 40	2. 70	2. 62	2. 49	2. 67	2. 64
2005	2. 34	2. 66	2. 59	2. 40	2. 62	2. 60
2006	2. 35	2. 66	2. 59	2. 33	2. 63	2. 54
2007			2. 60			2. 60

三、企业退出行为的行业与空间差异

这部分从退出率和退出企业生产率差异升水两个方面简要讨论企业退出行为的行业和空间差异。根据前文对企业是否退出的定义，我们首先定义行业和地区维度的退出率。我们定义行业 j 和地区 k 的企业退出率为本年度退出企业的数量与本年度所有企业的数量之比。[②] 选择不同的行业和地区维度，可以计算不同层面的退出率。我们首先简要分析从全国范围来看，按国民经济行业两

① 需要特别指出的是，为更好地剔除其他因素的影响，本章用 OP 方法计算企业 TFP 时，已经对年度效应进行了控制，且没有将这种影响“复原”到 TFP 的计算结果中。

② 我们也可以定义用企业从业人员人数作为权重的加权退出率。本章认为，由于进入和退出的企业规模相对小一些，这种加权的定义方式将会低估经济发展的活跃性。

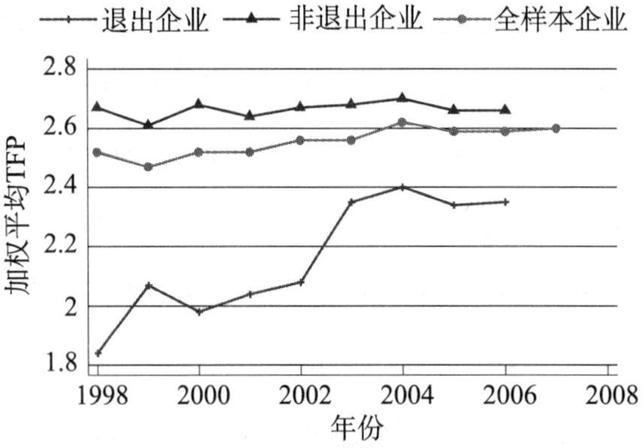

(a)

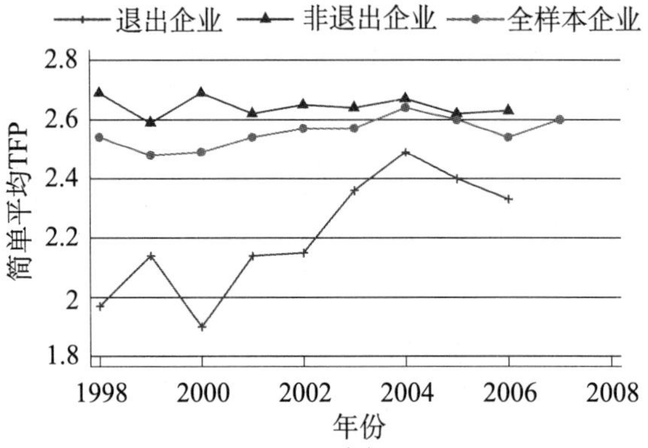

(b)

图8－1　退出企业、非退出企业与全样本企业生产率演变

注:(a)为加权平均 TFP,权数为企业从业人数;(b)为简单平均 TFP。

位数分类行业的退出率、每个省份的退出率,在后文的实证检验中,我们将主要依托地级市两位数行业退出率的计算结果。从企业全要素生产率角度切入考察企业退出行为,是本章的研究主线。根据图 8－1 的结果,退出企业的生产率水平要显著低于非退出企业的生产率水平,但整理上看这种差异在不断缩小。对于这一退出企业的生产率差异,我们同样可以从行业和空间维度考察其动态演变。

接下来看退出率和退出企业生产率差异升水的行业与空间差异。表 8－4

是分行业、分省份[①]、分地级市分行业三个维度的计算结果。整体上，退出率和退出企业生产率差异升水呈下降趋势，但这两个变量与宏观经济形势关系密切，年度之间波动非常大。而且，如图 8 - 2 至图 8 - 5 所示，区域之间的差异性要大于行业之间的差异性。

表 8 - 4　企业退出行为的行业与空间差异描述

	分行业退出率		分行业退出企业生产率差异升水		分省退出率		分省退出企业生产率差异升水		分地级市分行业退出率		分地级市分行业退出企业生产率差异升水	
	均值	均值/标准差	均值	均值/标准差	均值	均值/标准差	均值	均值/标准差	均值	均值/标准差	均值	均值/标准差
1998	0.197	4.93	0.814	2.42	0.246	3.42	0.899	2.84	0.342	1.35	0.574	0.41
1999	0.239	2.88	0.479	1.79	0.278	1.22	0.598	2.06	0.382	1.24	0.415	0.36
2000	0.254	3.58	0.670	1.96	0.271	3.93	0.813	1.68	0.384	1.54	0.745	0.47
2001	0.168	3.36	0.588	1.39	0.181	3.35	0.643	2.78	0.289	1.24	0.469	0.39
2002	0.181	2.06	0.623	1.67	0.228	1.50	0.609	2.27	0.311	1.22	0.438	0.38
2003	0.272	3.02	0.336	1.58	0.301	2.30	0.363	1.70	0.407	1.46	0.269	0.29
2004	0.208	1.89	0.343	2.02	0.207	3.09	0.306	1.54	0.300	1.17	0.268	0.26
2005	0.158	1.20	0.296	0.96	0.142	3.55	0.291	0.99	0.245	1.02	0.241	0.26
2006	0.153	1.17	0.274	1.23	0.166	2.18	0.334	1.35	0.255	0.99	0.265	0.28

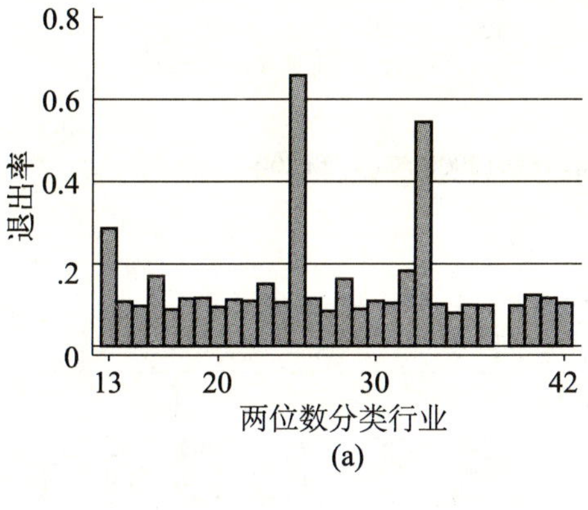

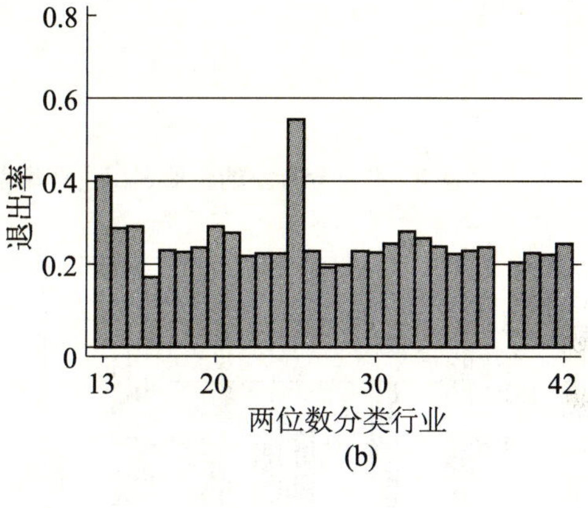

图 8 - 2　分行业的企业退出率差异(2000 年(a)和 2006 年(b))

① 省份代码及名称：11，北京；12，天津；13，河北；14，山西；15，内蒙古；21，辽宁；22，吉林；23，黑龙江；31，上海；32，江苏；33，浙江；34，安徽；35，福建；36，江西；37，山东；41，河南；42，湖北；43，湖南；44，广东；45，广西；46，海南；50，重庆；51，四川；52，贵州；53，云南；54，西藏；61，陕西；62，甘肃；63，青海；64，宁夏；65，新疆。

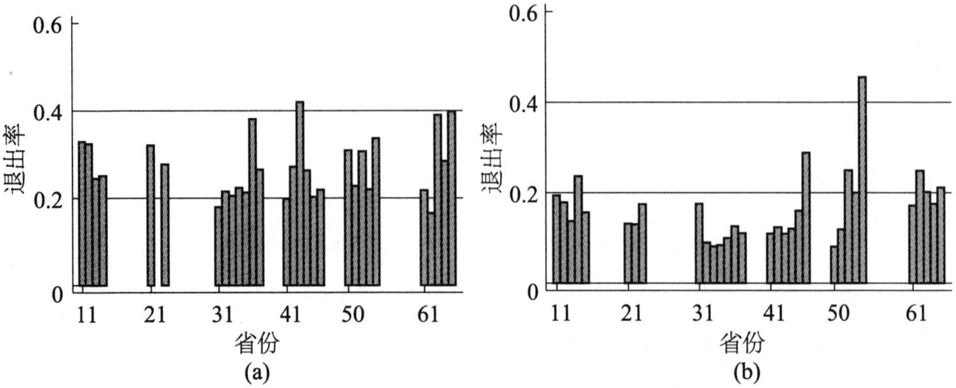

图 8-3　分省的企业退出率差异(2000 年(a)和 2006 年(b))

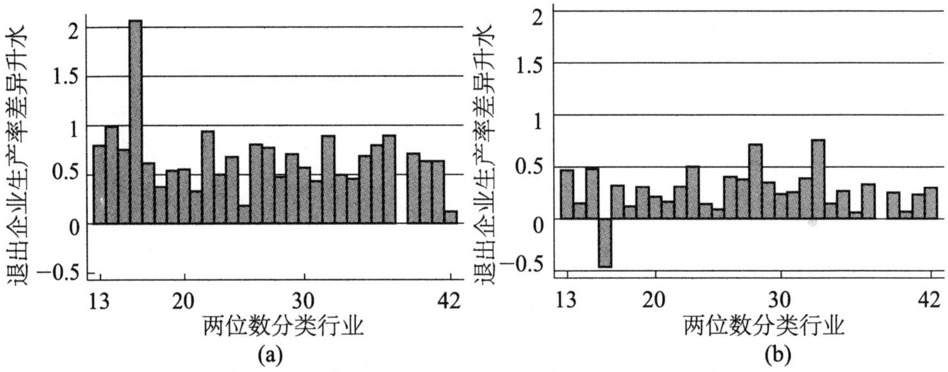

图 8-4　分行业的企业退出生产率差异升水(2000 年(a)和 2006 年(b))

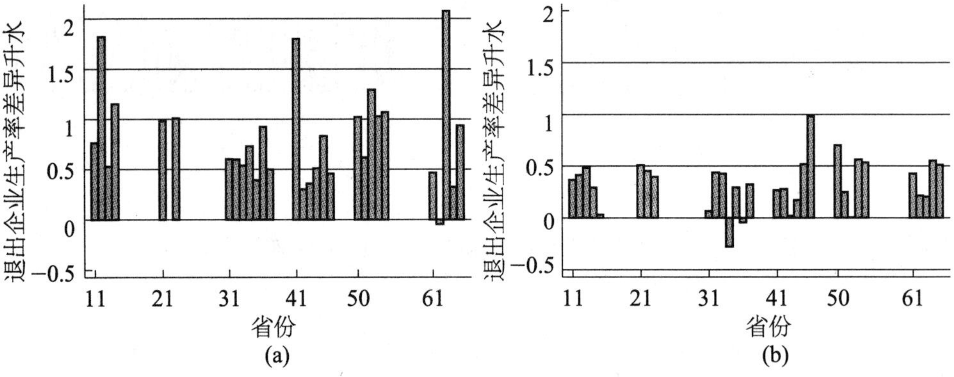

图 8-5　分省的企业退出生产率差异升水(2000 年(a)和 2006 年(b))

第三节 实证检验

一、影响企业退出决策的原因初探

根据现有文献的研究结论(Sutton,1997;Caves,1998;Wagner,1994;Nystr · m,2007;Renski,2011),我们以企业全要素生产率为核心,从企业层面、行业和区域层面来考察企业退出决策问题。企业本身的一些特点是决定企业能否继续在市场中生存的重要原因,这些因素包括企业的生产率水平、企业规模(从业人数)、资本、年龄、是否参与国际市场等。一般而言,企业的生产率水平越高,退出市场的概率越小;企业规模越小,退出成本越小,退出概率越大;企业资本存量和企业规模有相似性,与企业退出概率呈负相关关系。行业和区域变量均基于国民经济行业分类两位数行业和地级市层面计算,包括退出率、退出企业生产率差异升水等。本章主要从集聚和制度变量方面来研究企业退出行为,我们用企业是否在经济园区①、是否获得政府补贴作为制度因素的代理变量,用城市内两位数行业同行业企业数量和相对比较优势作为反映集聚和竞争的代理变量。表 8-5 列出了这些常见变量的简单回归系数。② 对于 Export、SPZ、Lnsfirm、RCA③ 这 4 个重点关注的变量,我们再进一步讨论其与 TFP_OP 的相关关系。以 TFP_

---

① 我们根据企业详细地址等信息识别企业是否处于经济开发区、高新技术开发区等经济园区,包括国家级、省级、地市级开发区。

② 面板 probit 回归,不引入任何其他变量的单变量 robust 回归结果。被解释变量为企业是否退出的二元变量,退出时取值为 1,不退出时取值为 0。

③ 相对比较优势 RCA(related comparative advantage)反映该地区产业对于全国的相对竞争力。定义 r 地区 i 产业在 t 年的相对比较优势为 $RCA_{ir}=(\mathrm{worker}_{ir}/\mathrm{worker}_r)/(\mathrm{WORKER}_i/\mathrm{WORKER})$,为方便表述,我们省略下标 t,但具体检验时分年度计算。worker_{ir}表示 r 地区 i 产业的从业人数,worker_r表示 r 地区的总从业人数,WORKER_i表示全国 i 产业的从业人数,WORKER 表示全国的总就业人数。

OP 为被解释变量，对这 4 个变量做单变量 two way fixed effect 检验①，简单回归系数同样列于表 8－5 中。我们初步可以发现，在园区的企业有更高的生产率水平，获得补贴的企业有更高的生产率水平，集聚竞争程度更高的地区的企业有更高的生产率水平。

表 8－5　主要变量名称及其与企业退出行为的关系

	变量说明	变量名称	面板 probit 单变量回归系数	被解释变量为 TFP_OP，two way fe 回归系数
企业层面变量	生产率水平	TFP_OP	－0. 1258*** (0. 0010)	
	从业人数	LnL	－0. 1821*** (0. 0012)	
	企业资本存量	LnK	－0. 0946*** (0. 0007)	
	企业年龄	Age	0. 0045*** (0. 0001)	
	是否出口企业（1 是，0 否）	Export	－0. 2291*** (0. 0028)	
	是否属于经济园区企业（1 是，0 否）	SPZ	－0. 1002*** (0. 0048)	0. 0212*** (0. 0038)
	是否获得补贴（1 是，0 否）	Subsidy	－0. 1751*** (0. 0037)	0. 0312*** (0. 0025)
行业和区域层面变量	退出率	Exitrate	3. 3631*** (0. 0089)	
	生产率差异升水	wtfp_diff	－0. 0116*** (0. 0016)	
	同类企业数量（集聚）	Lnsfirm	－0. 0456*** (0. 0009)	0. 1401*** (0. 0019)
	相对比较优势	RCA	0. 0041*** (0. 0004)	0. 0010* (0. 0005)

注：括号内为标准差。***、**、* 分别表示 1%、5%、10% 的显著性水平。

① 根据前文的分析，企业进入退出行为受宏观经济形势影响较大，年度之间存在较大的差异，所以我们在回归中不但控制企业个体固定效应，也控制时间固定效应。

二、企业退出决策

本章以企业决策行为为基准切入点,深入探讨集聚和政策体制对企业退出行为的影响,并进一步研究产业的跨区域动态效率演变。前文对影响企业退出决策的因素做了初步分析,接下来从微观企业层面对企业退出决策做详细分析。我们用逐项面板 probit 回归的方法来讨论企业退出决策。检验方程如(8-1)式所示。

$$\Pr(\text{exitstay}_f = 1) = \Phi(\alpha + \beta X_f + \gamma M_{ir} + \delta Z_o) \tag{8-1}$$

被解释变量为企业是否退出的二元决策变量 exitstay,企业如果在下一期退出,则取值为1,企业在下一期没有退出,则取值为0。解释变量包括三类,主要企业层面变量 X_f、主要行业和区域层面变量 M_{ir}、其他控制变量 Z_o,前两类用逐项回归讨论本章研究的主要问题,其他控制变量 Z_o 包括国民经济行业分类两位数行业虚拟变量、年份虚拟变量、省份虚拟变量、东中西部地区虚拟变量、规模报酬情况虚拟变量、企业所有制结构虚拟变量。主要企业层面变量 X_f 包括TFP_OP、LnL、LnK、Age、Export、SPZ、Subsidy,尤其关注 SPZ 和 Subsidy 两个反映制度特点的变量,并引入两个变量与 TFP_OP 的交叉项。主要行业和区域变量 M_{ir}包括 Exitrate、wtfp_diff、Lnsfirm、RCA,尤其关注反映集聚和竞争程度的 Lnsfirm 和 RCA 两个变量。基准回归模型的检验结果列在表8-6中。第(1)列至第(4)列为只引入控制变量组 X_f 和 Z_o 的检验结果,第(5)列至第(8)列为只引入控制变量组 M_{ir}和 Z_o 的检验结果,第(9)列至第(13)列为同时引入控制变量组 X_f、M_{ir}和 Z_o 的检验结果。通过表8-6我们可以得到如下几点主要结论:

第一,企业 TFP 对企业退出行为有显著影响。基于 OP 方法计算的企业全要素生产率变量 TFP_OP 在所有13个回归检验中系数均显著为负,表明企业的退出决策和生产率水平密切相关。生产率越低的企业,越容易退出市场。这与理论推断也是相符合的,生产率低的企业,单位投入的产出越低,从而盈利能力越弱,更容易被市场淘汰。

第二,我们用企业是否在政策性区域和是否获得补贴作为政府产业政策的代理变量,考察其与企业退出行为的关系,并进一步分析政策性变量与 TFP 对企业退出行为的交互影响。从检验结果可以看出,SPZ 变量和 Subsidy 变量在所有 9 个检验方程中系数均显著为负。初步表明,在政策性区域内的企业更容易在市场中存活下来,获得政府补贴的企业更容易在市场中存活下来。这与我们的直觉相符,企业在政策性区域和获得政府补贴表明企业相对更能获得政府的支持,能获得更多的优惠政策,从而更容易在市场中存活下来。产业政策变量与企业 TFP 对企业退出行为的交互影响则较为复杂。当没有控制行业和区域特征变量 M_{ir}时,SPZ 与 TFP_OP 的交互项系数不显著,TFP 对企业退出行为的影响程度并不会因为企业是否在政策性区域内而改变。而一旦控制住行业和区域变量 $M_i r$,SPZ 与 TFP_OP 的交互项系数显著为负。也就是说,给定同样的企业生产率水平,在园区内的企业比不在园区内的企业更容易存活下来。这表明,政策性区域能给企业提供一定程度的保护,使得企业相对更容易在市场竞争中胜出。这在一定程度上表明设立这种政策性区域是可以发挥作用的,但至于如何评估这种作用,则需要更进一步的研究。① 另外需要指出的是,是否控制行业和区域变量会影响到交叉项是否显著,这也是与现实观察相吻合的,园区的功能、政策等与行业和区域特点是密切相关的,但这种相关性还需要更细致的研究。再看企业获得的直接补贴变量 Subsidy 与 TFP_OP 的交叉项,系数基本为正,但不显

① 政策性区域对企业有保护作用,但这种保护作用的后果如何是需要进一步研究的。我们认为这种后果至少有两种可能性,其一,企业在初创阶段受到保护,园区有"孵化器"作用,企业后续发展较好;其二,企业进入园区的目的就是为了获取超额政策红利,如"两免三减半"等税收优惠,并不会真正提升竞争力。

著或者显著性水平非常低。这与直觉也是基本相符合的，虽然同为产业政策的重要方式，但这种直接补贴和政策性区域还是有很大差异。政策性区域的影响更多是普遍性的，而直接补贴有很大的针对性。一方面，政府对于急需发展的新兴产业可能会采用直接补贴的方式，这可能会使得交叉项为负；另一方面，相对于民营企业，低效率的国有企业更可能获得直接补贴，这会使得交叉项为正。这两个效用会互相影响，检验结果表明，低效率的企业获得补贴的可能性更大一些。当然，这还只是初步推断，具体的机制有待更进一步的研究。

第三，我们用两位数分类行业同类企业数量 Lnsfirm 表示企业面临的同行业竞争程度，用 RCA 表示某地区在某行业的相对竞争力，作为企业面临市场环境的代理变量，考察其与企业退出行为的关系，并进一步分析市场环境变量与 TFP 对企业退出行为的交互影响。从检验结果可以看出，Lnsfirm 变量显著为负，同类企业的集聚会降低企业的退出概率，这表明集聚的信息共享等溢出效应会提高企业的存活概率。Lnsfirm 与 TFP_OP 的交叉项显著为正，给定企业生产率水平，同类企业越多，企业退出概率越大。这说明，集聚可能会使得企业之间出现过度竞争，使得一些较高生产率的企业被过早淘汰。RCA 的回归系数在是否控制企业特征时发生逆转，表明企业个体特征与该企业是否从事本地优势产业的交互作用会影响企业的退出概率。我们更关注的是，企业生产率水平与 RCA 的交互项系数同样为正，这说明给定生产率水平，企业所在行业的相对比较优势越强，企业越容易被淘汰，同样说明可能存在过度竞争的问题。

第四，关于其他一些变量，我们同样有与直觉非常吻合的发现。规模（LnL、LnK）越大的企业，固定投入越大，退出概率越小。相对于非出口企业，出口企业退出概率越大。这与 Yang and He（2013）关于生产率之谜的发现略有接近。退出率越大的地方，企业退出概率也越大。企业退出生产率升水越大的地方，企业退出概率越小。从所有制结构来看，国有企业退出概率最小，外资企业退出概率次之,民营企业退出概率最大。从规模报酬情况来看,规模报酬递增行业的企业更有可能做大做强,退出概率最小,规模报酬不变行业的企业居中,规模报酬递减行业的企业更难以(或者没有动力)做大做强,退出概率最大。相对于东部地区的企业,中西部地区企业的退出概率更小,这从另外一个角度说明可能存在过度竞争的问题。①

总体来看,从表8-6的检验中我们主要得出两点结论。第一,政府设立经济技术开发区等政策性区域和对企业进行直接补贴的产业政策对企业行为会产生影响,但这种影响究竟是起到了“孵化器”的作用,还是保护了应该被淘汰的落后企业,或是造就了套取政策红利的投机企业,还有待更进一步的研究。第二,集聚程度高的地方和有明显优势产业的地方,企业间竞争程度会更大,市场机制能发挥更大的作用。但是,到底是某些地区和产业存在过度竞争,还是另外一些地区和产业存在过度保护,还有待更进一步的研究。

为更好地支撑表8-6的结论,我们做了几类稳健性检验。第一,表8-6中的检验过程用以OP方法计算且剔除了年度时间效应的TFP作为企业生产率水平的代理变量TFP_OP,在稳健性检验中,我们以人均工业增加值作为生产率水平的代理变量,重做本表的所有检验,主要结论仍然稳健。第二,在表8-6中,相对比较优势RCA是以企业从业人数作为权重计算,在稳健性检验中,我们以工业增加值和工业总产值作为权重计算,结论略有差异。大概而言,以从业人数作为权重,会高估民营企业的作用,以工业增加值或工业总产值作为权重,会高估国有企业的作用。这与直觉也是符合的,国有企业的资本密集度一般会更高一些。第三,我们尝试对年份、省份、行业等几种类型的固定效应做不同的控制方式,结论稳健。

① 当然,我们完全可以提供另外一种解释,并非东部地区的企业有过度竞争,而是中西部相对落后的地区竞争不够。这种理解同样可以用来分析关于所有制结构和前文竞争程度变量的回归系数。本章的研究只是提出对这种现象的思考,并没有给出规范的检验,后续可以做更为细致的研究。

表 8-6　企业退出决策检验

	(1)	(2)	(3)	(4)	(5)	(6)	(7)	(8)	(9)	(10)	(11)	(12)	(13)
	是否退出(exitstay),退出 =0,不退出 =1												
TFP_OP	-0.1633 ***	-0.1634 ***	-0.1639 ***	-0.1639 ***	-0.1343 ***	-0.1658 ***	-0.1358 ***	-0.1668 ***	-0.1621 ***	-0.1620 ***	-0.1760 ***	-0.1765 ***	-0.1759 ***
	(0.0012)	(0.0013)	(0.0013)	(0.0013)	(0.0013)	(0.0041)	(0.0014)	(0.0041)	(0.0014)	(0.0014)	(0.0043)	(0.0043)	(0.0043)
LnL	-0.1531 ***	-0.1531 ***	-0.1531 ***	-0.1531 ***					-0.1577 ***	-0.1577 ***	-0.1578 ***	-0.1578 ***	-0.1578 ***
	(0.0017)	(0.0017)	(0.0017)	(0.0017)					(0.0018)	(0.0018)	(0.0018)	(0.0018)	(0.0018)
LnK	-0.0738 ***	-0.0738 ***	-0.0738 ***	-0.0738 ***					-0.0750 ***	-0.0750 ***	-0.0748 ***	-0.0748 ***	-0.0748 ***
	(0.0010)	(0.0010)	(0.0010)	(0.0010)					(0.0011)	(0.0011)	(0.0011)	(0.0011)	(0.0011)
Age	0.0081 ***	0.0081 ***	0.0081 ***	0.0081 ***					0.0082 ***	0.0082 ***	0.0082 ***	0.0082 ***	0.0082 ***
	(0.0001)	(0.0001)	(0.0001)	(0.0001)					(0.0001)	(0.0001)	(0.0001)	(0.0001)	(0.0001)
Export	-0.0475 ***	-0.0475 ***	-0.0476 ***	-0.0476 ***					-0.0434 ***	-0.0434 ***	-0.0434 ***	-0.0434 ***	-0.0434 ***
	(0.0035)	(0.0035)	(0.0035)	(0.0035)					(0.0037)	(0.0037)	(0.0037)	(0.0037)	(0.0037)
SPZ	-0.0519 ***	-0.0552 ***	-0.0520 ***	-0.0550 ***					-0.0332 ***	-0.0122	-0.0333 ***	-0.0105	-0.0106
	(0.0053)	(0.0125)	(0.0053)	(0.0125)					(0.0056)	(0.0139)	(0.0056)	(0.0139)	(0.0139)
Subsidy	-0.0666 ***	-0.0666 ***	-0.0814 ***	-0.0814 ***					-0.0651 ***	-0.0733 ***	-0.0653 ***	-0.0715 ***	-0.0714 ***
	(0.0042)	(0.0042)	(0.0097)	(0.0097)					(0.0045)	(0.0111)	(0.0045)	(0.0111)	(0.0111)
TFP_SPZ		0.0013		0.0012						-0.0080 *		-0.0087 *	-0.0087 *
		(0.0044)		(0.0044)						(0.0049)		(0.0049)	(0.0049)
TFP_Subsidy			0.0059 *	0.0059 *						0.0032		0.0024	0.0024
			(0.0035)	(0.0035)						(0.0040)		(0.0040)	(0.0040)
Exitrate					3.2163 ***	3.2107 ***	3.2157 ***	3.2102 ***	3.2150 ***	3.2152 ***	3.2129 ***	3.2128 ***	3.2131 ***
					(0.0126)	(0.0126)	(0.0126)	(0.0126)	(0.0128)	(0.0128)	(0.0129)	(0.0129)	(0.0129)
wtfp_diff					-0.0201 ***	-0.0208 ***	-0.0202 ***	-0.0209 ***	-0.0260 ***	-0.0260 ***	-0.0263 ***	-0.0263 ***	-0.0263 ***
					(0.0017)	(0.0017)	(0.0017)	(0.0017)	(0.0017)	(0.0017)	(0.0018)	(0.0018)	(0.0018)
Lnsfirm					0.0068 ***	-0.0118 ***	0.0070 ***	-0.0114 ***	0.0023	0.0023	-0.0067 **	-0.0064 **	-0.0067 **
					(0.0018)	(0.0029)	(0.0018)	(0.0029)	(0.0018)	(0.0018)	(0.0030)	(0.0030)	(0.0030)
RCA					-0.0009 *	-0.0008 *	-0.0031 ***	-0.0028 ***	0.0030 ***	0.0030 ***	0.0044 ***	0.0030 ***	0.0044 ***
					(0.0005)	(0.0005)	(0.0010)	(0.0010)	(0.0006)	(0.0006)	(0.0014)	(0.0006)	(0.0014)
TFP_Lnsfirm						0.0072 ***		0.0071 ***			0.0034 ***	0.0034 ***	0.0034 ***
						(0.0009)		(0.0009)			(0.0009)	(0.0009)	(0.0009)
TFP_RCA							0.0008 ***	0.0007 **			-0.0005		-0.0005
							(0.0003)	(0.0003)			(0.0004)		(0.0004)

（续表）

	(1)	(2)	(3)	(4)	(5)	(6)	(7)	(8)	(9)	(10)	(11)	(12)	(13)
	是否退出(exitstay),退出=0,不退出=1												
外资企业	-0.0405 ***	-0.0405 ***	-0.0405 ***	-0.0405 ***	-0.2660 ***	-0.2627 ***	-0.2659 ***	-0.2626 ***	-0.0303 ***	-0.0306 ***	-0.0290 ***	-0.0293 ***	-0.0293 ***
	(0.0060)	(0.0060)	(0.0060)	(0.0060)	(0.0057)	(0.0057)	(0.0057)	(0.0057)	(0.0067)	(0.0067)	(0.0067)	(0.0067)	(0.0067)
民营企业	-0.0964 ***	-0.0964 ***	-0.0964 ***	-0.0963 ***	-0.1454 ***	-0.1421 ***	-0.1452 ***	-0.1420 ***	-0.0666 ***	-0.0669 ***	-0.0653 ***	-0.0656 ***	-0.0657 ***
	(0.0048)	(0.0048)	(0.0048)	(0.0048)	(0.0048)	(0.0048)	(0.0048)	(0.0048)	(0.0055)	(0.0055)	(0.0056)	(0.0056)	(0.0056)
规模报酬不变	0.6121 ***	0.6121 ***	0.6123 ***	0.6889 ***	0.0943 ***	0.1602 ***	0.1435 ***	0.1598 ***	0.1204 ***	0.1204 ***	0.1282 ***	0.1278 ***	0.1281 ***
	(0.0109)	(0.0109)	(0.0109)	(0.0105)	(0.0127)	(0.0135)	(0.0132)	(0.0135)	(0.0134)	(0.0134)	(0.0136)	(0.0136)	(0.0136)
规模报酬递减	0.5610 ***	0.7799 ***	0.5612 ***	0.8548 ***	0.2034 ***	0.2697 ***	0.2531 ***	0.2697 ***	0.7406 ***	0.7387 ***	0.7812 ***	0.7646 ***	0.4053 ***
	(0.0213)	(0.0383)	(0.0213)	(0.0380)	(0.0251)	(0.0255)	(0.0254)	(0.0255)	(0.1235)	(0.1233)	(0.1261)	(0.1248)	(0.0268)
中部	0.0231	0.3038 ***	0.3038 ***	0.3038 ***	-0.0625 ***	-0.0813 ***	-0.0747 ***	-0.0654 ***	0.0566 ***	0.0564 ***	0.0532 ***	0.0310 *	0.0303 *
	(0.0140)	(0.0149)	(0.0149)	(0.0149)	(0.0185)	(0.0159)	(0.0159)	(0.0185)	(0.0189)	(0.0189)	(0.0189)	(0.0164)	(0.0164)
西部	-0.0815 ***	-0.2691 ***	-0.0814 ***	-0.2692 ***	-0.2124 ***	-0.1395 ***	-0.2084 ***	-0.1378 ***	-0.0107	-0.3968 ***	-0.4085 ***	-0.4058 ***	-0.0180
	(0.0315)	(0.0377)	(0.0315)	(0.0377)	(0.0758)	(0.0486)	(0.0757)	(0.0486)	(0.0503)	(0.0782)	(0.0785)	(0.0783)	(0.0505)
Year	Included	Included	Included	Included	Included	Included	Included	Included	Included	Included	Included	Included	Included
Province	Included	Included	Included	Included	Included	Included	Included	Included	Included	Included	Included	Included	Included
2 Digit Industry	Included	Included	Included	Included	Included	Included	Included	Included	Included	Included	Included	Included	Included
Constant	0.7915 ***	0.7915 ***	0.7926 ***	0.7161 ***	-1.2147 ***	-1.1959 ***	-1.2610 ***	-1.1937 ***	-0.1101 ***	-0.1101 ***	-0.0805 ***	-0.0792 ***	-0.0805 ***
	(0.0151)	(0.0151)	(0.0151)	(0.0149)	(0.0170)	(0.0193)	(0.0174)	(0.0193)	(0.0194)	(0.0195)	(0.0213)	(0.0213)	(0.0213)
Observations	1555981	1555981	1555981	1555981	1356548	1356548	1356548	1356548	1356548	1356548	1356548	1356548	1356548
Num of firms	455706	455706	455706	455706	429846	429846	429846	429846	429846	429846	429846	429846	429846

注：①括号内为标准差。 ***、**、* 分别表示 1%、5%、10% 的显著性水平。

②为简便起见，该表列出为回归系数，而没有列出 mfx 边际概率结果。

③检验中还控制了两位数行业、省份、年份虚拟变量，结果没有列出。

④表中检验过程以用 OP 方法计算的 TFP 作为企业生产率水平代理变量，在稳健性检验中，我们以人均工业增加值作为生产率水平的代理变量，重做本表的所有检验，主要结论仍然稳健。

⑤控制企业所有制结构时，参照组为国有企业；控制行业规模报酬情况时，参照组为规模报酬递增行业；控制企业地区属性时，参照组为东部。

三、产业的跨区域动态效率演变

接下来考察企业退出行为对产业的跨区域动态效率演变。产业动态的研究非常复杂，涉及集聚、区位选择等诸多方面（Bottazzi et al.，2011；Frenken et al.，2011），本章认为，从效率角度的切入也许是理解产业动态的一个有意义的方向。集聚、区位选择、产业迁移等产业跨区域的动态表现都是以企业进入、退出、迁移行为作为微观基础，而根据现有文献的研究结论（Cefis and Marsili，2005、2006）和前文的分析，作为判断企业盈利能力的关键指标，企业生产率水平是影响企业进入退出行为的最重要的因素。因此可以推断，产业层面的动态演变很大程度上反映在效率的演变上，企业和产业的效率演变将会影响到最终的集聚、迁移等宏观产业动态。

根据这一分析，我们将从跨区域动态效率演变的角度讨论产业动态。这与前文关于企业退出行为与企业效率的分析一脉相承，具有逻辑上的一致性。具体而言，政府的产业政策和市场集聚竞争机制对企业退出行为有重要影响，而这种微观企业层面对于政策和市场的反映最终体现在宏观产业动态效率演变上。参考 Hsieh and Klenow（2009）和 Brandt et al.（2012）的经典文献，以工业增加值作为权重，将企业层面的全要素生产率 TFP 加总到分地级市分两位数行业层面，考察政府产业政策和市场竞争环境对于 TFP 的影响。检验方程如下：

$$\begin{aligned}TFP_{irt} = {} & \alpha + \beta^{*} SPZ\_ratio_{irt} + \rho^{*} Subsidy\_ratio_{irt} + \delta^{*} RCA_{irt} + \eta^{*} Firmnum_{irt} + \\ & \lambda^{*} Exitrate_{irt} + \kappa^{*} wtfp\_diff + \theta^{*} X_{irt} + \varepsilon_{irt}\end{aligned} \quad (8-2)$$

和企业层面的表达方式类似，下标 i 表示产业，r 表示区域（城市），t 表示年份；SPZ_ratio 表示政策性区域企业数量占比；Subsidy_ratio 表示获得补贴的企业数量占比；RCA 表示相对比较优势（区位商）；Firmnum 表示企业数量；Exitrate 表示企业退出率;wtfp_diff 表示退出企业与非退出企业的生产率差异,X 表示其他控制变量,如城市经济规模、城市离港口距离等。我们首先在混合横截面情形下进行检验,结果列于表 8－7 的第(1)列至第(4)列中。检验采用逐项回归方式,差别变量为企业退出率 Exitrate 和退出企业与非退出企业生产率差异 wtfp_diff 两个变量①,并按照是否引入年份、省份、两位数行业分类三组虚拟变量将结果分为两组。混合截面数据能对变量之间的相互关系有初步的判断,有益于对全局性的把握,而缺陷是对变量之间的交互影响控制不够,不能很好地识别出变量间的因果关系。但在本章的研究中,我们希望能识别出产业政策和市场竞争对于产业跨区域动态效率演变的影响,这就需要有变量的动态演变和初步因果关系识别这两个关键要件,而面板数据回归能较好地实现这一目的。由此,表8－7的第(5)列至第(8)列给出了面板数据回归结果,通过对不同层面固定效应的控制和引入滞后项,我们能够较好地识别出变量之间的内在关系。

通过表 8－7 的检验结果,我们得到以下几点结论:第一,与企业层面的研究结论对应,设立经济开发区作为产业政策的重要方式,确实能够提高地区的生产率水平。但是,这个作用机制到底是选择了高效率企业进入园区,还是使得园区内低效率企业快速成长,仍然需要从企业层面进一步论证和检验。第二,从 RCA 的系数来看,竞争越大越可能导致地区生产率降低,可能存在过度竞争的可能。② 第三,从企业退出率 Exitrate,尤其是退出企业与非退出企业生产率差异 wtfp_diff 变量的系数来看,它们对地区行业的生产率水平并没有显著的正向影响,这说明我国工业行业中进入企业和退出企业在生产率水平上可能并不存在

① 之所以以这两个变量为区分变量,是因为这两个变量在检验方程中的地位非常重要,与其他变量有交互影响关系,但两个变量的缺失情况较为严重,引入后要损失不少信息。

② 这里需要指出的是,结果可能也和指标有关系。RCA 在一般情况下可以用来表示地区的产业竞争力和竞争程度,但是当计算的基准范围太小时,比如,一个地区有很小的经济规模且只有一个产业,这时候用 RCA 判断就会出现误判。

表 8-7 产业的跨区域动态效率演变检验结果

	(1)	(2)	(3)	(4)	(5)	(6)	(7)	(8)
变量	加权平均 TFP							
SPZ_ratio	0. 7849 ***	1. 3182 ***	0. 3176 ***	0. 5092 ***	0. 3573 ***	0. 4320 ***		
	(0. 0336)	(0. 0704)	(0. 0234)	(0. 0471)	(0. 0235)	(0. 0476)		
Subsidy_ratio	-0. 1762 ***	-0. 4165 ***	-0. 2198 ***	-0. 2547 ***	-0. 0312 **	0. 1063 ***		
	(0. 0194)	(0. 0430)	(0. 0137)	(0. 0307)	(0. 0142)	(0. 0348)		
RCA	-0. 0255 ***	-0. 0274 ***	-0. 0213 ***	-0. 0249 ***	-0. 0269 ***	-0. 0279 ***		
	(0. 0009)	(0. 0015)	(0. 0007)	(0. 0010)	(0. 0010)	(0. 0016)		
Firm_num	-0. 0012 ***	-0. 0006 ***	-0. 0020 ***	-0. 0012 ***	-0. 0009 ***	-0. 0008 ***	-0. 0007 ***	-0. 0006 ***
	(0. 0001)	(0. 0001)	(0. 0000)	(0. 0000)	(0. 0001)	(0. 0001)	(0. 0001)	(0. 0001)
lnCityva	0. 3046 ***	0. 3122 ***	0. 3088 ***	0. 2722 ***	0. 5966 ***	0. 6061 ***	0. 5896 ***	0. 5991 ***
	(0. 0021)	(0. 0048)	(0. 0017)	(0. 0036)	(0. 0025)	(0. 0049)	(0. 0027)	(0. 0045)
Exitrate		-0. 4566 ***		0. 1069 ***		-0. 0921 ***		
		(0. 0363)		(0. 0260)		(0. 0235)		
wtfp_diff		-0. 0273 ***		-0. 0015		-0. 0037		
		(0. 0042)		(0. 0027)		(0. 0025)		
L. SPZ_ratio							0. 1778 ***	0. 3515 ***
							(0. 0249)	(0. 0478)
L. Subsidy_ratio							0. 0297 *	0. 1185 ***
							(0. 0153)	(0. 0353)
L. RCA							-0. 0144 ***	-0. 0156 ***
							(0. 0011)	(0. 0016)
L. Exitrate								0. 0884 ***
								(0. 0248)

（续表）

	(1)	(2)	(3)	(4)	(5)	(6)	(7)	(8)
L. wtfp_diff								0. 0002
								(0. 0025)
年份	未包括	未包括	未包括	未包括	-	-	-	-
省份	未包括	未包括	未包括	未包括	-	-	-	-
两位数行业	未包括	未包括	未包括	未包括	-	-	-	-
常数项	-0. 3877 ***	-0. 6036 ***	-1. 5260 ***	-1. 1020 ***	-3. 5666 ***	-4. 2987 ***	-3. 5491 ***	-4. 2455 ***
	(0. 0219)	(0. 0611)	(0. 0318)	(0. 0539)	(0. 0264)	(0. 0599)	(0. 0292)	(0. 0566)
观测值	73568	28372	73567	28372	73568	28372	60971	27763
R^2	0. 2647	0. 2534	0. 6686	0. 7087	0. 8039	0. 8325	0. 8220	0. 8440
城市—行业组合数					10,638	6,202	9,177	5,838

注：①括号内为标准误，***、**、* 分别表示 1%、5%、10% 的显著性水平；
②L. variable 表示 variable 的滞后一期值；
③第(5)列至第(8)列面板数据检验中，R^2 已经调整为包括常数项的 R^2。

系统性的差异。这是一个很有意义的发现,后续可以结合企业进入问题进行详细研究。

为讨论结论的可靠性,接下来我们做如下几个方面的稳健性检验。第一,表 8-7 的检验中,被解释变量是以工业增加值作为权重计算的加权 TFP,这种计算方式会高估国有企业(资本)的作用。在稳健性检验中,我们用从业人数①作为权重来计算加权 TFP,两者的结果存在一定的差异,具体机制都有待进一步的研究。第二,在检验中引入城市距港口距离、城市 GDP 总量、城市人口总量、东中西部虚拟变量等几个变量,结论稳健。第三,表 8-7 的被解释变量 TFP 是绝对值,如果用 TFP 的增长速度作为被解释变量,也可以得到类似的结论。实际上,这一检验在表 8-7 中同样有体现。在表 8-7 的第(3)列和第(4)列,控制年份虚拟变量后的检验结果就类似于以 TFP 增长速度作为被解释变量的结果。

第四节　结论与扩展

依托中国工业企业数据库 1998—2007 年约 60 万家企业的面板数据,以 Brandt et al. (2012)的标志性工作为参考,本章首先从面板数据构建、资本变量处理、价格指数构建等方面着手,详细和规范地计算企业全要素生产率等相关指标。在此基础上,本章以设立经济开发区等政策性区域和对企业的直接补贴作为政府产业政策的代理变量,以经济集聚程度和相对比较优势作为市场竞争的代理变量,研究政府产业政策和市场竞争对企业退出行为的影响,并进一步考察产业跨区域动态效率演变。

① 同理,这会高估民营企业(劳动)的作用。

本章的研究有如下几点主要结论:第一,生产率水平是决定企业能否在市场竞争中取胜的重要因素,退出企业与非退出企业生产率水平存在显著差异;企业退出行为在跨产业和跨地区之间存在明显的差异。第二,政府设立经济开发区等政策性区域和对企业的直接补贴等产业政策有明显的保护作用,使得低效率企业能够在市场中生存;而在集聚程度高的地方和有明显优势产业的地方,企业间竞争程度会更大,市场机制能发挥更大的作用,只有生产率更高的企业才能生存下来。第三,这种政府与市场对于企业的微观作用同样反馈到产业的跨区域动态效率演变。政府保护和市场竞争会对产业的空间布局和动态效率演变产生重要影响,但其在产业升级与竞争力提升方面的效果和作用机制都还有待进一步探讨。

本章的研究有如下几点贡献:第一,本章从产业政策的角度研究中国企业退出行为,这在文献上尚属首次。第二,本章对于中国企业退出行为和产业空间动态效率演变的研究,有助于我们深入理解政府和市场因素在中国特有的制度环境下对企业行为和产业发展的影响,有很强的现实意义。

特别需要指出的是,本章的研究是对中国企业动态和产业动态演变问题的非常初步的分析,有很多深层次机制还有待进一步研究和探讨。第一,本章的研究发现,产业政策对企业有保护作用,但并没有区分这种保护作用的效果,如果这种保护符合"幼稚工业论",用来保护产业在初始阶段的发展,那这种保护就是有意义的;反之,如果这种保护更多是给一些投机企业套取政策红利的机会,则其效果显然是得不偿失的。下一步的研究需要识别这两种效果,更好地评估现有的产业政策。第二,本章的研究发现,各地区各产业之间的企业退出生产率差异升水存在很大的差异,也就是说,相同生产率水平的企业,当它们处于不同的市场竞争环境(以经济的集聚程度和相对比较优势表示)时,企业发展情况、企业退出行为会存在很大的差异。但是,对于这种差异背后的作用机制,本章并没有做详细的讨论，到底是某些地区和产业存在过度竞争，还是另外一些地区和产业存在过度保护，还有待进一步的研究。

参考文献

聂辉华、江艇、杨汝岱，2012：《中国工业企业数据库的使用现状和潜在问题》，《世界经济》，第5期。

Abdulnasser, H. I., 2002, "Export Performance and Economic Growth nexus in Japan: A Bootstrap Approach", *Japan and the World Economy*, Vol. 14, No. 1, pp. 25 – 33.

Aghion, P., Mathias Dewatripont, Luosha Du, Ann Harrison, Patrick Legros, 2012, "Industrial Policy and Competition", NBER Working Paper, w18048.

Ahmad, J. and Kwan, A. C. C., 1991, "Causality between Exports and Economic Growth: Empirical Evidence from Africa", *Economics Letters*, Vol. 37, pp. 397 – 416.

Aitken, B. J. and Harrison, A. E., 1999, "Do Domestic Firms Benefit from Direct Foreign Investment? Evidence from Venezuela", *American Economic Review*, Vol. 89, pp. 605 – 618.

Altenburg, T., and Meyer-Stamer, J., 1999, "How to Promote Clusters? Policy Experiences from Latin America", *World Development*, Vol. 27, No. 9.

Amirkhalkhali, S., and Dar, A., 1995, "A Varing Coefficients Model of Export Expansion Factor Accumulation and Economic Growth: The Case of Columbia", *Review of Development Economics*, pp. 208 – 280.

Audretsch, D. B., Houweling P. and Thurik R., 2000, "Firm Survival in the Netherlands", *Review of Industrial Organization*, Vol. 16, No. 1, pp. 1 – 11.

Audretsch, D. B., Santarelli E. and Vivarelli M., 1999, "Start-up Size and Industrial Dynamics: Someevidence from Italian Manufacturing", *International Journal of Industrial Organization*, Vol. 17, pp. 965 – 983.

Awokuse, T. O., 2005, "Export-led Growth and the Japaness Economy: Evidence from VAR and

Directed Acyclic Graphs", *Applied Economic Letters*, Vol. 12, No. 14, pp. 849 - 858.

Baily, M. N. , C. Hulten, et al, 1992, "Productivity Dynamics in Manufacturing Plants", *Brookings Papers on Economic Activity: Microeconomics*, Vol. 1992, pp. 187 - 267.

Bernard, A. B. , J. Eaton, et al. , 2003, "Plants and Productivity in International Trade", *American Economic Review*, Vol. 93, No. 4, pp. 1268 - 1290.

Bottazzia, Giulio, Alex Coad, Nadia Jacoby and Angelo Secchi, 2011, "Corporate Growth and Industrial Dynamics: Evidence from French Manufacturing", *Applied Economics*, Vol. 43, pp. 103 - 116.

Brander, James A. and Barbara J. Spencer, 1985, "Export Subsidies and International Market Share Rivalry", *Journal of International Economics*, Vol. 18, No. 1 - 2, pp. 83 - 100.

Brandt, L. , J. Van Biesebroeck, et al. , 2012, "CreativeAccounting or Creative Destruction? Firm-level Productivity Growth in Chinese Manufacturing", *Journal of Development Economics*, Vol. 97, No. 2, pp. 339 - 351.

Brixy, U. and Grotz R. , 2007, "Regional Patterns and Determinants of Birth and Survival of New Firms in Western Germany", *Entrepreneurship and Regional Development*, Vol. 19, pp. 293 - 312.

Caves, R. E. , 1998, "Industrial organization and new findings on the turnover and mobility of firms", *Journal of Economic Literature*, Vol. 36, pp. 1947 - 1982.

Cefis, E. and Marsili O. , 2005, "A Matter of Life and Death: Innovation and Firm Survival", *Industrial andCorporate Change*, Vol. 14, No. 6, pp. 1 - 26.

Cefis, E. and Marsili O. , 2006, "Survivor: The Role of Innovation in Firm's Survival", *Research Policy*, Vol. 35, No. 5, pp. 626 - 641.

Doms, Mark, Timothy Dunne, Mark J. Robertsc, 1995, "The Role of Technology Use in the Survival and Growth of Manufacturing Plants", *International Journal of Industrial Organization*, Vol. 13, No. 4, pp. 523 - 542.

Geroski, P. A. , 1995, "What do We Know about Entry?", *International Journal of Industrial Or-*

ganization, Vo. 13, No. 4, pp. 421 – 440.

Du, Luosha, Ann Harrison, and Gary Jefferson, 2010, "Do Institutions Matter for FDI Spillovers? The Implications of China's 'Special Characteristics'", NBER Working Paper.

Frenken, Koen, Elena Cefis and Erik Stam, 2011, " Industrial Dynamics and Economic Geography: A Survey", Eindhoven Centre for Innovation Studies, No. ECIS Working Paper.

Greenwald, Bruce and Joseph E. Stiglitz, 2006, "Helping Infant Economies Grow: Foundations of Trade Policies for Developing Countries", *American Economic Review*, Vol. 96, No. 2, pp. 141 – 146.

Harrison, Ann and Andrés Rodríguez-Clare, 2010, "Trade, Foreign Investment, and Industrial Policy for Developing Countries", *Handbook of Development Economics*, Vol. 5, Chapter 63, pp. 4040 – 4214.

Hopenhayn, H. A., 1992, "Entry, Exit, and Firm Dynamics in Long Run Equilibrium", *Econometrica*, Vol. 60, No. 5, pp. 1127 – 1150.

Hsieh, C. -T. and P. J. Klenow, 2009, "Misallocation and Manufacturing TFP in China and India", *Quarterly Journal of Economics*, Vol. 124, No. 4, pp. 1403 – 1448.

Krueger, Anne O. and Baran Tuncer, 1982, "An Empirical Test of the Infant Industry Argument", *American Economic Review*, Vol. 72, No. 5, pp. 1142 – 1152.

Melitz, M. J., 2003, "The Impact of Trade on Intra-Industry Reallocations and Aggregate Industry Productivity", *Econometrica*, Vol. 71, No. 6, pp. 1695 – 1725.

Nie, H, T. Jiang and R. Yang, 2012, "A Review and Reflection on the Use and Abuse ofChinese Industrial Enterprises Database", *World Economy*, No. Chinese5.

Nystr · m, K., 2007, "An Industry Disaggregated Analysis of the Determinants of Regional Entry and Exit", *The Annals of Regional Science*, Vol. 41, pp. 877 – 896.

Olley, G. S. and A. Pakes, 1996, "TheDynamics of Productivity in the Telecommunications Equipment Industry", *Econometrica*, Vol. 64, No. 6, pp. 1263 – 1297.

Raspe, O. and Van Oort F. G., 2008, "Firm Growth and Localized Knowledge Externalities", *Journal of Regional Analysis and Policy*, Vol. 38, pp. 100 – 116.

Renski, H. , 2011, "External Economies of Localization, Urbanization and Industrial Diversity and New Firm Survival", *Papers in Regional Science*, Vol. 90, No. 3, pp. 473 – 502.

Rodrik, Dani, 1999, "Making Openness Work: The New Global Economy and the Developing Countries", Barnes and Noble, Washington DC.

Song, Z. , K. Storesletten and F. Zilibotti, 2011, "Growing Like China", *American Economic Review*, Vol. 101, No. 1, pp. 196 – 233.

Stough, R. R. , Haynes K. E. and Campbell H. S. , 1998, "Small Business Entrepreneurship in the High Technology Services Sector: An Assessment for the Edge Cities of the U. S. National Capital Region", *SmallBusiness Economics*, Vol. 10, pp. 61 – 74.

Sutton J. , 1997, "Gibrat's Legacy", *Journal of Economic Literature*, Vol. 35, pp. 40 – 59.

Wagner J. , 1994, "The Post-entry Performance of New Small Firms in German Manufacturing Industries", *Journal of Industrial Economics*, Vol. 17, pp. 141 – 154.

Yang, R. and B. Chen, 2013, "The Evolution of Chinese Manufacture's Productivity ", mimeo, School of Economics, Peking University.

Yang, R. and C. He, 2013, "The Productivity Puzzle of Chinese Exporters: Perspectives of Local Protection and Spillover Effects", *Papers in Regional Science*, forthcoming.

第九章　地方保护、集聚溢出与企业出口决策

本章在详细整理中国工业企业数据库并全面讨论全要素生产率计算方法的基础上,从城市地理的角度研究中国出口企业的“生产率之谜”。经验事实发现,中国出口企业的生产率显著低于非出口企业;城市加权 TFP 与城市出口密集度和出口规模并没有正相关关系,表现出宏观城市层面的“生产率之谜”;中国出口企业的区域集聚现象非常明显,大部分出口集中于少数城市和省份。这些现象与发达国家存在明显差异,也与现代贸易理论的推断和经验结论不相符。本章的实证研究发现,城市地理区位可以完美解释“生产率之谜”,一旦控制企业的城市区位,“生产率之谜”将不复存在,该结论对于不同的计量方法和变量测度方式均稳健。进一步的机制研究表明,第一,在行业出口市场微利的前提下,低市场化程度和垄断寻租空间的存在,使得部分生产率水平较高的企业局限于服务本地市场;第二,出口的区域集聚溢出效应等使得低生产率企业同样可以走向国际市场;第三,市场化程度和出口集聚溢出效应对于不同规模报酬的行业和不同所有制类型的企业的影响存在显著差异。本章从城市地理的角度解释中国企业出口的“生产率之谜”,与现有经验研究成果互为补充,并对现有理论体系有一定的冲击,这既有助于从更深的层面理解中国的出口模式,又具有非常重要的文献贡献。

第一节 引言

现代贸易理论(Melitz,2003;Bernard,et al.,2003)认为,每个出口市场都有一个固定的市场进入成本,只有生产率水平达到一定程度的的企业才能进入该市场,这一理论在对成熟市场经济的经验研究中获得有力支撑(Bernard and Jensen,2004;Eaton,Kortum and Kramarz,2011;Eaton et al.,2007)。与本章相关,这一理论有两个非常具有现实意义的推论:第一,高生产率的企业更倾向于开拓海外市场,而低生产率的企业更倾向于服务国内市场;第二,出口市场是排序的,进入成本更低的市场将能吸引更多的出口企业,也就是说,企业将首先进入进入成本更低的市场。令人不解的是,基于中国数据的经验研究并不支持这一推断(Yu,2011; Ma,Tang and Zhang,2011;Lu,2010;张杰,2011;余淼杰,2010),这被称为中国出口企业的"生产率之谜"。以此为前提,中国出口企业的出口产品选择和出口市场选择也表现出较强的"中国特色"。学术界对这些现象还不能提供很好的解释(Dai et al.,2011;Lu,2010)。

企业层面的研究发现,中国企业出口与发达国家企业出口有诸多明显差异。例如,中国企业的平均存活年限非常短,且区位迁移现象突出,地理区位在企业决策中的地位较为重要;中国出口企业的区域集聚现象非常明显,大部分出口集中于少数省份;纯出口企业占总出口企业的比例达到30%,在中国出口中影响甚大(对发达国家出口企业的研究却发现,企业的出口比例只占总产值的小部分)。这些典型事实与美国、法国等发达市场的企业行为有很大差异(Bernard et al.,2009)。本章认为,和成熟的、基本处于稳态运行的市场经济比较,中国经济处于激烈转型过程中,且经济总量庞大,区域发展模式各有不同,对于企业的研究,必须要考虑到地理区位差异对企业的异质性约束。沿袭这一判断,我们将从出口企业城市的地理区位差异的角度重新阐释“生产率之谜”，讨论中国出口企业城市地理与生产率水平的关系，并具体从两个渠道对地理区位环境影响企业出口决策的因素进行进一步的论证。第一，在行业出口市场微利的前提下，低市场化程度和地方垄断寻租空间的存在，使得部分生产率水平较高的企业可以获得垄断利润，局限于服务本地市场，放弃开拓国际市场；第二，当存在区域市场进入壁垒时，出口的区域集聚溢出效应使得出口企业倾向于向某些区域迁移集中，这使得生产率水平较低的企业，尤其是加工贸易企业，会致力于走向国际市场。这样，市场化程度低和垄断使得大量内地高生产率企业没有太大的动力出口，出口集聚溢出效应则使得沿海地区低生产率企业同样可以将产品出口到海外市场，从而使得中国出口企业从宏观上表现出所谓的“生产率之谜”。

对于区域市场化程度差异和集聚溢出效应的作用机制，现有文献做了一定程度的探讨。从 Young(2000)正式规范提出中国的“地方保护主义”以来，很多学者对此进行了深入研究。Young(2000)认为，中国的渐进式而非激进式改革，有政治和社会稳定方面的优点，但同时掩盖了很多矛盾，使得地方保护主义盛行且不断加剧，而地方保护造成市场分割严重和产业结构趋同，带来较为严重的经济后果。Poncet (2003、2005)以投入—产出表为基础，认为中国省际贸易成本接近于欧盟国家之间或美国与加拿大之间的贸易成本，同时发现中国国内市场分割正在加剧。而 Naughton(1999)、Xu(2002)和 Fan and Wei(2006)虽然发现中国的确存在着较为严重的市场分割和地方保护主义，但地方保护程度在弱化，国内市场在不断整合。与本章的观点类似，Bai et al. (2004)认为地方政府倾向于保护国有化程度较高、生产率水平较高(利税率较高)的行业，使得这些企业可以获得垄断收益。关于地方保护主义的度量，部分文献采用了市场化程度指数，Bai et al. (2004)则用国有企业和高利税率企业的比重来衡量地方保护的力度，

Poncet(2005)则反过来分析地方政府就业压力、政府支出和政府消费等对市场整合的影响。关于企业地理集聚的溢出效应,现有研究成果则更为丰富。经典理论研究将企业的空间集聚行为归因于资源禀赋优势、运输成本优势、知识外溢性等方面(Dixit and Stiglitz,1977; Krugman,1991)。新经济地理学(Krugman and Venables,1995)强调集聚效应可能部分来自某种技术的地区性扩散效应和外部性。Fujita and Thisse(2002)认为集聚可以看成是经济增长在地区维度上的对应,必然伴随经济增长存在。Amiti(2005)和 Amiti and Javorcik(2008)基于中国省级产业数据的实证研究表明,外资会优先选择靠近产品销售市场或原材料供应市场、能够共享企业信息优势的区域,这和本章强调企业集聚可以带来信息溢出、带动低生产率企业出口的观点类似。本章将以现有文献关于地方市场化程度和集聚溢出效应的研究为基础,构建相关的量化指标,从这两个作用机制出发,对出口企业的"生产率之谜"进行重新解释。

本章余下的内容安排如下:第二节详细介绍我们对数据的处理;第三节讨论全要素生产率计算的理论基础;第四节从宏观和微观层面讨论中国出口的"生产率之谜";第五节从实证角度检验城市地理与"生产率之谜"的关系,并进一步分析作用机制;第六节是主要结论与扩展研究方向讨论。

第二节　数据

本章使用的基础数据来源是由国家统计局维护的中国工业企业数据库。中国工业企业数据库由国家统计局建立,它的数据主要来自样本企业提交给当地统计局的年报汇总。该数据库的全称为"全部国有及规模以上非国有工业企业数据库",其样本范围为全部国有工业企业以及规模以上非国有工业企业，其统计单位为企业法人。这里的“工业”统计口径包括国民经济行业分类中的采掘业、制造业以及电力、燃气及水的生产和供应业三个门类，主要是制造业（占90%以上）。这里的“规模以上”指企业每年的主营业务收入（即销售额）在500万元及以上，2011年该标准改为2000万元及以上。本章以1998—2008年全部国有及规模以上非国有工业企业作为主要分析样本，共包括2635787个观测值，689010家企业，平均每家企业报告数据的年限为3.83年。[①] 在所有的689010家样本企业中，40184家企业在11年样本期内全部报告了数据，占比5.8%；198982家企业只报告了1年的数据，占比28.9%，本数据集为典型的非平衡面板数据。表9-1和表9-2分别是本章样本企业数量与国家统计局公布样本数量的比较和样本企业报告数据年限情况的统计。最近几年，中国工业企业数据库在学术界有非常广泛的应用，产生了一大批关于中国的高质量研究成果，这些研究成果发表在包括*American Economic Review*（Song et al.，2011）、*Quarterly Journal of Economics*（Hsieh and Klenow，2009）和《经济研究》等国际和国内著名学术期刊上，对于推动中国问题研究的国际化程度有非常积极的意义。作为一个由中国国家统计局建立的数据库，它的优点是样本大、指标多、时间长。但是，它毕竟不是一个由学术机构发布的数据库，因此在很多方面还不太符合学术研究的严格要求，其缺陷包括样本匹配混乱、指标存在缺失、指标大小异常、测度误差明显和变量定义模糊等严重问题（聂辉华等，2012）。针对这些问题，Brandt et al.（2012）对该数据库做了较为详细的整理，他们的研究也成为处理该数据库的代表性成果。本章认为，数据库存在的缺陷是与研究关注的主题密切相关的，同样的缺陷对于不同的问题，其影响程度差别很大，对于数据库缺陷的一般性分析远远不足以解决问题。正是基于这点认识，本章将主要从企业全要素生产率计算方面

① 2008年的原始数据没有提供企业法人代码，我们根据企业名称等信息构建面板数据，可能会有些偏差。如果剔除2008年的数据，1998—2007年共2224380个观测值，576143家企业，每家企业报告数据的平均年限为3.86年。

对该数据库进行详细的分析和讨论。

表 9-1　本章样本企业数量与国家统计局公布样本数量比较

年份	1998	1999	2000	2001	2002	2003	2004	2005	2006	2007	2008
本章样本	165118	162033	162883	171240	181557	196222	276474	271835	301961	336768	411407
统计局样本	165080	162033	162885	171256	181557	196222	276474	271835	301961	336768	426113

表 9-2　样本企业报告数据年限统计

报告数据年限	1	2	3	4	5	6	7	8	9	10	11
企业数量	198982	103908	85581	59381	83542	40620	24825	23820	14777	13410	40184
占比(%)	28.9	15.1	12.4	8.6	12.1	5.9	3.6	3.5	2.1	1.9	5.8

一、构建面板数据

我们处理面板数据的方法主要参考 Brandt et. al(2012),其基本思想是,以法人代码为基准,同一法人代码、不同企业名称(及其他信息)被处理为两家企业,同一企业代码、不同企业名称也被处理为两家企业。这样可以尽量地减少信息损失。同时,从数据中看,同一代码、不同名称或同一名称、不同代码的企业往往其他信息也都不同,即它们属于不同的企业,这说明这种处理思路是合理的。经过核对,仅 2004 年存在数据重复问题,即所有变量取值都相同的观察值,这样的重复观察值有 1711 个,因此,在处理面板数据之前需要先把这些观测值删掉,因此,2004 年实际样本量应该是 274763 个。

处理面板数据的基本思路是,先利用法人代码信息识别面板数据,如果法人代码匹配不上或者法人代码重复(即存在两个以上的同一法人代码),则开始使用企业名称匹配,如果企业名称依然匹配不上或者企业名称重复(即存在两个以上的同一企业名称),则使用“地区(县)+法人代表姓名”匹配,如果“地区(县)+法人代表姓名”依然匹配不上,则进一步使用其他信息匹配。在 Brandt et. al(2012)中用到的信息包括地区代码、电话号码、开工年份、邮政编码、行业代码、主要产品、所在县名称等,然而通过检查发现,他们的匹配方法会导致过宽的匹配，即本来不属于一家企业，却被他们匹配成一家企业了，这个问题在他们使用“邮政编码＋行业代码＋主要产品＋所在县名称＋开工年份”的匹配方法时非常明显，因为同一地方有不同企业同时从事某一行业是正常的。鉴于此，我们使用“地区代码（县）＋电话号码＋成立年份”的方法，检查发现这种匹配方法更加精确。

基于这种方法得到的面板数据情况总结如表9－3（基于两年连续面板数据构造）所示。从表9－3中可以看出，企业进入、退出比重相对是比较高的，退出率平均为14.1%，进入率平均为21.2%。其中，2004年和2008年的进入比重明显过高，可能原因是普查把一些应该调查但之前漏掉的观察值纳入了数据库，因此这个比重不宜简单地认为是进入和退出。

表9－3　面板数据说明

	总数	下期存活	退出	上期在位	新进入	退出比重（%）	新进入比重（%）
1998	165118	139976	25142			15.23	
1999	162033	137331	24702	139976	22057	15.25	13.61
2000	162883	129331	33552	137331	25552	20.60	15.69
2001	171240	149864	21376	129331	41909	12.48	24.47
2002	181557	157457	24100	149864	31693	13.27	17.46
2003	196222	157165	39057	157457	38765	19.90	19.76
2004	274763	232969	41794	157165	117598	15.21	42.80
2005	271835	248641	23194	232969	38866	8.53	14.30
2006	301961	276257	25704	248641	53320	8.51	17.66
2007	336768	296382	40386	276257	60511	11.99	17.97
2008	411407			296382	115025		27.96

二、资本变量处理

在工业企业数据库中，报告了固定资产原值、生产用固定资产原值、固定资产净值年平均额、累计折旧和本年折旧的数据，但这些数据都是账面价值（booked value），而生产函数中关心的是资本真实价值。如果不对资本进行处理，将导致企业与企业之间、同一企业年与年之间不可比，比如1991年购买的资本和1994年购买的资本产品质量并无差异，但由于通货膨胀的原因，1994年所购资本的账面价值要远大于1991年所购资本的账面价值。因此，我们需要基于账面价值的数据以尽量推算其真实价值。将账面价值转换为真实价值的核心思想就是对固定资产名义值进行消胀，但问题在于，固定资产购买来自不同年份，而数据中只有固定资产原值的数据，没有购买资产年份的数据。对于面板数据中第一期之后的样本，处理相对简单，只需要用本期固定资产原值减去上期固定资产原值，就得到当期购买固定资产的名义值，然后进行消胀即可。然而，对于面板数据中第一次出现的样本，处理起来就相对复杂。我们的思路是，基于一定假设推算出企业从开业年份到进入样本年份之间每年的固定资产名义购买量，然后对每年购买的固定资产名义值进行消胀，得到每年固定资产投资的真实值，然后基于永续盘存法和折旧信息来计算真实资本存量和真实投资。

三、价格指数处理

1. 投资平减指数（年度加总指数）

根据我们对资本的处理，所有在1986年之前开工的企业，在反推年度名义投资时，均假设企业从1986年开始进行投资。由此，我们需要1986—2008年的投资平减指数。1986—1989年，国家统计局没有公布投资价格指数，我们使用Brandt and Rawski投资价格指数（Brandt et al.，2012）进行转换。根据B-R Deflator（定基比指数）可以计算出1986—1989年的同比指数（上一年为100），以统计局1990年定基比指数为基准，将1986—1989年同比指数再转换为定基比指数（1998为100）。1990年以后的数据直接使用国家统计局公布的同比增长数据（上一年为100），将这个数据转换为定基比数据（1998年为100）。

2. 产出平减指数(年度两位数行业分类指数)

国民经济行业分类两位数分行业 1985—2010 年总产出环比价格指数来自《中国城市(镇)生活与价格年鉴 2011》。原始数据中,行业代码为 14、23、35、43 的四个行业缺失 1998—2002 年的环比指数,我们采用插值补充,t 年的环比指数为 $t+1$、$t+2$、$t+3$ 年的指数平均值。同样,以 1998 年为基年,将产出平减指数转化为定基比指数。

3. 投入平减指数(年度两位数行业分类指数)

我们在产出平减指数的基础上,与投入-产出(IO)表结合①,构建投入平减指数。以 IO 表分行业中间投入的基本流量表为基础计算权重,对产出价格指数加权得到行业的投入价格指数。考虑到年度之间资源配置效率的变化,我们对权重做了更为细致的处理,1998—2000 年的权重根据 1997 年 124 部门 IO 表计算,2001—2005 年的权重根据 2002 年 122 部门 IO 表计算,2006—2008 年的权重根据 2007 年 135 部门 IO 表计算②。

第三节　工业企业全要素生产率计算

一、传统的规模报酬不变的柯布—道格拉斯生产函数方法

全要素生产率(TFP)是总产出的增长率与各要素投入增长率加权平均和(权重为各要素投入的产出弹性)的差额,它通常可以被理解为技术进步或制度变化等非生产性投入要素的贡献。由于假设生产函数规模报酬不变符合经济学原理与常识,其估算方法相对简单。该方法采用规模报酬不变的柯—道生产函

① 这里首先需要处理国民经济行业分类与投入-产出表行业分类的对应问题,详细过程可以参考杨汝岱(2008)。

② 此处,我们使用了 1997 年、2002 年、2007 年三张 IO 表,三张表的行业分类并不完全相同,我们的处理方法是以 2002 年 122 部门 IO 表为基准表,对 1997 年和 2007 年 IO 表进行些微调整,统一行业分类。

数法作为测算企业 TFP 的方法。这里,企业的工业增加值为 VA,资本为 K(企业的固定资产净值年平均余额),劳动力为 L(全部从业人员年平均人数)。规模报酬不变的柯—道生产函数形式如下:

$$\ln(VA/L)_{it} = \alpha_0 + \alpha_k \ln(K/L)_{it} + \alpha_a age_{it} + dum_{province} + dum_{year} + \varepsilon_{it} \quad (9-1)$$

在(9-1)式中,α_k 代表资本的产出弹性。按照规模报酬的限定,劳动力的权重 α_l 可以被设定为 $(1-\alpha_k)$。age_{it} 为表示 i 企业在 t 年的年龄,$dum_{province}$ 为表示企业的省份代码,dum_{year} 为表示年份虚拟变量。ε_{it} 表示服从 $i.i.d$ 分布的随机误差项。通过下面的恒等式可以得到各个企业估计的 TFP 的对数:

$$\text{TFP}_{it}^{ols} \equiv \alpha_k \ln(VA/K)_{it} + (1-\alpha_k)\ln(VA/L)_{it} \quad (9-2)$$

二、OP 方法的企业全要素生产率估计

上述使用柯—道生产函数并用 OLS 方法来估计全要素生产率会存在两类内生性问题:联立性(simultaneity)所引起的内生性,以及样本选择偏差(selection bias)所引起的内生性。Marschak and Andrews(1944)指出,当追求利润最大化的企业在进行投入选择时,它们能够及早地觉察到全要素生产率的变化,并做出相应的调整;而研究人员没有观察到这些冲击。一般说来,如果企业知道自己的生产率较高,它将会增加要素投入;相反,如果生产率较低,企业会减少投入甚至完全退出。由于没有考虑这些未观察到的生产率冲击,对生产函数进行 OLS 估计将会得到有偏的参数估计值。具体说来,如果在生产函数中没有考虑到由于正的生产率冲击而导致的更高的可变要素投入,由于联立性问题,对这些可变要素投入的 OLS 参数估计值会偏高(Yasar and Raciborski,2008)。如果我们有足够的理由相信这些未观察到的生产率冲击是企业特定的,且跨期保持不变的话,固定效应模型就可以解决这一联立性问题,并且得到一致的参数估计值。但是,这一解决方案有两个缺点:首先,数据中绝大部分的信息没有被利用。固定效应估

计量仅使用了比截面变异要小得多的跨期变异，这意味着参数难以被识别。其次，假设未观察到的生产率冲击跨期保持不变并不合理（Van Beveren，2012）。另外的一些方法，包括工具变量方法，也被用来解决联立性问题（Levinsohn and Petrin，2003）；但是一般情形下，寻找工具变量很有难度并且争议很多。

样本选择偏差源自生产率冲击与企业从市场退出之间的关系。如果企业的盈利能力和它的资本存量正相关，那么拥有更大的资本存量的企业与资本存量较少的企业相比，更有可能在较低的生产率水平上存活。因为前者预期自身会在将来生产更多的利润。给定同样的生产率冲击，企业资本存量与从市场上退出的概率之间的这种负相关性将会导致资本参数估计值偏低，除非我们控制住这种关系。这一类内生性问题采用 Heckman 修正法比较容易解决（Van Beveren，2012）。由于产出与可变的要素投入的联立性，以及低效率企业的退出所导致的样本选择性偏差这两个问题的存在，对生产函数用 OLS 方法进行估计会得到有偏且非一致的估计量。Olley and Pakes（1996）发展出来的三步回归模型，可以较好地解决在估计企业 TFP 时存在的上述两类内生性问题。本章将以 OP 方法计算的 TFP 值作为基准值，在稳健性讨论中，我们将对 OLS、FE、LP、GMM 等方法的计算结果和局限做一定的讨论。

Olley and Pakes（1996）方法（简称 OP 方法）假设现存企业在每一期的期初就决定本期是否继续进行生产。如果它退出市场的话，可以获得 Φ 的清算收入。如果它不退出，可以选择合适的可变投入（如劳动、原材料与能源）与 I_{it} 的投资水平；并且在期初给定的状态变量，如生产率冲击 Ω_{it} 、资本存量 K_{it} 与企业年龄 a_{it} 水平上实现利润。进一步假设企业的预期生产率是当期生产率与资本存量的函数，即 $E[\Omega_{i,t+1} \mid \Omega_{it}, K_{it}]$ ，且企业的利润是 Ω_{it} 和 K_{it} 的函数。具体说来，企业 i 是决定继续生产（$\chi_{it} = 1$）还是退出市场（$\chi_{it} = 0$），取决于它的生产率是否大于给定自身资本存量 K_{it} 和年龄 a_{it} 时的生产率阈值。退出市场的条件可以用如下式子表达：

$$\chi_{it} = \begin{cases} 1, 当\Omega_{it} \geqslant \underline{\Omega}_{it}(K_{it}, a_{it}) 时 \\ 0, \quad 其他情况 \end{cases}$$

假设状态变量 Ω_{it} 遵循一阶马尔科夫过程；假设企业对将来资本的投资 I_{it} 也取决于 K_{it}, a_{it} 和 Ω_{it} ：$I_{it} = I(K_{it}, a_{it}, \Omega_{it})$ 。这个投资决策方程暗含未来的生产率与当期生产率冲击正相关，因此在 t 期经历大的正生产率冲击的企业将会在 $t+1$期增加投资。根据上述退出市场与继续投资的规则，Olley and Pakes（1996）设定了一个生产函数以得到一致的参数估计值。假设生产技术由如下联系投入、生产率冲击与产出的生产函数来表示：

$$Y_{it} = F(L_{it}, M_{it}, E_{it}, K_{it}, a_{it}, \Omega_{it})$$

为了便于估计，我们假设如下形式的柯布—道格拉斯生产函数：

$$y_{it} = \beta_0 + \beta_l l_{it} + \beta_k k_{it} + \beta_a a_{it} + u_{it}$$

$$u_{it} = \Omega_{it} + \eta_{it}$$

y_{it} 是企业 i 在时期 t 的工业增加值的对数；l_{it}, k_{it} 分别是企业 i 在时期 t 的劳动、资本的对数；a_{it} 是企业的年龄；Ω_{it} 是被企业决策者观察到而未被研究人员观察到的生产率冲击；η_{it} 是同时没有被企业决策者与研究人员观察到的生产率冲击。因此，η_{it} 对企业的决策不会产生影响，但 Ω_{it} 是一个确实会影响企业决策过程的状态变量。

从前面的分析可知，由于产出与可变的要素投入之间的联立性，以及低效率企业的退出所导致的样本选择性偏差这两个问题的存在，我们对生产函数用 OLS 方法进行估计会得到有偏且非一致的估计量。和 OLS 的标准估计方法不同，OP 半参数方法考虑到了上述两个问题。OP 方法首先使用投资函数来控制住扰动项和要素投入之间的相关性，这是建立在未来生产率是当期生产率冲击 Ω_{it} 的严格单调递增函数这一假设之上的。在此假设下，对任意的 K_{it} 和 a_{it} ，在 t

期观察到正的生产率冲击的企业将在同期增加投资。假设 I_{it} 是严格单调递增的，我们可以把未被计量经济学家观察到的生产率冲击 Ω_{it} 写成：

$$\Omega_{it} = I^{-1}(I_{it}, K_{it}, a_{it}) = h(I_{it}, K_{it}, a_{it}) \quad (9-3)$$

其中，Ω_{it} 是 I_{it} 的单调递增函数。

(9－3)式中的函数可以用来控制联立性问题。把(9－3)式代入方程和，得到：

$$y_{it} = \beta_l l_{it} + \phi(i_{it}, k_{it}, a_{it}) + \eta_{it}$$

这里，$\phi(i_{it}, k_{it}, a_{it}) = \beta_0 + \beta_k k_{it} + \beta_a a_{it} + h(i_{it}, k_{it}, a_{it})$；我们用企业的年龄、资本的对数及投资的对数的二次多项式来近似 $\phi(\cdot)$。上面的部分线性方程可以用 OLS 方法进行估计，可变投入的系数会是一致的，因为 $\phi(\cdot)$ 已经控制住了没有观察到的生产率冲击，从而扰动项不再与可变投入相关。此外，上面的方程不能识别出 β_k 和 β_a，因此我们需要把资本和年龄对投资决策的影响从它们对产出的影响中分离出来。为了达到这一目标，我们需要进行第二步估计，估计出企业的生存概率，以便控制住选择性偏差。前面的退出方程告诉我们，如果企业的生产率不小于由 K_{it} 和 a_{it} 决定的生产率阈值，它将选择继续留在市场。企业在时期 t 的生存概率因此取决于 $\Omega_{i,t-1}$ 和 $\underline{\Omega}_{i,t-1}$，反过来最终取决于企业在时期 t－1 的年龄、资本和投资。在我们的操作中，我们通过把 χ_{it} 对 $I_{i,t-1}, K_{i,t-1}$ 和 $a_{i,t-1}$，以及它们的平方项与交叉项进行 probit 回归得到企业估计的生存概率 $\hat{P}_{it}$。

在第三步中，我们对下面的方程进行非线性最小二乘估计：

$$y - \hat{\beta}_l l_{it} = \beta_k k_{it} + \beta_a a_{it} + g(\hat{\phi}_{t-1} - \beta_k k_{i,t-1} - \beta_a a_{i,t-1}, \hat{P}_{it}) + \xi_{it} + \eta_{it}$$

这里的未知方程 $g(\cdot)$ 用 $\hat{\phi}_{t-1} - \beta_k k_{i,t-1} - \beta_a a_{i,t-1}$ 和 $\hat{P}_{it}$ 的二阶多项式来定义。依据估计出 $\hat{\beta}_l$ 和估计出 $\hat{\beta}_k$，我们即可以得到用 OP 方法估计出来的企业全要素生产率：

$$\mathrm{TFP}_{it}^{op} = \ln VA_{it} - \hat{\beta}_l \ln L_{it} - \hat{\beta}_k \ln K_{it}$$

第四节　基本事实描述

一、分行业计算企业全要素生产率

以前文数据整理和方法讨论为基础，我们用 OP 方法计算企业层面的全要素生产率（TFP）[①]。理论上，每家企业面临的约束条件从而采用的生产技术都有差异，我们很难用统一的生产函数来刻画企业的生产行为。为尽可能实际地反映企业的技术水平，我们假设同行业企业的生产模式较为相似，以两位数行业分类为基础，分行业估算资本和劳动系数，从而计算企业层面 TFP，这对于现有研究是一个很大的改进（余淼杰，2010；Lu，2010）。需要特别指出的是，按照两位数行业分类，矿产、石油等行业不适用于现有方法对 TFP 的分析，由于自然资源在生产过程中有重要作用，这些行业的生产函数不能简单假设为柯—道生产函数。此外，服务业的生产函数也较为复杂，非柯—道函数所能刻画。由此，本章剔除矿产采选、石油等资源性行业和水电煤气生产供应等行业，只对 29 个制造业行业企业样本进行讨论。从文献角度看，Brandt et al.（2012）和 Hsieh and Klenow（2009）等涉及 TFP 计算的文献也都是聚焦于制造业的分析。制造业 29 个行业的资本和劳动系数如表 9－4 所示。

从表 9－4 中可以发现，本章用 OP 方法计算得到的资本和劳动系数与理论非常吻合。9 个行业中，资本和劳动系数之和的简单均值为 0.93，最大值为

---

① 第一部分主要对与 TFP 计算相关的数据处理做了详细说明。另外，参考现有文献的研究（聂辉华等，2012），我们对样本也做了一定的剔除。具体原则包括：企业从业人数小于 8 人、本年应交增值税为负、应缴所得税为负、产品销售税金及附件为负、出口交货值为负、资产总计为负、TFP 计算结果缺失（此处剔除 166622 个观测值）、分行业分年度 TFP 最高和最低的各 1% 样本（此处剔除 18789 个观测值）、非制造业行业样本（两位数行业代码小于 13 或大于 42，此处共剔除 155308 个观测值）。剔除这些异常值之前，1998—2007 年的样本共包括 2224380 个观测值，合 576143 家企业；剔除异常值之后，样本包括 1839392 个观测值，合 576140 家企业。

1.12,最小值为0.82。如果将资本和劳动系数之和小于0.9定义为规模报酬递减,系数之和在0.9—1.0定义为规模报酬不变,系数之和大于1.0定义为规模报酬递增,则29个行业中有6个行业规模报酬递增,11个行业规模报酬不变,12个行业规模报酬递减。据我们所知,这一计算结果在现有研究成果中是最为接近理论推断的,即使和本领域标志性成果 Brandt et al.(2012)一文比较,我们的基础数据的处理也更为扎实、更为合理,计算结果也相应有更高的可靠性。

表9-4　两位数行业规模报酬情况

行业代码	行业名称	*L*系数	*K*系数		规模报酬
13	农副食品加工业	0.328***	0.672***	1.00	不变
14	食品制造业	0.386***	0.723***	1.11	递增
15	饮料制造业	0.352***	0.772***	1.12	递增
16	烟草制品业	0.173***	0.695***	0.87	递减
17	纺织业	0.319***	0.528***	0.85	递减
18	纺织服装、鞋、帽制造业	0.319***	0.516***	0.83	递减
19	皮革、毛皮、羽毛(绒)及其制品业	0.292***	0.528***	0.82	递减
20	木材加工及木、竹、藤、棕、草制品业	0.274***	0.616***	0.89	递减
21	家具制造业	0.279***	0.618***	0.90	不变
22	造纸及纸制品业	0.342***	0.636***	0.98	不变
23	印刷业和记录媒介的复制	0.414***	0.685***	1.10	递增
24	文教体育用品制造业	0.287***	0.509***	0.80	递减
25	石油加工、炼焦及核燃料加工业	0.401***	0.500***	0.90	不变
26	化学原料及化学制品制造业	0.379***	0.543***	0.92	不变
27	医药制造业	0.407***	0.679***	1.09	递增
28	化学纤维制造业	0.323***	0.522***	0.85	递减
29	橡胶制品业	0.406***	0.512***	0.92	不变

（续表）

行业代码	行业名称	L 系数	K 系数		规模报酬
30	塑料制品业	0.370***	0.508***	0.88	递减
31	非金属矿物制品业	0.334***	0.579***	0.91	不变
32	黑色金属冶炼及压延加工业	0.377***	0.663***	1.04	递增
33	有色金属冶炼及压延加工业	0.364***	0.581***	0.94	不变
34	金属制品业	0.363***	0.506***	0.87	递减
35	通用设备制造业	0.326***	0.575***	0.90	不变
36	专用设备制造业	0.300***	0.649***	0.95	不变
37	交通运输设备制造业	0.338***	0.658***	1.00	递增
39	电气机械及器材制造业	0.332***	0.518***	0.85	递减
40	通信设备、计算机及其他电子设备制造业	0.387***	0.557***	0.94	不变
41	仪器仪表及文化、办公用机械制造业	0.328***	0.543***	0.87	递减
42	工艺品及其他制造业	0.284***	0.517***	0.80	递减

注：①资本和劳动系数之和小于 0.9 定义规模报酬递减，系数之和在 0.9 - 1.0 定义为规模报酬不变，系数之和大于 1.0 定义为规模报酬递增；

②样本集中分析制造业，剔除了两位数行业分类代码为 06、07、08、09、10、43、44、45、46 的资源性行业和水电气生产供应业。

以企业层面 TFP 为基础，我们计算年度全要素生产率。正如前文指出，理论上，各行业之间的技术选择是不可比的，这使得计算整体的 TFP 是非常困难的。对于这个问题，文献上有两种处理方法，最常用的就是由企业层面 TFP 直接加权得到整体的 TFP，如 Brandt et al.（2012）和 Hsieh and Klenow（2009），权重可以是工业总产值、职工人数等。另一种方法是对不同行业假设不同的替代弹性，在 CES 函数假设下给出行业权重，再计算年度 TFP。本章沿袭第一种方法计算制造业年度全要素生产率，权重分别采用工业总产值、从业人数、工业增加值三种。本章认为，这种计算方法得到的 TFP 绝对值没有含义，在年度之间有一定的可比性。该方法不处理行业权重问题，如果行业之间的生产技术不可比，这实际上假设从 1998 年到 2007 年，各行业的相对地位没有变化，显然，这不符合实际情况。如果考虑到要素在跨行业之间的优化配置，即生产要素从低生产率行业流向高生产率行业，该计算结果对 TFP 会产生低估。从权重的选择来看，我们认为，相对于工业总产值和工业增加值，企业从业人数的增减更能真实地反映企业情况，尤其是时间跨度较大时，人员流动作为权重更为合适。

二、城市 TFP 问题

区域经济差异是中国经济区别于美国等发达市场经济的一个重要特点，本章将重点从城市地理的角度来考察全要素生产率情况。这个部分我们从加权 TFP、出口额、出口密集度三个方面讨论城市地理与全要素生产率的关系。采用与计算年度加权 TFP 类似的方法，以企业层面 TFP 为基础，用从业人数加权求和得到地级市①层面的 TFP。图 9－1 分别表示 2000 年和 2007 年地级市加权 TFP、出口额、出口密集度概率分布情况，可以发现，三个主要考察变量在 2000 年和 2007 年的概率分布基本相当，没有太大的变化。不过，这种概率分布只能表明分析变量的静态比较，无法反映动态变化，从而无法反映地级市之间的相对排序的变化，也无法反映地级市在三个变量之间的横向比较结果。图 9－2 则从动态的角度考察这三个变量的地理分布情况。从三幅图可以看到，最重要的结论是，出口多、出口密集度高的城市，TFP 并不一定高。而国外一般的研究（Bernard et al.，2007、2009；De Locker，2007、2010；Melitz，2003）都发现，出口企业比非出口企业的生产率更高。从我们的初步分析来看，这个结论在中国是不成立的，至少在宏观层面，我们没有发现出口密集度更高、出口规模更大的城市 TFP 更高，接下来我们将对这背后的微观基础做较为详细的讨论。

① 北京、上海、天津、重庆同样视为“地级市”。

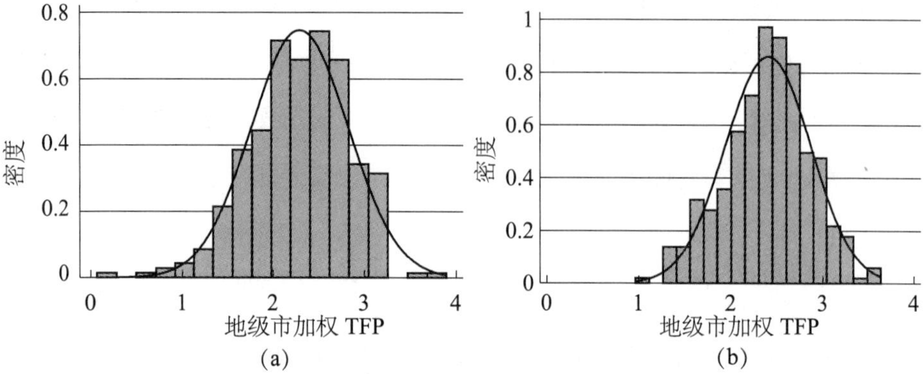

图 9－1　2000 年(a)和 2007 年(b)地级市加权 TFP 分布

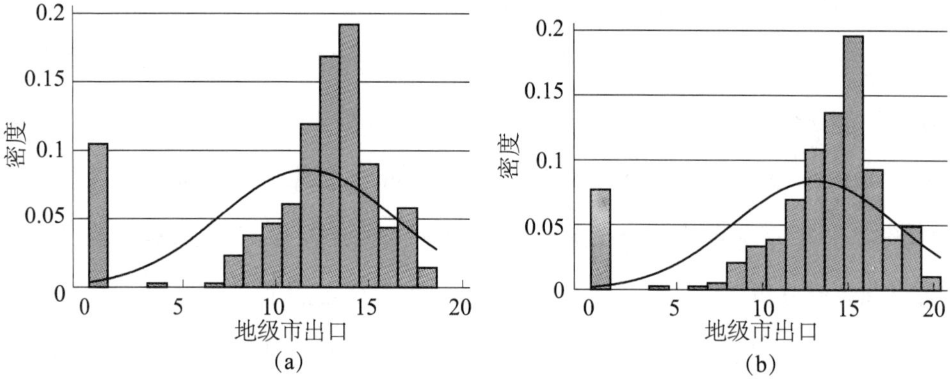

图 9－2　2000 年(a)和 2007 年(b)地级市出口额分布

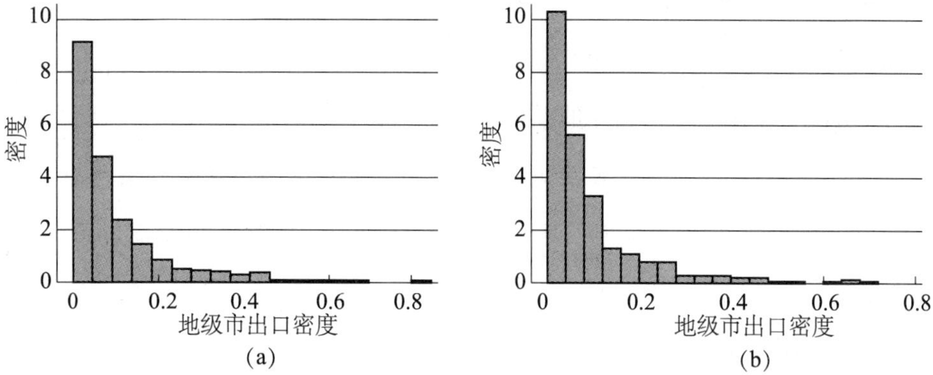

图 9－3　2000 年(a)和 2007 年(b)地级市出口密集度分布

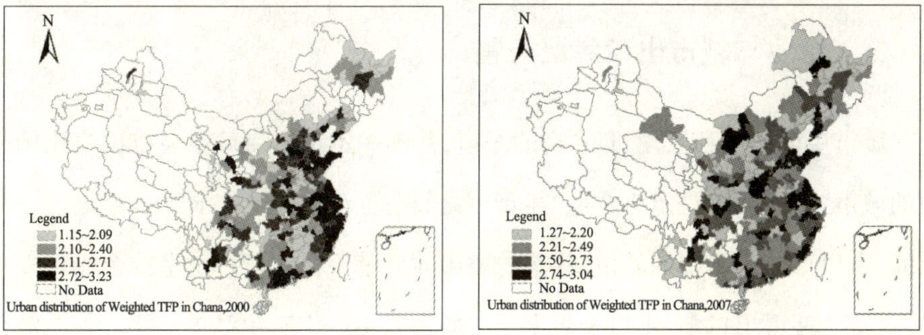

(a)　　(b)

图 9-4　2000 年(a)和 2007 年(b)地级市加权 TFP 地理分布

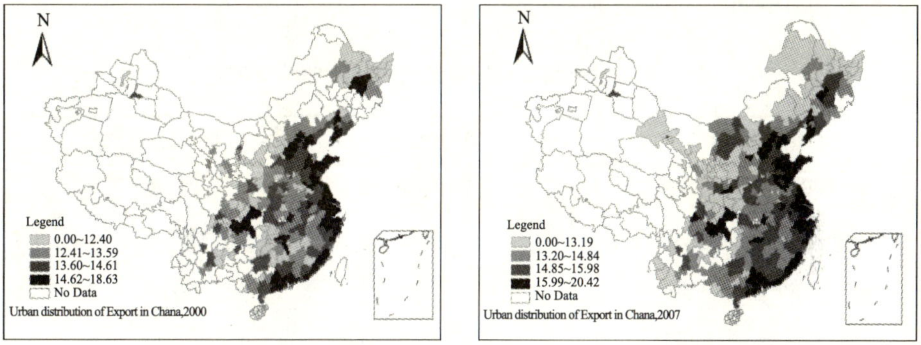

(a)　　(b)

图 9-5　2000 年(a)和 2007 年(b)地级市出口额地理分布

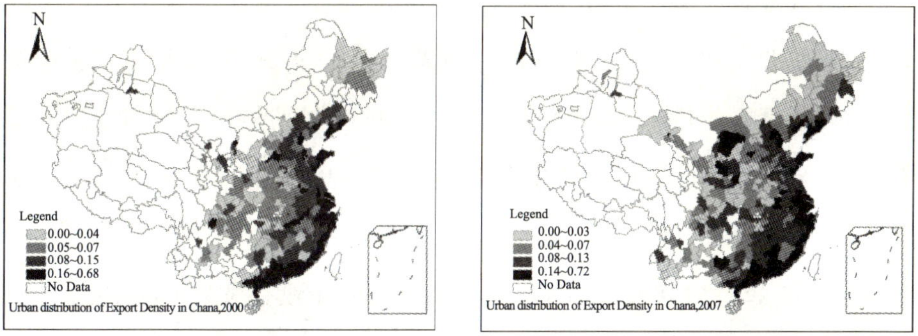

(a)　　(b)

图 9-6　2000 年(a)和 2007 年(b)地级市出口密集度地理分布

三、企业与城市出口集聚问题

城市层面的研究发现,TFP 高的城市,并不一定是出口额很高或出口比例很高的城市,这实际上是出口企业"生产率之谜"的宏观表现。本章希望论证一个判断:在出口较为集中的城市,集聚的溢出效应使得低生产率水平的企业可以出口,这就会使得出口多、出口密集度高的城市并不一定有更高的 TFP。首先沿袭 Dai et al. (2011)的分类,我们将企业分为出口企业和非出口企业,再将出口企业分为纯出口企业和非纯出口企业。从表 9 - 5 可以看到,出口企业占企业总数的 27.6% ,其中纯出口企业比例为 7.84% 。

表 9 - 5　企业层面出口密集度问题(1998—2007)

出口密集度	样本数量	样本比例(%)
expsh = 0 样本(非出口企业)	1325850	72.40
0 < expsh < 1 样本(非纯出口企业)	361666	19.75
expsh = 1 样本(纯出口企业)	143648	7.84
总样本	1831168	100

注:出口密集度 expsh 定义为出口交货值/工业销售产值(现价、新规定),总样本中,有 4 家企业的出口密集度值大于 1,没有归入以上三类。

从出口密集度来看,中国的出口企业有自身独特的特点,1998—2007 年,纯出口企业在出口企业中占比非常高,达到 28.4%①。因此,本章将出口企业按照出口密集度区分开来,这样可以充分考虑纯出口企业与一般出口企业的差异。图 9 - 7 是出口企业的出口密集度情况(图中没有标明占比 72.4% 的非出口企业),很显然,纯出口企业是中国出口企业中一类非常特殊的现象,有研究(Dai et al. ,2011)认为,纯出口企业与加工贸易企业有很大的关联度。

① 此处只从观测值数量的角度分析,没有分析企业占比,这涉及企业在不同年份之间的身份(非出口、部分出口、纯出口)转换,较为复杂,另文讨论。

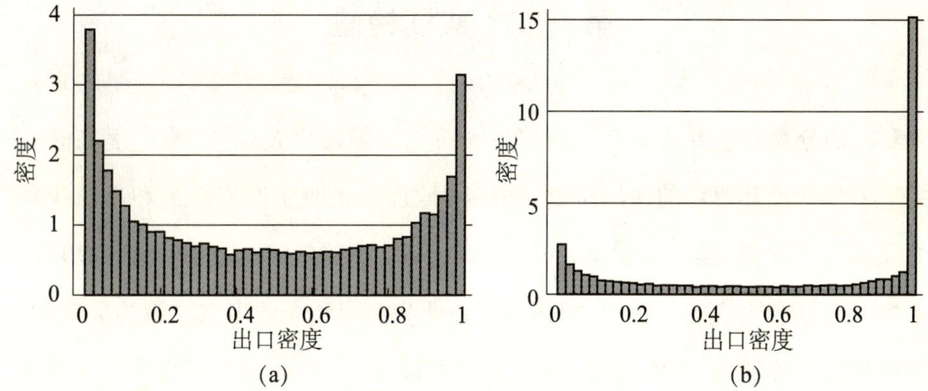

图 9 - 7　出口密集度(a:0 < expsh < 1 样本;b:0 < expsh < =1 样本)

接下来我们来看城市层面的出口集聚现象。如图 9 - 8 所示,横轴表示城市排序,按照城市出口额占全国出口总额的比例从高到低排序,纵轴表示城市出口份额,坐标值均取累计百分比。显然,中国出口的地区集聚程度非常高,出口额较高的前 20% 的大约 60 个城市的出口额占到全国总出口额的 90% 左右,而且这种集聚程度从 1998 年到 2007 年还在不断上升。

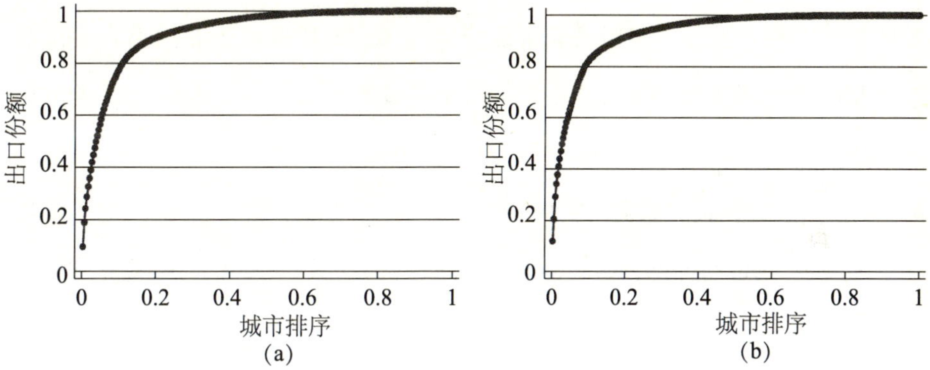

图 9 - 8　城市出口集聚(2000 年(a);2007 年(b))

第五节 实证检验

这部分我们主要从城市地理的角度检验我国出口企业的"生产率之谜"，并进一步讨论其背后的作用机制，即城市地理与企业生产率水平和出口决策的关系。考虑到文献（余淼杰，2010；Dai et al.，2011；Hsieh and Klenow，2009）上的可比性和本章的分析，我们在研究企业生产率和企业出口决策的关系时，同时控制企业年龄、企业规模、企业贷款可得性、企业是否处于经济开发区等政策性区域、企业所有制类型、企业隶属关系、企业行业类别等几类基本变量的影响。具体来看，对于企业年龄的处理，可以参考前文计算TFP时对企业开业年份的处理。企业规模用企业从业人数表示（Dai et al.，2011；Lu，2010），并对单位做适度调整。用企业是否有利息支出表示贷款可得性。企业是否处于经济开发区这一变量的处理较为复杂，总的思想是从企业地址信息中得到企业是否处于经济技术开发区、高新技术开发区、保税区、边境经济开发区、出口加工区这些政策性区域，同时需要考虑企业地址迁移信息。本章对政策性区域的界定没有区分国家级或省市级等级别。企业所在城市的同类企业情况用企业所属的两位数分类行业在本城市的企业数量表示。企业所有制类型按照企业登记注册类型重新分类为国有企业、外资企业、港澳台资企业和民营企业。① 企业隶属关系分为隶属中央、省、地级市、县及以下四类。此外，对于整体样本的处理，实证研究部分沿袭前文描述统计部分的处理方式，对某些异常样本予以删除。

① 还有一种方法是根据企业实收资本对企业所有制类型进行分类，本章也同样尝试了这种处理方式。由于企业实收资本的数据缺失情况较为严重，会导致样本损失，本章最终采用企业登记注册类型来区分企业所有制类型。

一、城市地理与出口企业“生产率之谜”现象

我们首先来看出口企业的“生产率之谜”是否与城市地理因素有关。从现有研究来看，张杰等(2009)、易靖韬(2009)、易靖韬和傅佳莎(2011)对中国工业企业生产率水平与出口参与的关系做了较为细致的研究，Lu(2010)、李春顶(2010)等提出了中国出口企业的“生产率之谜”，Dai et al. (2011)和Yu(2011)从纯出口企业(加工贸易)的角度来解释这一现象。出于文献结论的延续性考虑，我们先用混合截面数据样本来检验关于中国出口企业“生产率之谜”的基本事实和初步解释。相对于现有文献，本章对基础数据的处理更为细致，对TFP的影响因素控制得更为彻底和完善，这也将在一定程度上更好地分离出出口对TFP的影响，提高结论的可信度。设定(9-3)式为企业层面基本检验方程，为简便起见，我们省略了企业、年份、行业、城市等下标。被解释变量Productivity表示企业的生产率水平，以本章基于OP方法计算的企业全要素生产率(TFP)表示。基本的解释变量包括是否出口企业(Export)、企业年龄(Age)、企业规模(Size)、企业是否贷款(Loan)、企业是否处于政策性区域(SPZ)以及企业所有制类型(Firmtype)、企业隶属关系(Control)、年份(Year)和行业(Industry)虚拟变量。ε表示残差项。我们最为关注的是Export的回归系数β，以及在控制城市地理因素前后β系数的变化情况。我们将样本分为全样本、剔除纯出口企业样本、剔除一般出口企业样本三类，回归结果列在表9-6中。

$$\text{Productivity} = \alpha + \beta^* \text{Export} + \gamma^* \text{Age} + \delta^* \text{Size} + \theta^* \text{Loan} + \eta^* \text{SPZ} + \lambda^* X + \varepsilon \tag{9-3}$$

首先看不控制城市虚拟变量的奇数列回归结果。从第(1)列全样本中可以看到，β系数显著为负，出口企业的生产率水平低于非出口企业，的确存在“生产率之谜”。如果只考虑一般出口企业和非出口企业，第(3)列β系数显著为正，

"生产率之谜"消失,这表明确实是低生产率水平的纯出口企业的存在,导致了整体的出口企业生产率水平较低,从而出现"生产率之谜"。第(5)列对纯出口企业和非出口企业样本的检验进一步验证了这一结论。这一发现与 Lu(2010)和 Dai et al.(2011)的结果类似。到底是什么原因导致了"生产率之谜"呢?这是本章重点关注的研究内容。Dai et al.(2011)和 Yu(2011)从纯出口企业(加工贸易)的角度来解释这一现象,认为中国出口企业生产率水平偏低是由于加工贸易的大量存在而导致的。因为加工贸易企业的生产率水平非常低,从而拉低了整个出口企业的平均生产率水平。这一结论在本章的研究中同样得到了验证(见表 9-7 的回归结果)。但是,本章认为,将出口企业分类为高生产率出口企业(一般出口企业)和低生产率出口企业(纯出口企业)两类样本,而用剔除一类样本的方法来解释"生产率之谜",这在方法上和逻辑上还需要进一步探讨。我们需要做的,不仅仅是找出不同样本企业的生产率差异,更重要的是要找出造成生产率差异的原因。换言之,我们要关注的,不仅是发现加工贸易企业生产率水平较低,更应该深入研究的是,这些低生产率的加工贸易企业有怎样的特点,为什么会持续存在,这才是"生产率之谜"背后的深层次原因。

表 9-6　城市地理与出口企业"生产率之谜"(1998—2007)

	全样本		剔除纯出口企业样本		剔除一般出口企业样本	
	(1)	(2)	(3)	(4)	(5)	(6)
变量	TFP-OP					
Export	-0.0080***	0.0231***	0.0316***	0.0487***	-0.1741***	-0.0966***
	(0.0019)	(0.0019)	(0.0021)	(0.0021)	(0.0031)	(0.0031)
Age	0.0166***	0.0163***	0.0169***	0.0166***	0.0152***	0.0153***
	(0.0001)	(0.0001)	(0.0001)	(0.0001)	(0.0001)	(0.0001)
Size	7.7668***	8.8914***	8.2042***	8.6093***	-50.5710***	-43.2934***
	(0.8391)	(0.8873)	(0.8752)	(0.9071)	(3.1887)	(3.0135)
Loan	0.0264***	0.0271***	0.0113***	0.0222***	0.0270***	0.0302***
	(0.0018)	(0.0018)	(0.0019)	(0.0019)	(0.0020)	(0.0020)
SPZ	0.0606***	0.0733***	0.0614***	0.0782***	0.0516***	0.0646***
	(0.0032)	(0.0032)	(0.0034)	(0.0035)	(0.0038)	(0.0038)
Constant	1.6731***	1.5224***	1.6519***	1.5142***	1.6449***	1.5251***

（续表）

	全样本		剔除纯出口企业样本		剔除一般出口企业样本	
	(1)	(2)	(3)	(4)	(5)	(6)
变量	TFP-OP					
	(0.0059)	(0.0077)	(0.0060)	(0.0079)	(0.0065)	(0.0085)
City dummy	N	Y	N	Y	N	Y
Observations	1815962	1815962	1672684	1672684	1455434	1455434
R - squared	0.3198	0.3492	0.3258	0.3548	0.3174	0.3470

注：① *** 表示 $p<0.01$，** 表示 $p<0.05$，* p 表示 <0.1；

②表中没有列出年度、企业所有制类型、企业隶属关系、两位数行业分类变量的回归系数。

接下来我们看控制城市地理因素后的回归结果。在第（1）列的回归中，我们控制城市固定效应，得到第（2）列的回归结果，这时候，“生产率之谜”消失，出口企业的生产率水平显著高于非出口企业的生产率水平。第（4）列和第（6）列的检验结果同样支持该判断，引入城市固定效用后，Export 的回归系数更为“正常”。

表 9－6 的回归结果表明，第一，从文献上进一步论证了中国出口企业存在“生产率之谜”，这与 Lu（2010）的发现一致；第二，出口企业中大量生产率较低的纯出口企业拉低了出口企业整体的生产率水平，这与 Dai et al.（2011）和 Yu（2011）的发现一致；第三，城市地理在解释“生产率之谜”现象中的作用至关重要，一旦控制住城市地理因素，“生产率之谜”将不复存在。

二、市场化程度与出口集聚溢出效应作用机制检验

接下来我们从两个渠道对城市地理区位影响企业出口决策的因素进行进一步的论证。本章认为至少有两个渠道会使得城市地理在解释出口企业“生产率之谜”方面有重要作用。第一，在行业出口市场微利的前提下，地级市层面的封闭性（地方保护、企业视野、国际化人才缺乏）、低市场化程度会使得很多企业，包括生产率水平较高的企业，可以获得垄断利润，从而局限于服务本地市场。第二，出口的区域集聚溢出效应等使得出口企业倾向于向某些区域迁移集中，这使得生产率

水平较低的企业，尤其是加工贸易企业，不能开拓国内市场，反而走向国际市场。

表9－6的结果显示，如果控制城市地理因素，“生产率之谜”将不复存在，我们将从市场化程度作用机制和集聚溢出效应两个方面进行检验。我们选择城市距离大港口的距离（lnDistance）、城市工业总产值中国有企业占比（Output_SOEsh）表示地级市的市场化程度（Bai et al.，2004），选择城市出口密集度（CityExp_density）、城市出口规模（Log（CityExp））、城市两位数行业分类同类企业数量［Log（Sind_firm）］作为出口集聚程度代理变量来检验出口集聚的溢出效应，检验结果列在表9－7中。

从表9－7的结果可以看到，lnDistance、Output_SOEsh与Export的交叉项显著为正，即距离大港口越远、国有企业总产值比重越高的城市，出口企业生产率高于非出口企业生产率的幅度要更大。不过，第(1)列至第(3)列的结果虽然表明市场化程度越低、垄断寻租空间越高的地方，企业越没有动力走向国际市场，但这三列回归中，Export的系数仍然显著为正，仍然存在“生产率之谜”，这可以从市场化程度作用机制较弱或内地企业出口与总产出占比较低两个角度来理解，具体的机制还有待后续的进一步研究。第(4)列至第(5)列检验出口集聚溢出效应对出口企业生产率水平的影响，城市出口密集度Cexp_density与Export的交叉项显著为负，这表明总产出中出口比例越高的城市，出口企业生产率水平要更低于非出口企业。同时，我们也引入了城市出口规模［Log（CityExp）］、城市两位数行业分类同类企业数量［Log（Sind_firm）］这两个可以表示城市集聚的变量，显然，这两个变量也非常重要，是否引入对城市出口密集度Cexp_density及其与Export的交叉项影响甚大。更重要的是，出口集聚溢出效应使得大量低生产率企业也可以出口，一旦控制住溢出效应，出口企业“生产率之谜”将不复存在。第(6)列至第(8)列为市场化程度和集聚溢出效应的混合检验，三个变量的交叉项回归系数均符合预期推断，表明两类作用机制均存在且稳健，后文我们将以第(8)列混合检验作为基准方程讨论几类扩展研究。此外,其他几个重要变量的系数也与直觉非常吻合,企业年龄(Age)越大,越容易出口;企业规模(Size)越大,越容易出口;企业越容易获得贷款,流动性约束越小,越容易出口;在经济技术开发区等政策性区域的企业更容易出口等。

对于表9-7的检验结果,我们还从以下几个方面进行了稳健性检验:第一,参考Lu(2010)等的做法,以企业人均工业增加值作为企业生产率水平代理变量;第二,从样本删失标准选择、标准误聚类分析、其他控制变量分析等多个方面做稳健性检验。几类稳健性检验得到了基本类似的结果,市场化程度和集聚溢出效应的作用机制显著,城市地理这一外生因素是造成中国出口企业"生产率之谜"的重要原因。

表9-7 作用机制检验结果

	市场化作用机制			集聚溢出作用机制		混合检验		
	(1)	(2)	(3)	(4)	(5)	(6)	(7)	(8)
变量	TFP_OP							
Export	-0.1544 ***	-0.0975 ***	-0.1613 ***	0.1826 ***	0.0972 ***	0.0239 ***	0.0395 ***	-0.0200 **
	(0.0060)	(0.0025)	(0.0059)	(0.0035)	(0.0035)	(0.0082)	(0.0049)	(0.0087)
lnDistance	-0.0315 ***		-0.0219 ***			-0.0186 ***		-0.0186 ***
	(0.0006)		(0.0006)			(0.0008)		(0.0008)
lnDistance × Export	0.0254 ***		0.0127 ***			0.0111 ***		0.0100 ***
	(0.0011)		(0.0011)			(0.0012)		(0.0012)
Output_SOEsh		-0.5362 ***	-0.4025 ***				-0.5036 ***	-0.4746 ***
		(0.0080)	(0.0086)				(0.0091)	(0.0093)
Output_SOEsh × Export		0.6502 ***	0.5876 ***				0.2366 ***	0.2077 ***
		(0.0153)	(0.0161)				(0.0174)	(0.0178)
CityExp_density				-0.0177 **	-0.7728 ***	-0.8191 ***	-0.8991 ***	-0.9398 ***
				(0.0074)	(0.0101)	(0.0105)	(0.0104)	(0.0108)
CityExp_density × Export				-0.7128 ***	-0.3588 ***	-0.2979 ***	-0.2470 ***	-0.2022 ***
				(0.0113)	(0.0118)	(0.0128)	(0.0133)	(0.0141)
Log(CityExp)					0.0653 ***	0.0608 ***	0.0560 ***	0.0524 ***
					(0.0009)	(0.0010)	(0.0009)	(0.0010)
Log(Sind_firm)					0.0008	-0.0043 ***	0.0016	-0.0036 ***
					(0.0010)	(0.0010)	(0.0010)	(0.0010)
Age	0.0168 ***	0.0167 ***	0.0169 ***	0.0164 ***	0.0165 ***	0.0167 ***	0.0166 ***	0.0168 ***
	(0.0001)	(0.0001)	(0.0001)	(0.0001)	(0.0001)	(0.0001)	(0.0001)	(0.0001)
Size	0.0769 ***	0.0689 ***	0.0670 ***	0.0603 ***	0.0898 ***	0.0866 ***	0.0912 ***	0.0892 ***
	(0.0085)	(0.0084)	(0.0084)	(0.0083)	(0.0089)	(0.0088)	(0.0089)	(0.0089)
Loan	0.0281 ***	0.0265 ***	0.0265 ***	0.0130 ***	0.0194 ***	0.0170 ***	0.0152 ***	0.0130 ***
	(0.0018)	(0.0018)	(0.0018)	(0.0018)	(0.0018)	(0.0018)	(0.0018)	(0.0018)
SPZ	0.0596 ***	0.0515 ***	0.0531 ***	0.0616 ***	0.0643 ***	0.0642 ***	0.0561 ***	0.0567 ***

（续表）

	市场化作用机制			集聚溢出作用机制		混合检验		
	(1)	(2)	(3)	(4)	(5)	(6)	(7)	(8)
变量	TFP_OP							
	(0.0032)	(0.0032)	(0.0032)	(0.0032)	(0.0032)	(0.0032)	(0.0032)	(0.0032)
Constant	1.8853 ***	1.8684 ***	1.9660 ***	1.6866 ***	0.8442 ***	1.0599 ***	1.1836 ***	1.3714 ***
	(0.0069)	(0.0064)	(0.0071)	(0.0060)	(0.0114)	(0.0149)	(0.0125)	(0.0157)
Observations	1792806	1815956	1792806	1815962	1809585	1789576	1809585	1789576
R-squared	0.3188	0.3222	0.3200	0.3219	0.3264	0.3244	0.3279	0.3257

注：① *** 表示 $p<0.01$，** 表示 $p<0.05$，* p 表示 <0.1；

②表中没有列出年度、企业所有制类型、企业隶属关系、两位数行业分类变量的回归系数。

接下来我们将样本进行分组，进一步从全要素生产率的角度考察地方市场化程度和集聚溢出效应对企业出口决策的影响，分组方式包括两类：一类是以本章表 9－4 分行业资本和劳动系数的计算结果为基础，将所有行业分为规模报酬递增、规模报酬不变、规模报酬递减三个组；另一类是按照企业所有制类型分为国有企业、外资企业（含港澳台资企业）、民营企业三个组，以表 9－7 第(8)列检验方程作为基准。两种分组的回归结果分别列在表 9－8 和表 9－9 中。表 9－8 和表 9－9 的结果同样验证了前文的结论，但在细节上我们有了更多有意义的发现。从表 9－8 可以看到，“地方保护和垄断使得生产率高的企业不一定会进入国际市场”这一作用机制在规模报酬递增的行业表现得更为明显。lnDistance 与 Export 的交叉项在规模报酬递增、不变和递减行业三组样本的回归系数分别为 0.0139、0.0072 和 0.0045，逐渐下降；Output_SOEsh 与 Export 的交叉项对应的系数分别为0.4254、0.2985 和 0.1518，也是逐渐下降。地方政府倾向于保护高收益率的行业，而这些行业更可能是规模报酬递增的垄断性行业，保护使得强者恒强，小企业则更难以在这些行业中生存，这符合本章的推断。此外，“城市集聚溢出效应可以使得生产率较低的企业同样可以出口”这一结论对于规模报酬不同的行业的影响没有太大的差异。

表 9-8　按规模报酬情况分组样本检验结果

	全样本	规模报酬递增行业	规模报酬不变行业	规模报酬递减行业
	(1)	(2)	(3)	(4)
变量	TFP_OP			
Export	-0.0200**	-0.0529**	-0.0008	-0.0314***
	(0.0087)	(0.0258)	(0.0146)	(0.0122)
lnDistance	-0.0186***	-0.0263***	-0.0167***	-0.0180***
	(0.0008)	(0.0018)	(0.0012)	(0.0012)
lnDistance × Export	0.0100***	0.0139***	0.0072***	0.0045***
	(0.0012)	(0.0034)	(0.0019)	(0.0016)
Output_SOEsh	-0.4746***	-0.4938***	-0.4196***	-0.6347***
	(0.0093)	(0.0214)	(0.0129)	(0.0172)
Output_SOEsh × Export	0.2077***	0.4254***	0.2985***	0.1518***
	(0.0178)	(0.0466)	(0.0270)	(0.0287)
CityExp_density	-0.9398***	-0.7291***	-0.8879***	-1.0313***
	(0.0108)	(0.0276)	(0.0168)	(0.0167)
CityExp_density × Export	-0.2022***	-0.1644***	-0.1768***	-0.1290***
	(0.0141)	(0.0426)	(0.0233)	(0.0203)
Log(CityExp)	0.0524***	0.0450***	0.0456***	0.0458***
	(0.0010)	(0.0022)	(0.0015)	(0.0016)
Log(Sind_firm)	-0.0036***	0.0050**	0.0231***	-0.0152***
	(0.0010)	(0.0025)	(0.0018)	(0.0015)
Age	0.0168***	0.0030***	0.0214***	0.0193***
	(0.0001)	(0.0002)	(0.0001)	(0.0002)
Size	0.0892***	0.0389***	0.0050	0.5159***
	(0.0089)	(0.0090)	(0.0179)	(0.0562)
Loan	0.0130***	-0.0102**	0.0031	0.0239***
	(0.0018)	(0.0048)	(0.0028)	(0.0025)
SPZ	0.0567***	0.0374***	0.0989***	0.0303***
	(0.0032)	(0.0084)	(0.0053)	(0.0044)
Constant	1.3714***	0.6794***	1.2824***	1.9322***
	(0.0157)	(0.0368)	(0.0233)	(0.0267)
Observations	1789576	275332	778439	735805
R-squared	0.3257	0.2216	0.1707	0.2749

注：① ***、**、* 分别表示在 1%、5%、10% 的显著性水平上显著。

②表中没有列出年度、企业所有制类型、企业隶属关系、两位数行业分类变量的回归系数。

表9-9的检验结果表明，市场化程度差异和集聚溢出效应这两个作用机制对不同所有制类型的企业影响差别非常大。以Output_SOEsh为例，该变量与Export的交叉项在国有企业、外资企业和民营企业样本的回归系数分别为0.2822、-0.2468、-0.1418，且均在1%的水平显著，国有企业样本和非国有企业样本的回归系数符号发生逆转。这很好地说明了在市场化程度低（Output_SOEsh取值较大）的地区，国有企业更愿意服务于本地市场，出口企业生产率水平高于非出口企业的幅度更大，而外资企业和民营企业的行为则符合一般贸易理论的推断（Melitz，2003等）。lnDistance与Export的交叉项回归系数虽然没有发生逆转，但在国有企业样本中系数最大，也可以得到类似的结论。集聚溢出效应的检验结果也非常好，CityExp_density与Export的交叉项回归系数分别为0.5133、-0.3531、-0.1339，符号同样发生逆转，这说明集聚效应对于非国有企业有更大的作用，非国有企业更能够分享出口集聚带来的信息共享等外溢性。国有企业的出口决策与经典文献（De Locker，2007；Eaton et al.，2011等）中“自我选择”机制的发现一致，高生产率的企业更容易出口，同时也表明，即使在出口集聚度很高的城市，国有企业似乎也是更多地处于垄断行业，服务于本地市场，当然，这还有待更深入的检验。进一步看外资企业样本和民营企业样本，外资企业样本的回归系数绝对值更大，说明在同样集聚程度的城市，对于同样生产率水平的企业，外资企业比民营企业更容易出口，外资企业更能充分分享溢出带来的好处。城市集聚的溢出效应会使得生产率较低的外资企业同样可以出口，这一结论与Lu et al.（2010）吻合。如果考虑到外资企业出口中存在大量的加工贸易出口，这一结论也与Dai et al.（2011）和Yu（2011）的发现吻合。

表 9-9　按企业所有制类型分组样本检验结果

	国有企业	外资企业	民营企业
	(1)	(2)	(3)
变量	TFP_OP		
Export	0.4260***	0.0129	-0.0346***
	(0.0506)	(0.0149)	(0.0133)
lnDistance	-0.0582***	-0.0131***	-0.0145***
	(0.0035)	(0.0016)	(0.0008)
lnDistance × Export	0.0164**	0.0118***	0.0162***
	(0.0065)	(0.0018)	(0.0019)
Output_SOEsh	-0.2729***	-0.2602***	-0.3694***
	(0.0284)	(0.0314)	(0.0099)
Output_SOEsh × Export	0.2822***	-0.2468***	-0.1418***
	(0.0569)	(0.0405)	(0.0227)
CityExp_density	-0.4641***	-0.8230***	-0.9650***
	(0.0600)	(0.0269)	(0.0117)
CityExp_density × Export	0.5133***	-0.3531***	-0.1339***
	(0.1051)	(0.0287)	(0.0200)
Log(CityExp)	0.0275***	0.0529***	0.0508***
	(0.0042)	(0.0022)	(0.0011)
Log(Sind_firm)	0.0743***	0.0121***	-0.0056***
	(0.0050)	(0.0022)	(0.0012)
Age	0.0113***	0.0188***	0.0176***
	(0.0002)	(0.0004)	(0.0001)
Size	0.2170***	0.3457***	-0.1188***
	(0.0269)	(0.0477)	(0.0158)
Loan	0.3929***	0.0199***	-0.0455***
	(0.0091)	(0.0034)	(0.0020)
SPZ	0.2259***	0.0716***	0.0377***
	(0.0276)	(0.0050)	(0.0041)
Constant	1.0936***	2.1790***	2.3028***
	(0.0608)	(0.0359)	(0.0167)
Observations	159055	374749	1255772
R-squared	0.4097	0.2639	0.3135

注：① *** $p<0.01$，** $p<0.05$，* $p<0.1$；
②表中没有列出年度、企业隶属关系、两位数行业分类变量的回归系数。

第六节　结论与扩展

沿袭 Brandt et al.（2012）的研究，本章从全要素生产率计算的角度对 1998—2008 年中国工业企业数据进行了迄今为止最为全面和细致的整理，并详细讨论了全要素生产率计算方法的理论基础与应用。接下来，以 Lu（2010）和 Dai et al.（2011）、Yu（2011）的研究为基础，从城市地理这一更为外生的角度研究中国出口企业的“生产率之谜”。经验事实发现，中国出口企业的生产率整体上显著低于非出口企业；城市加权 TFP 与城市出口密集度和出口规模并没有明显的正相关关系，表现出宏观城市层面的出口“生产率之谜”；中国出口企业的区域集聚现象非常明显，大部分出口集中于少数城市和省份；纯出口企业占总出口企业的比例达到 30%，对中国出口企业整体行为的影响较大，企业的出口密集度和企业生产率密切相关。这些经验事实与发达国家存在明显差异，也与现代贸易理论推断（Melitz，2003）和经验结论（Bernard et al.，2007；De Locker，2007）不相符。本章的实证研究发现，城市地理区位可以完美解释“生产率之谜”，一旦控制企业的城市地理区位，“生产率之谜”将不复存在，该结论对于不同的计量方法和变量测度方式均稳健。进一步的机制研究表明：第一，在行业出口市场微利的前提下，低市场化程度和地方垄断寻租空间的存在，使得部分生产率水平较高的企业可以获得垄断利润，局限于服务本地市场，放弃开拓国际市场；第二，当存在区域市场进入壁垒时，出口的区域集聚溢出效应使得出口企业倾向于向某些区域迁移集中，这使得生产率水平较低的企业，尤其是加工贸易企业，会致力于走向国际市场。这样，市场化程度低和垄断使得大量内地高生产率企业没有太大的动力出口，出口集聚溢出效应则使得沿海地区低生产率企业同样可以将产品出口到海外市场，从而使得中国出口企业从宏观上表现出所谓的“生产率之谜”。

本章的研究主要有以下几个方面的贡献。第一，为尽可能准确地度量企业生产率水平，我们从构建面板数据、处理投资和资本等变量、构建投入和产出价格指数、统一行业分类标准等方面对 1998—2008 年中国工业企业数据库做了详细的处理，据我们所知，这在同类研究中处于领先水平。第二，本章从城市地理区位这一更为外生的变量的角度思考中国出口企业的“生产率之谜”，并对市场化程度和出口集聚溢出效应的作用机制做了较为详细的检验，且发现两种机制对于不同规模报酬情况的行业和不同所有制类型企业的影响存在显著差异，这在文献中尚属首次，与现有理论和经验研究成果互为补充，既突出了中国问题的特殊性，也强调了研究的文献贡献。当然，作为一项基础性工作，本章大量的笔墨着力于对原始数据的处理和对典型事实的深入挖掘，文章对解释出口企业“生产率之谜”的两个作用机制——市场化程度和出口集聚溢出效应的检验还较为粗糙。特别需要指出的是，本章从出口企业“生产率之谜”切入，然而，整体上是否存在“生产率之谜”，这本身就是一个非常有争议的判断，这和 TFP 计算等诸多因素有关，在我们的研究过程中，也发现这一结论并不稳健，不过，整体上的不稳健并不会对本章的研究有太大的冲击，本章的结论完全可以适用于局部的、区域性的研究。总而言之，本章的很多细节都还有待进一步的深入探讨。区域经济差异是中国区别于其他发达市场经济的一个重要特点，将经济地理与现有主流文献中关于贸易和产业的研究相结合，是本章提示的国际贸易研究领域未来的一个非常重要的研究方向，既能立足于中国本土重要问题的探讨，又能体现主流文献贡献，这些都还有待我们后续进一步的研究。

参考文献

李春顶，2010：《中国出口企业是否存在“生产率悖论”——基于中国制造业企业数据的检验》，《世界经济》，第 7 期。

聂辉华、江艇、杨汝岱,2012:《中国工业企业数据库的使用现状和潜在问题》,《世界经济》,第5期。

杨汝岱,2008:《中国工业制成品出口增长影响因素研究:基于1994—2005年分行业面板数据的经验分析》,《世界经济》,第8期。

杨汝岱、郑辛迎,2011:《垂直专业化对员工工资的差异化影响》,工作论文。

易靖韬,2009:《企业异质性、市场进入成本、技术溢出效应与出口参与决定》,《经济研究》,第9期。

易靖韬、傅佳莎,2011:《企业生产率与出口:浙江省企业层面的证据》,《世界经济》,第5期。

余淼杰,2010:《中国的贸易自由化与制造业企业生产率》,《经济研究》,第12期。

张杰、李勇、刘志彪,2009:《出口促进中国企业生产率提高吗?——来自中国本土制造业企业的经验证据:1999—2003》,《管理世界》,第12期。

张杰 、周晓艳 、李勇,2011:《要素市场扭曲抑制了中国企业R&D?》,《经济研究》,第8期。

Amiti, M. , 2005, "Location of Vertically Linked Industries: Agglomeration Versus Comparative Advantage", *European Economic Review* ,Vol. 49, pp. 809 - 832.

Amiti, M. and Beata S. Javorcik, 2008, "Trade Costs and Location of Foreign Firms in China", *Journal of Development Economics*, Vol. 85, pp. 129 - 149.

Bai, C. , Y. Du, Zh. Tao and Sarah Y. Tong, 2004, "Local Protectionism an d Regional Specialization: Evidence from China's Industries", *Journal of International Economics*, Vol. 63, No. 2, pp. 397 - 418.

Bernard, Andrew B. , Eaton, Jonathan, Bradford Jensen, J. ,Kortum, Samuel, 2003, "Plants and Productivity in International Trade", *American Economic Review*, Vol. 93, pp. 1268 - 1290.

Bernard, A. B. and J. B. Jensen, 2004, "Entry, Expansion and Intensity in the U. S. Export Boom, 1987—1992", *Review of International Economics*, Vol. 12, No. 4, pp. 662 - 675.

Bernard, A. B. , J. B. Jensen and P. K. Schott, 2009, "Importers, Exporters, and Multinationals A Portrait of Firms in the U. S. that Trade Goods", *Producer Dynamics: New Evidence from Micro Data*. T. Dunne, J. Jensen and M. Roberts. Chicago, USA, University of Chicago

Press.

Bernard, A. B., J. B. Jensen, S. J. Redding and P. K. Schott, 2007, "Firms in International Trade", *Journal of Economic Perspectives*, Vol. 21, No. 3, pp. 105 - 130.

Bernard, A. B., J. Eaton, J. B. Jensen and S. Kortum, 2003, "Plants and Productivity in International Trade", *American Economic Review*, Vol. 93, No. 4, pp. 1268 - 1290.

Brandt, L., J. Van Biesebroeck and Y. Zhang, 2012, "CreativeAccounting or Creative Destruction? Firm-level Productivity Growth in Chinese Manufacturing", *Journal of Development Economics*, Vol. 97, No. 2, pp. 339 - 351.

Dai, M., M. Maitra and M. Yu, 2011, "Unexceptional Exporter Performance in China the Role of Processing Trade", SSRN Working Paper.

De Loecker, J., 2007, "Do Exports Generate Higher Productivity? Evidence from Slovenia", *Journal of International Economics*, Vol. 73, No. 1, pp. 69 - 98.

De Loecker, J., 2010, "A Note on Detecting Learning by Exporting", Working Paper.

Dixit, A. K. and J. E. Stiglitz, 1977, "Monopolistic Competition and Optimum Product Diversity", *American Economic Review*, Vol. 67, No. 3, pp. 297 - 308.

Eaton, J., M. Eslava, M. Kugler and J. Tybout, 2007, "Export Dynamics in Colombia: Firm-Level Evidence", NBER Working Paper 13531.

Eaton, J., S. Kortum and F. Kramarz, 2011, "An Anatomy of International Trade: Evidence From French Firms", *Econometrica*, Vol. 79, No. 5, pp. 1453 - 1498.

Fan, C., and X. Wei, 2006, "The Law of One Price: Evidence from the Transitional Economy of China", *Review of Economics and Statistics*, Vol. 88, No. 4, pp. 682 - 697.

Fujita, M. and J. Thisse, 2002, "*Economic s of Agglomeration: Cities, Industrial Location, and Regional Growth*", Cambridge University Press.

Hsieh, C. T. and P. J. Klenow, 2009, "Misallocation and Manufacturing TFP in China and India", *Quarterly Journal of Economics*, Vol. 124, No. 4, pp. 1403 - 1448.

Krugman, P., 1991, "Increasing Return and Economic Geography", *Journal of Political Economy*,

Vol. 99, No. 3, pp. 483 - 499.

Krugman , P. and A. J. Venables, 1995, "Globalization and the Inequality of Nations", *Quarterly Journal of Economics*, Vol. 110, No. 4, pp. 857 - 880.

Levinsohn, J. and A. Petrin, 2003, "EstimatingProduction Functions Using Inputs to Control for Unobservables", *Review of Economic Studies*, Vol. 70, No. 2, pp. 317 - 341.

Lu, D. , 2010, "Exceptional Exporter Performance Evidence from Chinese Manufacturing Firms", JMP University of Chicago.

Lu, J. , Y. Lu and Z. Tao, 2010, "ExportingBehavior of Foreign Affiliates: Theory and Evidence", *Journal of International Economics*, Vol. 81, No. 2, pp. 197 - 205.

Ma, Y. , H. Tang and Y. Zhang, 2011, "Factor Intensity, Product Switching, and Productivity Evidence from Chinese Exporters", Working Paper.

Marschak, Jacob and Andrews, William H. Jr. , 1944, "Random Simultaneous Equations and the Theory of Production", *Econometrica*, Vol. 12, pp. 143 - 206.

Melitz, M. J. , 2003, "The Impact of Trade on Intra-Industry Reallocations and Aggregate Industry Productivity", *Econometrica*, Vol. 71, No. 6, pp. 1695 - 1725.

Naughton, B. , 1999, "How Much Can Regional Integration Do to Unify China's Markets?", Paper presented for the Conference for Research on Economic Development and Policy Research, Stanford University.

Olley, G. S. and A. Pakes, 1996, "The Dynamics of Productivity in the Telecommunications Equipment Industry", *Econometrica*, Vol. 64, No. 6, pp. 1263 - 1297.

Poncet, S. , 2003, "Measuring Chinese Domestic and International Integration", *China Economic Review*, Vol. 14, No. 1, pp. 1 - 21.

Sandra, Poncet, 2005, "A Fragmented China: Measure and Determinants of Chinese Domestic Market Disintegration", *Review of International Economics*, Vol. 13, No. 3, pp. 409 - 430.

Song, Z, K. , Storesletten and F. Zilibotti, 2011, "Growing Like China", *American Economic Review*, Vol. 101, pp. 202 - 241.

Van Beveren, I. , 2012, "Total Factor Productivity Estimation: A Practical Review", *Journal of Economic Surveys*, Vol. 26, No. 1, pp. 98 - 128.

Xu, X. , 2002, "Have the Chinese Provinces Become Integrated under Reform?", *China Economic Review*, Vol. 13, No. 2, pp. 116 - 133.

Yasar, Mahmut and Rafal Raciborski, 2008, "Production Function Estimation in Stata: Using the Olley and Pakes Method", *The Stata Journal*, Vol. 8, No. 2, pp. 221 - 231.

Young, A. , 2000, "The Razors Edge: Distortions and Incremental Reform in the People's Republic of China", *Quarterly Journal of Economics*, Vol. 115, pp. 1091 - 1135.

Yu, M. , 2011, "Processing Trade, Tariff Reductions, and Firm Productivity Evidence form Chinese Products", SSRN Working Paper.

第十章　乡镇撤并改革和农村经济增长

本章利用中国31个省份1979—2007年的面板数据,分析了乡镇撤并改革对农村经济增长和局部公共品供给的影响。研究发现:(1)每百万农村人口乡镇数目下降1个百分点,每万农村人口有效灌溉面积和每万农村人口乡村卫生人数分别下降0.06和0.09个百分点;(2)每百万农村人口乡镇和村委会个数下降1个百分点,乡镇级农业税征收人员总数分别下降0.77和0.72个百分点,非农从业人员比例分别增加0.15和0.36个百分点;(3)每百万农村人口乡镇数目下降1个百分点,农民人均实际纯收入增长0.29个百分点。研究结果表明,乡镇撤并弱化了基层行政力量,减少了农村局部公共品供给,对农村生活和发展产生了一定的负面影响。但同时,乡镇撤并也减轻了农民负担和基层的行政干预,改善了农村经济结构。因此,从整体上看,乡镇撤并对农村经济发展有一定的促进作用。

第一节　引言

乡镇撤并是20世纪80年代中期以后我国发展农村经济的一项重要举措,目的是治理机构臃肿、减轻农民负担、促进农村经济发展(民发〔2001〕196

号[①])。自1986年开始"撤区、并乡、建镇"以来，我国乡镇数目持续减少，截至2008年，全国农村乡镇数目约为3.43万个，比1984年下降约3.8万个(农业部,2009)。

乡镇撤并的实际效果如何，却是见仁见智，未有定论。部分学者认为乡镇撤并产生的人口集聚和专业化分工效应，促进了农村小城镇建设和产业结构升级，有力地推动了农村经济发展(黄瑛、龙国英,2002;罗宏翔、哈颖,2005;鲁静芳、左停,2006)。但也有部分学者认为乡镇撤并改革并没有很好地实现最初的设想，甚至还产生了很多新的问题。赵树凯(2005)根据对河北、四川等10个省份20个乡镇的实地调查发现，在实施撤并改革的12个乡镇中，有9个乡镇在精简人员、提高效率方面没有明显的改善，个别乡镇甚至存在变卖、私分公有资产的现象。郭淑芬(2007)重点考察了山西省王桥镇，发现乡镇撤并后存在教育成本增加、乡镇资源整合不完善等问题。改革的过程中出现的基层政府管理服务功能弱化、乡村基本公共品供给不足的现象，给人民的生活带来了不便。在个别地方，由于问题处理不当，甚至出现群众集体上访事件(民发〔2001〕196号)。针对改革中出现的问题和不足，党国英(2006)认为乡镇撤并的实际效果还须进一步观察和检验，刘尚希(2006)则提醒要谨防乡镇撤并落入"循环改革"的陷阱。

本章认为，直接考察乡镇撤并对全国各省份近30年来农村经济增长和局部公共品供给的影响，对于评判乡镇撤并的实际效果可能更为准确。这是因为：目前大多数研究采用实地调查、个案分析的方法，虽然可以获得宝贵的第一手资料和较为真实的主观感受，但也存在资料过于单一、结果容易受到其他因素干扰的缺点；另外，农村经济增长可以看成是乡镇撤并最深层次的目标，而改革中的大部分问题，如教育、行政效率，都可以从局部公共品的角度加以分析。有鉴于此，

---

① 民发〔2001〕196号指的是民政部2001年第196号文件。由于引用政府公文较多，为节省篇幅，本章根据一般做法，只写出发文单位、年份和批号，详细内容可见国务院官方网站及其他政府网站。

本章希望通过一般均衡模型和计量分析，回答如下问题：从整体上看，乡镇撤并是否有利于农村经济增长，是否不利于农村的局部公共品供给，以及可能的影响路径和机制。

本章首先借助一个略加改进的拉姆齐增长模型，从理论上研究乡镇数目变化对农村局部公共品供给和农民实际收入的影响。本章发现，由于提供局部公共品是农村基层政府的基本功能，乡镇数目增加有利于加强农村局部公共品建设，促进农村生产力发展。但与此同时，乡镇数目增加，也使得农村基层机构数量和行政支出相应增加。在中央和地方财政政策长期偏向城市的情况下，利用局部公共品供给征收税费成为基层机构弥补行政支出缺口的主要手段。因此，乡镇数目增加会加重农村税费负担，不利于经济发展。由于局部公共品在数量上和质量上很难累积，在长期，基层政府在提供局部公共品的过程中所产生的负面效应超过了正面效应，最终导致乡镇数目的增加在一定程度上阻碍了农村经济增长。然后，本章利用理论模型推导出动态面板回归方程，结合全国31个省份1979—2007年的数据，检验了每百万农村人口乡镇和村委会数目对农民人均实际纯收入和每万农村人口有效灌溉面积、每万农村人口乡村卫生人员数等局部公共品的影响。实证结果证实了本章的理论预测。同时，本章还发现，乡镇数目减少时，乡镇级农业税征收人员总数显著下降，农村非农就业人员比例有所上升，这表明乡镇区划改革对于减轻农民负担、改善农村就业结构也有一定的推动作用。

目前已有大量的文献研究乡镇改革对农村经济增长的影响。周黎安、陈烨（2005）发现税费改革对农民纯收入的增长有高达40%以上的贡献。罗仁福等（2006）发现税费改革对农村公共投资存在短期负面影响。徐志刚等（2009）发现村庄组织在公共融资中对村委会有一定的积极作用。本章和上述文献在研究目的上基本相同，都试图探讨目前的农村改革和制度创新对农村经济或公共品的影响，但研究对象存在较大差别：本章虽然在计量研究中考察了税费改革的影响，但关注的重点是乡镇数目。和本章最接近的是鲁静芳、左停（2006），郭庆旺、贾俊雪（2010），贾俊雪等（2011）。前者分析了乡镇撤并政策对城镇化的影响，后两者研究了乡镇数目对地方财政负担的影响。但三者均没有关注乡镇撤并改革对农村收入增长的影响，而后者才是农村改革最根本的目标。因此，本章用一个标准的、理论和经验方程高度契合的宏观增长模型，研究乡镇撤并对农村经济增长和局部公共品供给的影响，一定程度上丰富了现有的研究成果。

本章余下的内容安排如下：第二节简要介绍新中国成立后乡镇行政区划调整的历史沿革和主要原因，为进一步分析提供历史背景；第三节介绍理论模型和识别策略；第四节介绍主要变量的基本特征；第五节报告主要的回归结果；第六节介绍可能的影响路径；第七节得出结论。

第二节　新中国成立后乡镇行政区划调整历史沿革[①]

新中国成立后我国县辖政区体制的发展，大致可以分为五个阶段：（1）1949—1953 年，县—区—小乡（行政村）制；（2）1954—1957 年，县—（区）—乡镇制；（3）1958—1982 年，县—人民公社、镇体制；（4）1983—1986 年，县—（区公所）—乡镇制；（5）1987 年至今，县—乡镇制（史卫东等，2010）。

在新中国成立初期，为了恢复生产、巩固政权，政务院要求在解放区内建立乡人民政权或行政村。[②] 在技术条件落后、社会还不十分稳定的情况下，为方便基层管理，当时主要实行的是小乡制，乡镇数目庞大。1952 年，全国乡（和行政

① 本小节主要根据史卫东等（2010）、田穗生等（2005）、韩俊（2008）的内容改写而成。
② 当时行政村和小乡在级别上是并列的。

村)的数目约为28万。小乡制使得县管辖幅度过大,不利于国家重大方针政策的统一执行,也“不能适应农业合作化”的需要,因此,在1955—1956年,全国各地纷纷对乡镇进行合并和调整。1957年,全国乡镇数目为9.9万个左右,比1955年减少了近10万个。在“大跃进”期间,在毛泽东“人民公社好”的号召下,各地迅速将乡镇改为人民公社,乡镇数目进一步减少。1958年,公社数目约为2.6万个①,减少幅度近7万个(史卫东等,2010)。1961年,由于自然灾害的影响,大公社分拆为小公社,乡镇数目有所增加,1965年约为7.5万个。1975年,撤区并社,小公社合为大公社,公社数目再次下降,约为5.3万个(田穗生等,2005;农业部,2009)。

“文化大革命”结束后,全国逐渐废除人民公社制,恢复乡、镇的基层行政建制地位,乡镇数目再次回升,1984年,全国乡镇数目约为7.2万个(史卫东等,2010;农业部,2009)。“社改乡”有利于恢复农村基层行政秩序、促进基础设施建设,但也出现了一些新的问题。第一,行政支出膨胀。“社改乡”后,乡镇“麻雀虽小,五脏俱全”,不仅领导班子从原来的两套扩大到五套,还新增了“七站八所”以和上级部门配套。机构臃肿使得基层政府存在大量的冗员,增加了财政支出。第二,农村负担增加。由于财政政策长期偏向城市,农村税收不足以弥补政府行政开支,具有行政执法权力的部门纷纷利用职权“创收”,最终导致“三乱”不止、民怨沸腾、干群关系恶化(韩俊,2008)。针对“社改乡”后出现的新问题,中央政府在1986年后陆续出台文件,引导各省“撤区、并乡、建镇”,乡镇数目再次减少,到2000年,全国乡镇数目约为4.37万个,比1984年减少约2.9万个。

图10-1给出了新中国成立后乡镇、村委会及人均乡镇、村委会数量的变化情况。值得一提的是,2000年以后,政府部门在解决“三农问题”、缩小

① 《新中国农业六十年统计资料》中1958年的乡镇数目为23630个,与之略有出入。

城乡差距时，进一步认识到精简乡镇机构、调整乡镇区划是成功实施税费改革、解决乡镇债务等问题的关键所在（国务院官网）①，因此，乡镇区划改革的步伐得到了巩固和加强。在 2008 年，全国乡镇数目约为 3.43 万个，比 2000 年减少近 1 万个。

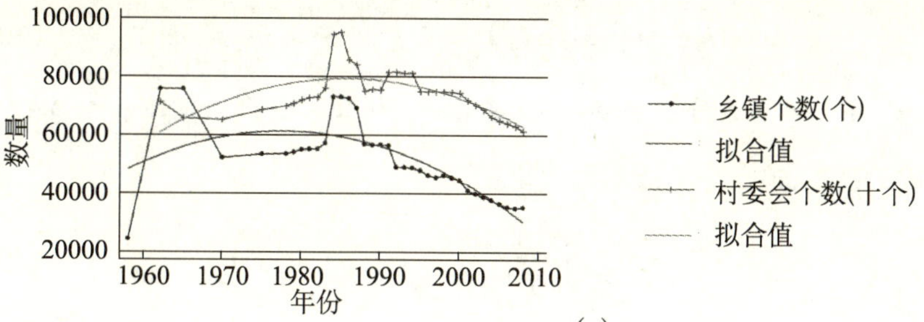

(a)

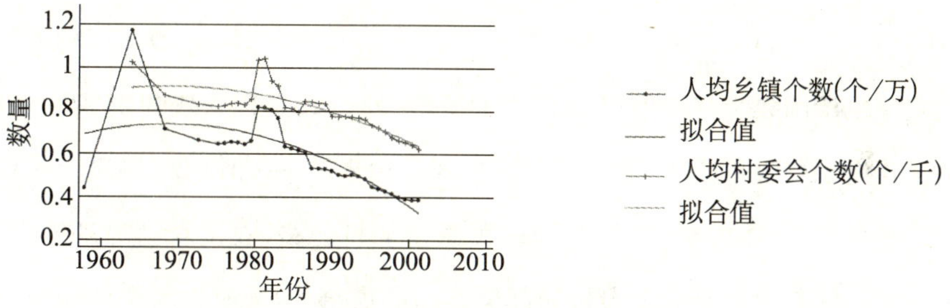

(b)

图 10-1　新中国成立后乡镇、村委会(a)和人均乡镇、村委会(b)数量

资料来源：《新中国六十年农业统计资料》。

第三节　模型设置和识别策略

本章引入一个连续的封闭经济系统（Acemoglu，2008），以分析乡镇数目变化

① 相应的文件有民发〔2001〕196 号、计规划〔2001〕708 号、国务院（2001. 1. 10）、国发〔2001〕5 号、国办发〔2001〕62 号、国发〔2004〕21 号、国发〔2005〕24 号、国发〔2006〕34 号、国发〔2006〕34 号、国办发〔2006〕86 号。

对农村经济增长的影响。假设在时点 t,经济中有 L_t 数量的个体,人口增长率为 n 。个体的即期效用函数为 $u(c_t) = (1-\sigma)^{-1}c_t^{\ 1-\sigma}$,时间贴现因子为 ρ 。经济中存在 V_t 个乡镇机构,乡镇机构征调个体的部分资产和劳动力,用以生产局部公共产品。① 假设政府对资产和劳动的征调比例为 τ_t ,这样,个体的预算约束为

$$c_t + \dot{k}_t = (1-\tau_t)(r_t k_t + w_t l_t) + \pi_t - nk_t - \delta k_t \qquad (10-1)$$

其中, r_t 、w_t 、π_t 、δ 分别为利率、工资水平、利润和资产折旧率。个体在(10-1)式的约束下,追求一生效用最大化。

$$U_t = \max \int_{s=t}^{\infty} e^{-\rho(s-t)}(1-\sigma)^{-1}c_t^{1-\sigma}\mathrm{d}s \qquad (10-2)$$

个体用剩余的资产和劳动生产最终产品。生产函数为标准的柯布—道格拉斯函数, $Y_t = (1-\tau_t)K_t^{\ \theta}(\tilde{g}_t A_t L_t)^{1-\theta}$,其中 A_t 为人均有效劳动, $\tilde{g}_t$ 为人均局部公共品数量。生产函数受到政府征调行为的影响,符合长期以来农村的实际情况。因为无论是税费改革前的"统调工"制度,还是后来的"一事一议"制度,乡、村都是通过抽调人力、物力的方式,组织村民修建乡村公路、农田水利等基础设施。这些举措一定程度上有利于农村局部公共品的供给,但同时也对个体投资产生了一定的挤出或扭曲。

基层政府决定农村局部公共品的供给。基层政府有一定的积极性提供局部公共品,因为这既是他们的职责所在,同时也可借机获取一定的行政经费和个人利益。假设基层政府通过提供局部公共品获取的经济收益为 $\phi(g_t, L_t/V_t)$,其中 ϕ 为凹函数, $\phi' > 0$, $\phi(0,0) = 0$ 。假设提供局部公共品的成本为 $C(g_t, L_t/V_t)$,其中 C 为凸函数, $C' > 0$, $C(0,0) = 0$ 。收益函数和成本函数与

① 在技术上,本章跟研究局部公共品提供的文献(如 Hochman et al,1995)差别较大,与研究政府支出规模或最优政府规模(government size)的文献(如 Krusell and J-V Rios-Rull,1999; Bergh and Karlsson,2010)较为接近。但不同的是,后者一般用政府支出或税收衡量政府规模,本章直接研究乡镇数量,税收仅仅是其影响路径。

基层单位的人口规模相关，这是因为，基层政府所辖人口越多，其权力就越大，可控制和利用的资源也就越多，造成的社会损失也就越大。

另外，本章假设生产成本各要素的交互影响大于基层政府收益的交互影响，即 $C''_{12} - \phi''_{12} > 0$ 。这个假设有一定的合理性。根据第二节的论述，基层政府在“文化大革命”后由于机构膨胀，地方财政支持不足，最终采用“三乱”等方式来弥补行政开支缺口，结果导致民怨沸腾、基层矛盾突出。这意味着，相比于基层工作人员所获得的维持性收入而言，“三乱”产生的社会损失的增加更为明显。

局部公共品的供给为：

$$\max : \pi^G = \phi\left(g_t, \frac{L_t}{V}\right) - C\left(g_t, \frac{L_t}{V}\right) \tag{10-3}$$

基层政府在局部公共品供给中获得的私利实际上是由社会来支付的，是额外的社会成本，因此社会总成本为 $\pi^G + C = \phi$ 。由于中央和地方对农村的财政支持长期不足，提供局部公共品的社会总成本只能由基层政府通过征收税费的方式进行弥补。

$$\tau_t[r_t K_t + w_t L_t] = V\varphi\left(g_t, \frac{L_t}{V}\right) \tag{10-4}$$

结合(10－3)式和(10－4)式，本章得到如下命题。

命题 10－1　(1)乡镇数量越大，基层政府局部公共品供给就越多，即 $\frac{\mathrm{d}g_t}{\mathrm{d}V_t} > 0$ ；(2)乡镇数量越大，农村承担的税费比率就越大，即 $\frac{\mathrm{d}\tau_t}{\mathrm{d}V_t} > 0$ 。

证明见附录。

命题 10－1 的第一部分的直觉非常简单。“七站八所”等基层单位集资、摊派等“乱收费”行为在名义上并不是为了弥补行政支出缺口，而是为了提供诸如卫生、水利、治安等局部公共品。因此，为了维护收费行为的合法性，在谋取私利之后，行政人员都会提供一定数量的局部公共品。显然，基层单位数量越多，局部公共品供给也就越多。命题 10－1 第二部分也比较符合现实。2000 年以前，我国乡镇和县级部门在农村常设机构平均每镇 35 个，每镇干部数量近 450 名，干群比约为 1∶40。机构臃肿、冗员增加，使得农村基层“收费”项目多达 100 多项，税费总额甚至超过农民纯收入的 7%。乡镇数量过多，更是加剧了这一乱象（韩俊，2008）。

可以很容易地看出，本节描述的模型与标准的拉姆齐增长模型没有本质的区别，所以本章模型变量的稳态增长率和拉姆齐模型毫无二致。令 s^* 为稳态时的储蓄率，则稳态时的资本积累方程为：

$$\dot{K}_t^* = s^*(1-\tau_t^*)K_t^{*\alpha}L_t^{*1-\alpha} - \delta K_t^* \qquad (10-5)$$

令 $v_t = V_t/L_t$，在 τ_t 较小时，$1-\tau_t \simeq e^{-\tau_t} \propto e^{-v_t}$。类似于经典文献 Islam（1995），我们可以从（10－5）式导出本章最主要的回归方程[①]：

$$\ln y_{i,t} = \alpha_i + \beta_1 \ln y_{i,t-1} + \beta_2 \ln s_{i,t} + \beta_3 \ln n_{i,t} + \beta_4 t + \beta_5 \ln v_{i,t} + \gamma Z_{i,t} + u_{i,t} \qquad (10-6)$$

其中，i 表示省或直辖市，$Z_{i,t}$ 为其他控制变量，α_i、$u_{i,t}$ 为乡村的特质和受到的冲击。

另外，为了验证命题 10－1 的结论，本章也考察如下回归方程，

$$\ln M_{it} = \vartheta \ln v_{it} + \gamma Z_{it} + \alpha_i + u_{it} \qquad (10-7)$$

其中，M_{it} 为局部公共品或税费负担等变量。

（10－6）式是一个动态面板回归模型。在样本有限的情况下，最小二乘法、固定效应模型和随机效应模型等传统方法的估计结果存在偏误。目前学术界一般采用差分广义矩估计和系统广义矩估计方法对其进行估计（Hsiao，2003；Roodman，2009）；（10－7）式是一个普通的面板回归模型，本章用固定效应模型

① 类似的处理方式，见贺大兴（2011）。

进行估计。

第四节 数据描述

一、数据来源

本章所采用的数据来自《新中国六十年统计资料汇编》《中国农村统计年鉴数据》《新中国农业六十年统计资料》《改革开放三十年农业统计资料汇编》《农业税收统计资料:2001—2005》。这些资料均为国家统计局、农业部等机构公布的官方数据,具有较强的权威性。

二、主要变量

表 10 - 1 给出了主要变量及其基本统计特征。被解释变量为“人均实际收入”、“人均有效灌溉面积”、“人均乡村卫生人员”、“乡镇级农业税征收人员总数”、“非农从业人员比例”。第一个为农村人均实际收入的对数值,用于考察乡镇撤并对经济增长的影响;后四者为农村局部公共品、农民税费负担和农村经济结构的代理变量,用于检验命题 10 - 1。为了叙述方便,本章用“人均实际收入”代指“农村人均实际收入的对数值”,其他处理与之类似(更多细节见附录的表 10 - 4)。

主要解释变量为“人均乡镇个数”和“人均村委会个数”。前者为每百万农村人口乡镇个数的对数值[①];后者为每百万农村人口村委会个数的对数值,引入该变量是为了将其作为前者的补充,进一步反映农村基层组织变化对农村经济

① 人均乡镇个数的具体定义是:ln[100 × 乡镇(个)/人口(万人)]。因为年鉴中人口单位是万,所以此处乘以 100 。根据对数函数的特性,处理前后回归方程中变量前系数的意义是一样的。人均村委会个数与之类似。更多细节见附录。

的影响。

其他解释变量分为两类:第一类是宏观增长回归模型常用控制变量,如“人口增长率”、“投资率”、“人力资本”、“人均受灾面积”、“人均用电量”①、“人均水泵个数”,用于控制人口、投资、人力资本、天气、生产条件对经济的影响;第二类是政策变量,“税费改革”和“农业支出占政府预算比例”。农村税费改革是新中国成立后减轻农民负担、提高农村收入的重大举措,是实证研究农村问题的重要控制变量。根据周黎安和陈烨(2005)的做法,“税费改革”变量为虚拟变量,改革前该值取0,当年及以后年取1;农业支出占政府预算比例主要用于反映政府政策对农村的倾向程度。此外,我们用“非农从业人员比例”表示农村的繁荣程度。

表 10-1 主要变量的基本统计特征

变量名	样本量	均值	标准差	最小值	最大值
人均实际收入	948	5.86	0.66	4.28	7.73
人均有效灌溉面积	932	-0.56	0.53	-1.83	1.32
人均乡村卫生人员	700	3.19	0.26	1.66	4.18
乡镇级农业税征收人员总数	119	0.96	0.45	-0.34	1.9
非农从业人员比例	932	2.94	0.82	-0.25	4.4
人均乡镇个数	901	4.11	0.64	2.94	7.22
人均村委会个数	895	6.73	0.44	5.82	8.7
税费改革	1891	0.13	0.33	0	1
人均受灾面积	927	-0.79	0.84	-5.81	1.32
人均用电量	931	4.73	1.21	-0.32	8.57
人力资本	668	2.3	0.67	-2.21	3.69
农业支出占政府预算比例	1568	1.98	0.68	-3.37	3.48
人均水泵个数	914	-5.09	1.08	-10.68	-1.32

资料来源:《新中国六十年统计资料汇编》《中国农村统计年鉴数据》《新中国农业六十年统计资料》《改革开放三十年农业统计资料汇编》《农业税收统计资料:2001—2005》。

① 《新中国农业六十年统计资料》等官方资料明确将农村用电量作为描述农村的生产条件的一项指标。

图 10－2 描述了农村人均实际收入与人均乡镇个数和人均村委会个数的相关关系。我们可以发现，后两者与前者呈现明显的负向相关关系，在一定程度上支持了本章的理论预测。值得一提的是，在排除了异常值的干扰后，这种负向相关关系更加明显。

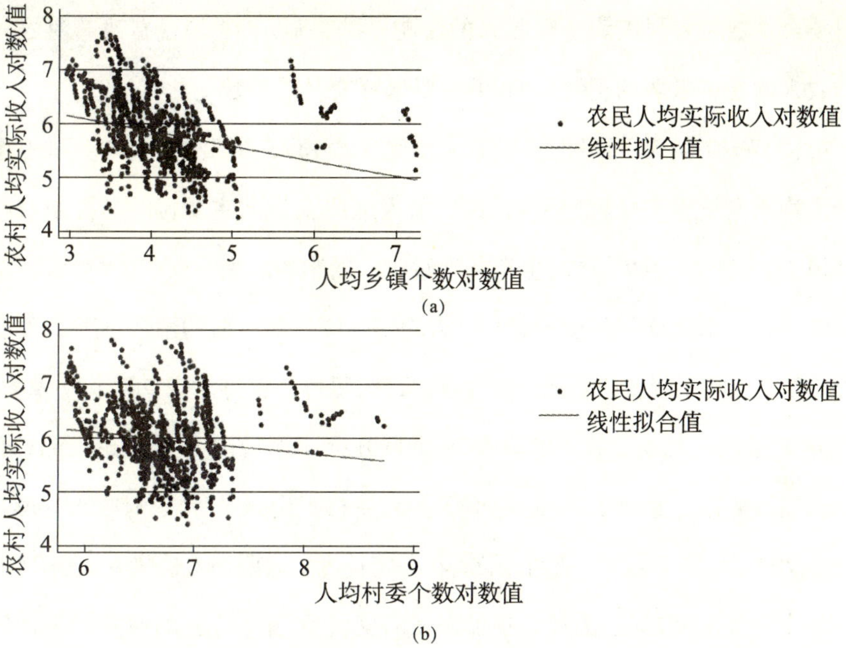

图 10－2　人均乡镇个数（a）和村委个数（b）与农村人均实际收入的关系

资料来源：《新中国六十年统计资料汇编》《中国农村统计年鉴数据》《新中国农业六十年统计资料《改革开放三十年农业统计资料汇编》《农业税收统计资料：2001—2005》。

第五节　主要回归结果

表 10－2 报告了本章最主要的回归结果，被解释变量是人均实际收入，主要解释变量是人均乡镇个数和人均村委会个数。作为对比，第（1）列报告了标准宏观增长经验回归方程的估计结果（Islam，1995）。回归结果通过了残差差值自

相关检验和过度识别检验,但一个问题是,滞后一期的人均实际收入的系数大于1,经济存在爆炸增长的倾向,这不符合一般的理论预设,说明还有影响农村人均实际收入的变量没有得到有效控制。

第(2)列和第(4)列报告了在仅控制税费改革的情况下,人均乡镇个数和人均村委会个数对农村人均实际收入的影响。结果显示,实施税费改革对农村居民纯收入增长有微弱的正向影响,但主要解释变量的系数仍然不显著。

第(3)列和第(5)列报告了引入人均受灾面积、人力资本、人均乡村卫生人员和人均用电量等变量后的回归结果,引入这些变量的主要目的是控制农村居民环境、人力资本、卫生条件、生产条件对收入的影响。引入新的变量后,本章的回归结果在三个方面得到改善:第一,人均实际收入滞后值的系数小于1,符合宏观经济学中经济系统β收敛的一般要求;第二,每百万农村人口乡镇个数每增加1个百分点,农村人均实际收入下降0.29个百分点,证实了本章的理论预测;第三,其他重要的解释变量,如人均受灾面积、人均乡村卫生人员,对农村收入的影响符合既有文献的结果和我们一般的认知,在一定程度上表明加入这些变量是合理的。

一个可能的问题是:为什么在加入新的变量后,第(3)列的回归结果便符合理论预期?这实际上跟乡镇数目变化对经济增长的影响路径有关。本章在理论模型中证明,乡镇数目增加会对经济产生两方面的影响:一方面,它增加了农村局部公共品的供给量,有利于经济增长;另一方面,它增加了农民的负担,减少了农村资本和劳动的投入量,不利于经济增长。第(2)列和第(4)列的回归忽略了乡镇数目增加的正面效应,人均乡镇个数的系数实际上代表的是两种效应的净效果,不显著也在情理之中。第(3)列的回归中加入人均受灾面积、人均乡村卫生人员和人均用电量等变量,较好地反映了农村公共品和局部公共品的供给情况,有效地分离了正面效应的影响,使得乡镇数目变化在一定程度上能够反映农村税费负担的变化。

表 10-2　乡村个数对农村人均实际收入的影响

被解释变量:人均实际收入　方法:系统广义矩估计(Two Step,Robust)					
	(1)	(2)	(3)	(4)	(5)
人均实际收入滞后值	1.01***	0.97***	0.95***	0.95***	0.82***
	(28.44)	(37.56)	(13.13)	(36.05)	(15.98)
人口增长率	-0.00	0.00	0.01	-0.00	0.01
	(-0.43)	(0.21)	(1.03)	(-0.22)	(1.28)
投资率	-0.00	-0.00	-0.03	0.00	0.02
	(-0.12)	(-0.25)	(-0.79)	0.26)	(0.83)
年份	0.00	-0.00	0.00**	0.00	0.01***
	(0.06)	(-0.04)	(2.03)	(0.27)	(2.63)
人均乡镇个数		-0.01	-0.29**		
		(-0.55)	(-2.23)		
人均村委会个数				-0.00	-0.11
				(-0.06)	(-1.31)
税费改革		0.05***	-0.01	0.06***	-0.01
		(3.59)	(-0.52)	(3.82)	(-0.42)
人均受灾面积			-0.08***		-0.08***
			(-3.37)		(-3.65)
人力资本			-0.03		-0.01
			(-1.28)		(-0.77)
人均乡村卫生人员			0.14*		0.05
			(1.83)		(0.85)
人均用电量			0.05		0.06
			(0.78)		(1.08)
AR(1)p 值	0.00	0.00	0.00	0.00	0.00
AR(2)p 值	0.32	0.35	0.051	0.19	0.09
AR(3)p 值	0.82	0.70	0.20	0.91	0.055
Hansen 检验	1.00	1.00	1.00	1.00	1.00
Diff-in-Hansen	1.00	1.00	1.00	1.00	1.00
Wald 值	27411.25	30620.81	$1.03*10^6$	6641.26	15704.11
观测值数量	465	445	321	440	321
观测值组数	29	29	29	29	29

注:本章回归中调用的命令是 stata12 中 xtabond2;*** 表示 $p<1\%$,** 表示 $1\%\leqslant p<5\%$,* 表示 $5\%\leqslant p<10\%$;括号内的为 z 值。

资料来源:《新中国六十年统计资料汇编》《中国农村统计年鉴数据》《新中国农业六十年统计资料》《改革开放三十年农业统计资料汇编》《农业税收统计资料:2001—2005》。

第六节　影响路径

本章在理论部分证实，乡镇数量增多会增加农村的局部公共品供给①，同时也会增加农村的税费负担。本节用人均有效灌溉面积、人均乡村卫生人员数、乡镇级农业税征收人员总数和非农业就业人员比例等变量对这些影响和路径进行实证检验。表 10－3 报告了主要的回归结果。

表 10－3　乡村个数对局部公共品和非农就业率的影响

方法：固定效应模型								
	被解释变量							
	(1) 人均有效灌溉面积	(2) 人均乡村卫生人员数	(3) 乡镇级农业税征收人员总数	(4) 非农从业人员比例	(5) 人均有效灌溉面积	(6) 人均乡村卫生人员数	(7) 乡镇级农业税征收人员总数	(8) 非农从业人员比例
税费改革	0.01	-0.24***	-0.12*	0.06**	-0.00	-0.25***	-0.14**	0.04
	(0.35)	(-12.1)	(-1.93)	(2.47)	(-0.19)	(-12.2)	(-2.2)	(1.49)
人均乡镇个数	0.06**	0.09**	0.77**	-0.15***				
	(2.57)	(2.01)	(2.47)	(-2.74)				
人均村委会个数					0.03	0.05	0.72*	-0.36***
					(1.19)	(1.41)	(1.90)	(-4.23)
人均水泵个数	0.13***				0.13***			
	(10.58)				(10.45)			
农业支出占政府预算比例		-0.09***			-0.09***			
		(-3.94)				(-4.14)		
投资率				0.1***				0.1***
				(4.33)				(4.52)

① 根据命题 10－1，很明显，乡镇等基层机构的数目越多，农村总的局部公共品就越多，相应的人均局部公共品数量就越多。

（续表）

方法：固定效应模型								
	被解释变量							
	(1) 人均有效灌溉面积	(2) 人均乡村卫生人员数	(3) 乡镇级农业税征收人员总数	(4) 非农从业人员比例	(5) 人均有效灌溉面积	(6) 人均乡村卫生人员数	(7) 乡镇级农业税征收人员总数	(8) 非农从业人员比例
人力资本		-0.01				-0.01		-0.01
		(-0.62)				(-0.55)		(-0.21)
人均用电量		-0.01		-0.05*	-0.01		-0.04*	
		(-0.45)		(-1.95)		(-0.63)		(-1.94)
人均受灾面积				-0.01			-0.01	
				(-0.85)				(-0.84)
年份	控制	控制	无	控制	控制	控制	无	控制
样本量	883	581	149	433	879	581	148	433
样本组数	31	31	30	29	31	31	30	29
F值	38.97	60.15	9.82	163.99	36.67	59.58	8.43	169.63

注：*** 表示 $p<1\%$，** 表示 $1\%\leq p<5\%$，* 表示 $5\%\leq p<10\%$。

资料来源：《新中国六十年统计资料汇编》《中国农村统计年鉴数据》《新中国农业六十年统计资料》《改革开放三十年农业统计资料汇编》《农业税收统计资料：2001—2005》。

表10-3的第(1)列和第(5)列的被解释变量是人均有效灌溉面积。本章认为，该变量是反映乡村局部公共品供给的较为合适的一个指标。这是因为：第一，有效灌溉面积指的是具有灌溉配套工程设施、有一定的水源覆盖保证率的灌溉面积。很大程度上，它不是农民个体单方面能够提供的，是需要基层单位来建设和维护的，所以具有公共品的性质。第二，乡镇特别是村级的水利设施容易受到天气的影响，具有范围小、需要反复维护的特点，同时也很难惠及周边地区，相对于水电站、公路等基础建设而言，它的局部公共品属性更为明显。第三，有效灌溉面积对农业收入有一定的正向影响，具有探讨的价值。回归结果显示，在控制税费改革、人均水泵个数等变量后，每百万农村人口乡镇个数增加1个百分点，每万农村人口有效灌溉面积增加0.06个百分点。每百万农村人口村委会个数的影响并不显著，这可能是因为基础水利设施建设更需要乡镇级别的机构规划和引导。

第(2)列和第(6)列的被解释变量是人均乡村卫生人员数。鉴于农村目前大多数卫生设施和医护人员由基层政府提供,该变量在一定程度上也可以反映农村局部公共品的供给程度。在控制税费改革、农业支出占政府预算比例、人力资本、人均用电量之后,人均乡镇个数对人均乡村卫生人员数有显著的正向影响。每百万农村人口乡镇个数每减少1个百分点,每万农村人口乡村卫生人员数减少0.09个百分点。这说明在“撤乡并镇”后,随着基层机构的精简,基层公共卫生服务确实受到了一定的影响。

第(3)列和第(7)列的被解释变量是乡镇级农业税征收人员总数,用于反映农民负担的变化。选择该变量的原因是:一方面,目前缺乏关于农村“三乱”所产生的“费”的数据,直接衡量农民负担已不可能;另一方面,根据本章第二节和第三节的论述,虽然农民负担的直接表现是农村税费的增加,但其深层次的原因是农村基层机构和行政人员的增加。在缺乏农村基层工作人员总人数数据的情况下,乡镇级农业税征收人员总数可以作为前者的替代,用于间接衡量农民负担。① 回归结果显示,在控制税费后,每百万农村人口乡镇个数和每百万农村人口村委会每增加一个百分点,乡镇级农业税征收人员总数分别增加0.77和0.72个百分点。②

第(4)列和第(8)列的被解释变量是非农从业人员比例。本章认为,它在一定程度可以反映农村经济繁荣程度,同时也是乡镇数目影响农村经济的一个可能途径。这是因为,乡镇基层组织除了通过税费的方式直接影响农民收入外,还可以通过行政干预的方式间接影响农民的就业行为。当基层机构和行政人员数量较多时,他们直接接触和干预农民的机会也随之增多。这扩大了他们权力的

① 一个可能的疑问是,为什么不用农业税作为代理变量?这是因为,农业税的主要计税依据是计税土地面积和常年产量,与乡镇数量没有直接的关系。

② 若以乡镇数目为被解释变量,结论与之接近。乡镇数目每增加1个百分点,乡镇级农业税征收人员总数增加0.74个百分点。

影响力，使得日常行政工作更为烦冗和拖沓，增加了农民从事其他产业的成本，将农民进一步限制在传统的农业生产活动中。因此，乡镇撤并后，农民负担下降的同时，就业结构也可能随之改善。回归结果发现，在控制税费改革、投资率、人均用电量、人均受灾面积后，乡镇和村委会个数每增加 1 个百分点，非农从业人员比例下降 0.15 和 0.36 个百分点。

第七节　结论

本章利用宏观增长模型和动态面板回归方程，结合中国 31 个省份 1979—2007 年的数据，研究了乡镇撤并改革对农村经济增长和局部公共品的影响。本章发现，虽然乡镇撤并不利于农村局部公共品供给，但它有利于减轻农民负担、改善农村的经济结构，因此，整体而言，乡镇撤并有利于农村的经济增长。

本章的政策建议如下：

第一，进一步深化乡镇区划改革。乡镇区划改革有利于精简机构、减轻农民负担、减少地方对农村经济的行政干预，有利于推动农村经济发展和提高农民收入，是利国利民的重大举措。因此，地方政府既不能因为工作中的失误和困难而有所动摇，也不能因为目前已取得的成绩而故步自封、裹足不前，而是需要进一步完善和坚持乡镇撤并改革，最终稳步实现农村“综合改革”的目标。

第二，积极解决乡镇区划改革中出现的问题，尤其是农村局部公共品不足的问题。撤乡并镇后，由于基层工作人员和行政开支的削减，少数地方出现了基础设施建设不足、政府服务职能下降等现象。针对这些现象，地方政府一方面应该适当增加乡镇、行政村的预算和投入，确保基层机构有足够的财力和积极性投身地方建设；另一方面也应该提供政策、创造条件，引导和鼓励农户、企业、乡村组织和非政府组织为农村的基础设施建设和社会服务贡献更多的力量。

参考文献

党国英,2006:《乡镇撤并基本完成,实际效果还须检验》,《人民论坛》,第2期。

国家税务总局农业税征收管理局,2006:《农业税收统计资料:2001—2005》,中国税务出版社。

国家统计局,2009:《改革开放三十年农业统计资料汇编》,中国统计出版社。

国家统计局,2010:《新中国六十年统计资料汇编》,中国统计出版社。

国家统计局,1985—2010:《中国农村统计年鉴》,中国统计出版社。

国务院官方网站:http://www.gov.cn/。

郭庆旺、贾俊雪,2010:《财政分权、政府组织结构与地方政府支出规模》,《经济研究》,第11期。

郭淑芬,2007:《关注撤乡并镇后可能存在的五大问题》,《生产力研究》,第5期。

韩俊,2008:《中国经济改革30年:农村经济卷》,重庆大学出版社。

贺大兴,2011:《政治平等与经济增长》,《南方经济》,第3期。

黄瑛、龙国英,2002:《乡镇撤并是乡村城镇化的必由之路》,《江西社会科学》,第2期。

贾俊雪、郭庆旺和宁静,2011:《财政分权、政府治理结构与县级财政解困》,《管理世界》,第1期。

刘尚希,2006:《谨防乡镇机构改革落入"循环改革"陷阱》,《人民论坛》,第2期。

鲁静芳、左停,2006:《乡镇撤并的城镇化效应的实证研究:以苏北地区的城镇化改革》,《城市发展研究》,第6期。

罗宏翔、哈颖,2005:《乡镇撤并与农村空间结构优化》,《财贸经济》,第4期。

罗仁福、张林秀等,2006:《村民自治、农村税费改革与农村公共投资》,《经济学(季刊)》,第4期。

史卫东、贺曲夫和范今朝,2010:《中国"统县政区"和"县辖政区"的历史发展与当代改革》,东南大学出版社。

田穗生、罗辉和曾伟,2005:《中国行政区划概论》,北京大学出版社。

徐志刚、刘明兴和刘永东,2009:《农民组织对村庄公共融资的影响:掣肘还是助推?》,《经济学(季刊)》,第3期。

中华人民共和国农业部,2009:《新中国农业60年统计资料》,中国农业出版社。

周黎安、陈烨,2005:《中国农村税费改革的政策效果:基于双重差分模型的估计》,《经济研究》,第 8 期。

赵树凯,2005:《乡镇改革如何走出迷途》,《瞭望新闻周刊》,第 18 期。

Acemoglu, D. ,2008,"Introduction to Modern Economic Growth", MIT press.

Bergh, A and M. ,Karlsson, 2010, "Government Size and Growth: Accounting for Economic Freedom and Globalization", *Public Choice*, Vol. 142, pp. 195 – 213.

Hochman, O. , D. , Pines and J-F. , Thisse, 1995, "On the Optimal Structure of Local Governments", *American Economic Review*, Vol. 85, No. 5, pp. 1224 – 1240.

Hsiao, C. , 2003, "Analysis of Panel Data", UK: Cambridge University Press.

Krusell, P and J-V Rios-Rull, 1999, "On the Size of U. S. Government: Political Economy in the Neoclassical Growth Model", *American Economic Review*, Vol. 89, No. 5, pp. 1156 – 1181.

Islam, N. , 1995, "Growth Empirics: A Panel Data Approach", *Quarterly Journal of Economics*, Vol. 110, No. 4, pp. 1127 – 1170.

Mas-Colell, Andreu. , M. D. , Whinston and J. R. , Green, 1995, *Microeconomic Theory*, Oxford University Press.

Roodman, D. , 2009, "How to do xtabond2: An Introduction to Difference and System GMM in Stata", *Stata Journal*, Vol. 9, No. 1, pp. 86 – 136.

附　录

一、命题 10－1 的证明

根据(10－3)式,最优的公共品供给满足

$$\varphi'_1 = C'_1$$

对于(10－4)式全微分,可得

$$\frac{dg_t}{dV} = (C''_{12} - \varphi''_{12})L_t/[V^2(C''_{11} - \varphi''_{11})]$$

根据假设 $C''_{12} - \varphi''_{12} > 0$,即可得 $\frac{\mathrm{d}g_t}{\mathrm{d}V_t} > 0$ 。命题 10－1 第一部分得证。

对(10－4)式全微分,可得

$$\frac{\mathrm{d}\tau_t}{\mathrm{d}V_t} = \left[\left(\varphi - \varphi'_2\frac{L_t}{V_t}\right) + V\varphi'_1\frac{\mathrm{d}g_t}{\mathrm{d}V}\right]/(r_tK_t + w_tL_t)$$

在(10－10)式中,因为 K_t 、L_t 是外生变量,r_t 、w_t 只与 K_t 、L_t 有关,所以它们在全微分过程中可视为常数。

根据凹函数的性质,我们可知 $\varphi - \varphi'_2\frac{L_t}{V_t} > 0$ ①,结合 $\frac{\mathrm{d}g_t}{\mathrm{d}V_t} > 0$,可得 $\frac{\mathrm{d}\tau_t}{\mathrm{d}V_t} > 0$。命题 10－1 第二部分得证。

① 根据 Mascolell(1995)附录 C 命题 1,我们可得 $\varphi(0,0) = \leqslant \varphi - \varphi_1 g_t - \varphi_2 L_t/V_t \leqslant \varphi - \varphi_2 L_t/V_t$。

二、部分变量及数据来源

表 10－4　变量定义和数据来源

变量名	定义	数据来源
人均实际收入	ln(当年农村居民家庭人均纯收入(元)/累计的商品零售价格指数)	《新中国 60 年统计资料汇编》
人口增长率	ln(100 × 人口$_t$/ 人口$_{t-1}$ －100)	《新中国农业六十年统计资料》
投资率	ln(10000 ×农村社会总投资(亿)/［农村人口(万) ×农村居民家庭人均纯收入(元)］)	《新中国 60 年统计资料汇编》
人均乡镇个数	ln［100 ×乡镇个数(个)/农村人口(万)］	乡镇个数来自《改革开放三十年农业统计资料汇编》;农村人口来自《新中国农业六十年统计资料》
人均村委会个数	ln［100 ×村委会个数(个)/农村人口(万)］	村委会个数来自《改革开放三十年农业统计资料汇编》;农村人口来自《新中国农业六十年统计资料》
税费改革	虚拟变量,改革之前取值为 0,改革当年及以后取值为 1	中发〔2000〕7 号;国办发(2002)25 号;　国发〔2003〕12 号
人均受灾面积	ln［农作物受灾面积(千公顷)/农村人口(万)］	《新中国农业六十年统计资料》
人力资本	ln［农村居民家庭劳动力文化状况(每百个劳动力中高中、中专及以上学历人数)］	《中国农村统计年鉴》
人均乡村卫生人员数	ln［乡镇、村医生和卫生人员总数(个)/农村人口(万)］	乡镇、村医生和卫生人员数来自于《中国农村统计年鉴》;农村人口来自《新中国农业六十年统计资料》
人均用电量	ln［10000 ×乡村用电量(亿度)/农村人口(万)］	《新中国农业六十年统计资料》
人均有效灌溉面积	ln［有效灌溉面积(千公顷)/农村人口(万)］	《新中国农业六十年统计资料》
非农从业人员比例	ln(100 －100 ×［农林牧渔从业人员数(万)/农村从业人员数目(万)］)	《新中国农业六十年统计资料》
人均水泵个数	ln［农村水泵拥有量(万)/农村人口(万)］	《新中国农业六十年统计资料》
农业支出占政府预算比例	ln(政府农业支出/政府一般预算支出)	《新中国 60 年统计资料汇编》
乡镇级农业税征收人员总数	ln(农业税征收人员乡镇级合计)	《农业税收统计资料:2001—2005》